"上海市属高校应用型本科试点专业建设项目——上海师范大学学前教育专业"建设成果之一

"2017—2019年度上海市教委本科重点课程'幼儿语言教育'课程建设"主要成果之一

王海澜◎主编

开发幼儿语言运用能力的实践探索

U0746802

安徽师范大学出版社

·芜湖·

图书在版编目（CIP）数据

开发幼儿语言运用能力的实践探索 / 王海澜主编. — 芜湖：安徽师范大学出版社，
2018.11

ISBN 978-7-5676-3687-3

Ⅰ.①开… Ⅱ.①王… Ⅲ.①语言教学－教学研究－学前教育 Ⅳ.①G613.2

中国版本图书馆CIP数据核字（2017）第146641号

开发幼儿语言运用能力的实践探索　　　　　　　　　　　　　　　　王海澜◎主编

责任编辑：汪碧颖
装帧设计：任　彤
出版发行：安徽师范大学出版社
　　　　　芜湖市九华南路189号安徽师范大学花津校区
网　　　址：http://www.ahnupress.com/
发 行 部：0553-3883578　5910327　5910310（传真）
印　　刷：虎彩印艺股份有限公司
版　　次：2018年11月第1版
印　　次：2018年11月第1次印刷
规　　格：700 mm×1000 mm　1/16
印　　张：15.25
字　　数：265千字
书　　号：ISBN 978-7-5676-3687-3
定　　价：48.00元

前　言

　　语言不仅是幼儿思维发展的工具,而且是幼儿社会化、个性发展的标志。幼儿语言能力包括语言分析能力和语言运用能力,其中语言运用能力体现在听(倾听)、说(口头表达)、读(阅读)、写(书写)中,是幼儿首先要发展的能力。重视幼儿语言运用能力的发展,是近年来国际幼儿语言教育的一个共同趋势,也是我国《幼儿园教育指导纲要(试行)》中幼儿语言教育的首要目标。

　　目前,幼儿语言运用能力的理论研究和实践研究,存在诸多不尽如人意之处,主要体现为:第一,大多侧重于幼儿早期阅读能力和口头表达能力的研究,忽视了幼儿倾听能力和早期书写能力的研究。第二,理论研究的深度不够,实践探索的力度也不足。理论研究上,多为轻描淡写地提出一般性的语言教育方法,或者总结幼儿园教师教学经验,研究结果缺乏科学性和客观性。实践探索上,重在给幼儿提供语言运用能力发展的物质环境和交流机会,且流于形式,缺乏理论指导。

　　鉴于此,为了切实地促进幼儿听、说、读、写语言运用能力的发展,本研究团队自2013年起,先后到上海、安徽、湖南、河南等不同省市的幼儿园和班级,进行了科学、系统的研究。本书是我们共同努力的结果,也是"上海市属高校应用型本科试点专业建设项目——上海师范大学学前教育专业"建设及"2017—2019年度上海市教委本科重点课程'幼儿语言教育'课程建设"的成果之一。本书的创新性体现在以下方面:

　　1.弥补了已有研究中忽略幼儿早期写作能力和倾听能力培养的缺陷。

　　2.为幼儿早期阅读能力的发展探索了新的教育思路。

　　3.为幼儿语言表达和叙事能力的发展找到了新的路径。

　　作为本项研究的负责人和执行人,本人长期从事该领域的教学和研究工作,出版了相关的专著,主持了"2017—2019年度上海市教委本科重点课程'幼儿语言教育'的课程建设"项目,多次担任幼儿园骨干教师国培项目的主讲人,因此对该领域的问题和研究重点非常熟悉。全书的研究思路、整体框架、实践方案以及章节的标题均由本人确定,以确保本书内容的科学性和内在的逻辑性。具体章节的执笔人如下:第一章,翁倩青(上海师范大学教育学院学前教育系)、王海澜;第二章,王尹(上海必加教育科技有限公司);第三章,李鑫(长沙幼儿师范学校);第四章,李娟(上海市嘉定区德富路小学)、袁盼盼(上海师范大学教育学院学前教育系);第五章,叶克坚(上海松江龙马幼儿园);第六章,王海澜、王蕾(上海思南路幼儿园);第七章,杨柳(上海市宝山区高境镇第三幼儿园)、翁倩青。最后,由本人对全书进行了修改!

本书既有理论框架,也有具体的实践方案和过程;既适合从事幼儿教育和语言教育的教师和研究者作为资料参考,也适合于家长学习和借鉴。

希望我们所研究的问题能引起其他幼儿教育的研究者和实践者共鸣,希望我们的研究成果能给大家以启发和借鉴,希望我们的努力能对幼儿的成长有所贡献,也希望同仁能对其中的观点和方法提出宝贵的意见和建议。

欢迎同仁不吝赐教!

上海师范大学教育学院学前教育系　王海澜

2018年3月

目 录

第一章　导　论 ……………………………………………………1

一、语言运用能力是幼儿语言教育的核心目标 ………………1

二、幼儿语言运用能力的发展及其影响因素 …………………6

三、幼儿语言运用能力的研究现状和实践现状 ………………9

四、关于我们的研究 …………………………………………11

第二章　倾听：读写的开始——发展幼儿倾听能力的实践研究 …13

一、倾听和倾听能力 …………………………………………13

二、幼儿倾听能力发展的特征及培养目标 …………………15

三、幼儿倾听能力培养上存在的问题及原因 ………………18

四、幼儿倾听意识和倾听能力培养的研究现状 ……………20

五、有效促进幼儿倾听能力发展的实践研究 ………………20

第三章　"我们也可以讲精彩的故事"——提升幼儿叙事能力的实践研究 …52

一、幼儿的叙事及叙事能力 …………………………………52

二、关于幼儿叙事能力问题的已有研究 ……………………55

三、通过系统化的故事组织方式提高幼儿叙事能力的实践探索 …………58

第四章　图画书不同教学关注点及其效果的比较研究 ………104

一、图画书在幼儿早期阅读中的地位及作用 ………………104

二、图画书不同的教学关注点 ………………………………106

三、图画书不同教学关注点及其效果的比较研究 …………108

第五章 为培养幼儿自主阅读的意识和初步能力而教 ………… 130

一、故事图式建构能力是自主阅读能力的主要表现 ………… 130

二、运用图画书发展幼儿故事图式建构能力的实践研究 ………… 132

三、本研究给予我们的启示 ………… 153

第六章 以"读"启发"写",以"写"促进"读"——借助图画书提高幼儿早期书写能力的实践研究 ………… 158

一、幼儿早期书写的含义与意义 ………… 158

二、幼儿早期书写能力发展的特征 ………… 160

三、幼儿早期书写能力的培养目标 ………… 161

四、图画书对提高幼儿早期书写能力的作用 ………… 163

五、借助图画书提高幼儿早期书写能力的实践研究 ………… 165

第七章 整合课程背景下开发幼儿语言运用能力的方案探索 ………… 189

一、整合课程概说 ………… 190

二、幼儿园整合课程背景下语言领域实施现状的调查研究 ………… 195

三、整合课程背景下开发幼儿语言运用能力的方案设想 ………… 224

附 录 ………… 231

1.关于倾听的绘本推荐书目 ………… 231

2.《青蛙,你在哪里?》编码 ………… 232

3.幼儿早期阅读兴趣行为表现教师评定问卷 ………… 233

4.幼儿园整合课程活动情况访谈提纲 ………… 234

主要参考文献 ………… 235

第一章 导 论

语言是幼儿心理发展过程中最重要的内容之一,这不仅因为语言是幼儿重要的交际工具,还因为语言在认知与社会性发展中有着重要作用。在幼儿语言发展过程中,我国学者对幼儿的语言能力进行了大量研究,包括对幼儿语言能力培养现状的研究、多元智能理论对培养幼儿语言能力的启示等。近年来,关注幼儿语言运用能力的发展,是国际幼儿语言教育的共同趋势,我国学前教育领域也关注到这一点,如《幼儿园教育指导纲要(试行)》(以下简称《纲要》)就第一次明确指出,"语言能力是在运用的过程中发展起来的,发展幼儿语言的关键是创设一个能使他们想说、敢说、喜欢说、有机会说并能得到积极应答的环境"。因此,培养幼儿的语言运用能力,特别是幼儿的语言核心操作能力应当成为幼儿园语言教育的重点。

一、语言运用能力是幼儿语言教育的核心目标

(一)语言能力及语言运用能力

1.语言能力

幼儿的语言能力是幼儿在语言发展过程中通过语言学习后获得的,具体指对语言的感知、理解、表达能力的发生与发展。目前,学界对"语言能力"这一概念的理解还未达成一致,从现有的研究资料来看,主要有以下几种理解:

在对英文术语进行比较研究之后,蔡冰认为,语言能力(Language Ability)包括语言知识(Language Competence)、语言运用(Language Performance)、语言水平(Language Proficiency)和语言技能(Language Skills)。其中:语言知识是指说话人已经掌握的语言规则系统;语言运用是指人们在日常生活中运用语言能力进行的实际言语活动;语言水平是指对母语或第二语言的使用能力,包括对

不同环境中语言行为得体性的感知能力,如一个人读、写、说或理解语言的能力的高低;语言技能是指个人使用语言的技能,主要是指听、说、读、写的能力①。

余光武认为,语言能力应该包括两个方面的内容:语言知识和语言技能。语言知识包括语言的语音、词汇、语法、语义等各方面,指人们关于语言的内在知识或内在语法。语言技能是指人们在言语交际中理解准确,语言得体,主要指语言使用技能,也就是语用能力②。

学前儿童语言教育专家赵寄石等人在《学前儿童语言教育》中指出,语言能力有两个方面的含义:一方面是指个人使用语言的能力,即言语能力,具体表现在听、说、读、写四个方面;另一个方面是指分析语言的能力,也可称为元语言能力,具体表现在对语言要素的掌握上。例如,苹果是红的,这是对象语言,是对客观事物的外在描述;而当我们说:"苹果是红的。"这句话的语法是对的,或者说"苹果是红的。"这是一个汉语句子,或者说"苹果是红的。"这句话包含五个字时,所用的就是元语言。因为我们所谈的不是苹果这个非语言的对象,而是谈论描述这个对象的语言本身。

鉴于赵寄石等人关于幼儿语言能力的界定更简洁、更合理,而且广为学前教育界所认可,故本书也采纳本定义。简言之,幼儿语言能力包括语言分析能力和语言运用能力两方面。

2.语言运用能力

如上所述,语言运用能力是语言能力的一种。当然,不同的学者对此也有不同的理解。综合起来看,主要有两种不同的理解:

第一种观点认为语言运用能力是指个人使用语言的能力,包括听(倾听)、说(口头表达)、读(阅读)、写(书写)四个方面,其中,听和说属于口头语言,读和写属于书面语言。因此,语言运用能力大致包括两方面:一是运用社会交往规则的能力,主要表现为儿童如何运用适当的语言形式表达自己的交往倾向,如何运用恰当的策略开展与他人的交谈,如何根据不同情境的需要运用恰当的方法组织语言表达自己的想法③,即对听说的要求;二是运用语言进行认识和思考

---

① 蔡冰."语言能力"是什么?[J].语言科学,2013(6):612-617.
② 余光武.论汉语语用能力的构成与评估[J].语言科学,2014(1):49.
③周兢.重视儿童语言运用能力的发展——汉语儿童语用发展研究给早期语言教育带来的信息[J].学前教育研究,2002(3):8.

的能力,主要表现为对语义的理解能力,即对读写的要求。赵寄石、周兢等学前儿童语言教育研究专家基本上都持这种观点。

第二种观点认为语言运用能力包含基本能力和语感。基本能力指听、说、读、写的能力;语感是指对口语和书面语的感性知识,包括语义感、语法感和语音感①。

总体上看,虽然说存在定义上的分歧,但学者们都承认语言运用能力最核心、最基本的内容是听(倾听)、说(口头表达)、读(阅读)、写(书写)四项。因此,本书所谈的语言运用能力也包括这四方面的内容。

(二)语言运用能力的重要性

语言是人类重要的交际工具。重视幼儿语言能力和语言运用能力的培养,对幼儿的发展具有重要意义。

1.语言运用是幼儿语言发展的动力和源泉

20世纪90年代,在有关幼儿语言交流行为发展的研究中,研究者发现幼儿的语言运用是幼儿语言发展的动力和源泉。这一观点主要基于以下两个方面的研究证据:一是在对正常儿童的语用发展研究中,研究者发现儿童在不会说话之前,就出现了用手势、体态和表情伴随言语声音来表达自己的情况,这种萌发的语言交流行为获得成人的即时反应,从而在交往中逐步发展起真正用语言交流的行为;二是研究者发现,自闭症儿童几乎不与别人交流,从而缺乏在真实的情境中运用语言沟通和解决问题的机会,故导致他们的语言运用能力很弱。尽管他们积累了许多词汇,但语言能力仍处于停滞状态,之后甚至落后于起点相似的弱智儿童。

因此,幼儿的语言运用是幼儿学习语言的驱动力,在语言运用过程中发展起来的语言运用能力让幼儿学会创造性地使用语言。

2.语言运用能力的提高有利于幼儿认知能力的发展

语言运用能力的发展可以拓展幼儿认知发展的广度和深度。当幼儿只能以有限的个体直接经验来认识世界,其认识范围十分有限。而当他们和别人交谈时,他们要感知、理解、评价别人所说的话,在这个过程中,幼儿的注意力、感知力以及判断等思维能力都可以得到锻炼。随着幼儿语言的不断丰富,语言运

①王培光.语言运用能力与语言审析能力的分析与验证[J].中国语文,1996(6):440-446.

用能力的不断提高,他们学习和运用语言的兴趣也越来越大。比如,幼儿会在语言运用过程中,创造性地使用语言。他们会根据听到或者阅读到的句子、故事,来进行造句、故事创编等,这是语言运用能力对幼儿创造性思维的发展作用。众所周知,聋哑儿童因听觉器官或发音器官不健全,缺少语言运用机会,因此他们对事物的认知能力较正常儿童有显著差距,这从侧面证明语言运用能力发展对儿童认知发展的意义。

因此,语言运用能力的提高有利于幼儿认知能力的发展,指导认知加工过程,促进其创造性思维的发展。

3.语言运用能力的提高有利于幼儿社会性发展

(1)语言运用能力的发展有利于提高儿童的社会交往能力

幼儿的语言运用能力与其社会性发展关系密切。良好的语言运用能力可以让幼儿说出自己的感受和需要,让成人或同伴了解自己的想法,并在这一过程中,调节自己的行为,提高其社会交往能力。此外,在语言运用过程中,幼儿能使用语言调节自己的行为,掌握自我评价标准。比如,语言运用能力较好的孩子,善于通过协商、说服等比较"温和"的方式与同伴交往,通过倾听明白对方的诉求,并用正确的语言表达自己的意见。这些孩子比较容易受到同伴的接纳和喜欢。相反,一些语言运用能力发展较弱的幼儿,在社会交往中有的因不知如何表达自己的意见而退缩,有的则通过动作,尤其是"武力"方式表达自己的情感和态度,试图强迫同伴接受自己的意见。这些孩子比较难以受到同伴的接纳,处于被排斥和被忽视的地位,很难建立起良好的人际关系。因此,语言运用能力的提高有利于幼儿社会交往能力的发展。

(2)语言运用能力的提高有利于促进幼儿的道德发展

随着语言运用能力的提高,幼儿通过倾听和模仿学习,逐渐掌握社会的行为规范和道德标准。根据科尔伯格的道德发展阶段理论,学前儿童的道德发展处在前习俗水平,他们是根据成人规定的行为准则来进行道德判断的。幼儿通过成人"好""乖"的评价,开始理解哪些是"好的"行为,哪些是"不好的"行为,并能在成人的要求下做出一些合乎道德要求的行为。随着语言运用能力的提高,幼儿通过交往和模仿学习,对道德规范的理解有了更深刻的认识,开始关心别人的行为是否符合道德标准,并由此产生相应的满意或不满的情感,他们的道德习惯也逐渐养成。因此,良好的语言运用能力有利于幼儿理解社会道德和社会规范,从而更好地适应社会生活。

(三)幼儿语言教育的目标:从关注语言知识到关注语言运用能力

随着幼儿语言运用能力的重要性日渐被认识,人们对幼儿语言教育的关注重点也随之改变:从关注语言知识到关注语言运用能力。一般来说,幼儿园根据语言教育目标和幼儿言语发展特点,选择语言教育内容。幼儿园的语言教育内容包括语言形式、语言内容和语言运用的基本知识、基本态度和基本行为方式等。很长一段时间,幼儿园的语言教育多关注于专门的语言教育活动,多强调幼儿对语言知识的学习。在专门的语言教育活动中,有的教师会压抑幼儿主动运用语言的行为,不允许幼儿随意地交谈。教师更注重幼儿在回答问题时答案的正确与否,若出现词不达意、语句不完整时,会刻意加以纠正。教育行政部门和教研部门的评价或者园长的检查督导也往往通过上课的方式进行。其结果是教师虽然关注了专门的语言教育活动,关注了幼儿对语言知识的掌握情况和知识目标的达成情况,但忽视了幼儿在日常生活和游戏等交往活动中的语言状况,从而不利于幼儿语言运用能力的发展。

《纲要》强调,幼儿语言教育的目标是让幼儿"乐意与人交谈,讲话礼貌;注意倾听对方讲话,能理解日常用语;能清楚地说出自己想说的事;喜欢听故事、看图书;能听懂和会说普通话。"强调语言教育要重视培养幼儿的倾听能力、语言表达能力、语言理解能力、思维能力等。相应地,教师要"创设一个能使他们想说、敢说、喜欢说、有机会说并能得到积极应答的环境";要"通过互相渗透的各领域的教育,在丰富多彩的活动中去扩展幼儿的经验,提供促进语言发展的条件";要重视教师与幼儿的个别交流、幼儿之间的自由交流等对幼儿语言发展的意义。《3~6岁儿童学习和发展指南》(以下简称《指南》)进一步强调了《纲要》的精神,并明确指出"倾听与表达""阅读与书写准备"的培养目标。

二、幼儿语言运用能力的发展及其影响因素

(一)幼儿语言运用能力的发展历程及特征

1.幼儿语言运用能力的发展历程

(1)语言运用行为逐步清晰

对于幼儿来说,其语言发展从一出生便开始了。最初,幼儿的语言运用行为比较模糊,需要借助手势、表情来表达自己的需求,但此时的幼儿正逐渐掌握语言运用的原则,形成特定的社会认知概念。幼儿在一周岁左右说出了最早的词,这是真正语言的开始,也是语言运用的开始。这一阶段的幼儿通过倾听,积累大量词汇,出现"词语爆炸现象"。幼儿在倾听中,对语言的理解能力不断提高,在交往中不断加深对词义的理解。幼儿在说单词句阶段,并不使用句法规则;在说双词句和电报句阶段,使用简单的语法规则;在语言发展成熟阶段,学会使用复杂的句法规则,尝试使用多种句式表达自己的想法。总的来说,幼儿在三岁之后社会交往倾向和言语行动表现的清晰度越来越高,语言运用行为逐步清晰。

(2)语言运用的类型逐步扩展和增加

幼儿的言语行动类型是一个不断扩展和增加的过程。已有研究告诉我们,标志类语言倾向是儿童最早习得的语言行为之一,讨论类与协商类则在稍后的时间出现;在语言行动水平方面,儿童最初使用的言语行动类型是陈述,18个月后开始运用宣告等类型,回答类语言行动都先于问题类言语行动出现[1]。幼儿最早与成人交流的是在眼前的事物,继而尝试讨论想象中的事物,或是刚刚发生的、不在眼前的事情。因此,幼儿的语言运用类型是逐步扩展和增加的。

(3)幼儿语言运用的灵活性逐步增强

随着幼儿语言运用行为的发展和语言运用类型的增加,幼儿语言运用的灵活性不断增强,渴望更好地表达和交流。比如,幼儿最初只会自顾自玩并发出模仿的声音或者用招呼成人的方式来引起对方的注意,随着幼儿年龄的增长,他们通过讨论和协商使得交流顺利进行。幼儿对语言的运用灵活自如,也提高

---

① 周兢,李晓燕.0~6岁汉语儿童语用交流行为发展与分化研究[J].中国文字研究,2008(1):140.

了其语言运用的快感,从而使表达的意思更准确。

2.幼儿语言运用能力发展的特征

(1)实践性

语言运用能力产生于实践,在实践中不断发展和完善。幼儿在早期与成人交往过程中表现出的积极的语言运用倾向,给他们创造了语言学习的机会。幼儿在模仿成人言语时,在倾听中感受单词、句子及语法结构,之后在实践中不断吸收新的词汇,调整自己的发音,深入理解语法规则,最后在不断运用语言的过程中熟练运用语言。在这个实践过程中,尤其重要的两个环节是:一是感受的实践,即借助倾听、阅读来感受语言现象和语言的使用;二是将感受的言语现象转化为语言的实践,即在真实的情境中,将语言感受迁移到实践中,提高语言表达能力。在不断实践的过程中,幼儿学会了倾听他人,在社交场合能有效地进行交流;理解他人的表达意图,充分表达自己意见;在阅读时能理解其中的逻辑结构,能通过写作表达自己的想法。

(2)社会性

幼儿的成长过程受社会文化导向的影响,任何成人与幼儿的交往行为都携带了某种社会文化的因素,并通过交流互动传递给幼儿。幼儿语言运用能力的发展主要受两方面的影响。一方面受到社会文化的影响,研究发现,汉语儿童与美国儿童相比,较早出现"讨论当前关注的问题"的语言运用倾向类型,并且使用的频率很高;但是使用"协商当前要开展的活动"的类型比较少;同时在"讨论当前关注问题"时,汉语儿童较多使用的是"肯定回答""陈述解释"等言语行动类型,而较少使用"疑问""质疑"的方式来参与讨论。另一方面受到周围环境中成人尤其是母亲的影响。研究发现,中国的母亲与孩子互动时表现出一种"任务中心"的观念。中国的母亲非常注重引导孩子"讨论"交往,并且有大大多于美国母亲的问题让孩子回答。可以说,中国孩子在与成人交往过程中,有许多机会要用回答问题和陈述见解的方式进行问题的讨论,因此他们运用其他交流类型的机会就有可能少些。中国的孩子由此会成为很好的接应话题的"讨论者",但是,幼儿的"主动协商""大胆否定"和"善于质疑"等行为形成就会受到影响。因此,幼儿语言运用能力的发展会受到社会文化的影响,其中来自父母和其他成人的影响较大。

（3）联系性

听、说、读、写四种能力的发展是相互影响、相互促进的。听和读属于语言输入，是一个吸收内化的过程；说和写属于语言输出，是一个表达外化的过程。语言输入与语言输出是互相影响的。孟祥芝等人指出，视觉技能与儿童汉字阅读的相关研究表明，觉察动态刺激的敏感度影响儿童的阅读能力，听觉会影响阅读过程中提取字形和语音信息的能力；在对中文读写能力结构模型研究中发现，儿童听觉能力影响口语表达能力[①]。而儿童的口语能力提供了语言的语音结构特性和语音与意义的联结，为阅读能力的发展奠定了基础。可见，幼儿语言运用能力的发展具有联系性，四种能力的发展互为影响。

（二）幼儿语言运用能力发展的影响因素

1.生理因素

人类的语音是由人体发音器官在大脑控制下的生理运动产生的。人类的发音器官和说话能力在进化过程中逐渐成为人类的独特属性被保留下来。神经生理学和解剖学为我们提供了许多有关人类语言发展与大脑神经之间关系的事实。大脑皮层的语言区域受到损伤会引起各种不同类型和不同程度的失语症。例如，布洛卡区发生病变，会患运动性失语症，患者会丧失说出单词的能力，但能理解他人的语言。这证明了语言运用能力的发展是以健全的生理器官为基础的。因此可以说，生理因素是幼儿语言运用能力发展的生物基础。

2.环境因素

幼儿在没有任何语言输入的情况下，不能依靠自身的生理神经基础学会语言。比如，那些脱离人类社会长大的野孩和狼孩无法发展语言运用能力，因此，幼儿语言运用能力的发展离不开特定的语言环境。语言环境包括幼儿生活的社会的各个方面，包括政治制度、民族、家庭社会经济地位等。有调查显示，不同社会经济地位家庭的幼儿，其语言发展和运用在18个月后呈现出明显差异。当然，在语言环境中，最重要的影响因素是幼儿父母的言语行为模式。在幼儿与父母的言语交往过程中，无论在语音、语句还是语义方面，若父母表现出积极合作的态度，比如使用吐词清晰、句法结构完整、语义明确的简单话语和幼儿进行交谈，幼儿的语言运用能力则能发展得更好。因此，在日常生活中，父母

---

① 孟祥芝,周晓林,曾飚,等.动态视觉加工与儿童汉字阅读[J].心理学报,2002(1):16.

应该作为语言行为的示范者,为幼儿创造良好的语言环境。

3.教育因素

良好的语言教育指导和师生积极有效的互动,能促进幼儿语言运用能力的发展。在一项对不同教育环境中教师言语对幼儿语用能力发展影响的研究中,发现教师如果较多使用同一种类型的言语,那么幼儿的语言运用也会单一,相反,教师的言语特点灵活多变,幼儿的语言运用也会变得丰富[①]。教师的教育理念、教育策略、教学活动设计的不同导致教师言语的不同,这将对幼儿语言运用能力的发展产生不同的影响。因此,教师应当重视幼儿的语言运用,为幼儿的语言运用发展提供良好的教育环境。

三、幼儿语言运用能力的研究现状和实践现状

(一)研究现状

语言运用的概念最早由乔姆斯基提出,自20世纪70年代中期起,国外学者开始关注儿童语言运用能力的发展。目前,国外的研究主要基于实证研究语料,研究领域涵盖儿童词汇学习、语音习得、语法发展等各个方面;相对而言,国内关于儿童语言运用能力的研究较落后。

通过知网搜索发现,以"语言运用"为关键字共有20813篇文献,其中大部分是语言学领域的研究,有关学前教育的文献仅有136篇。通过对文献的总结和整理发现,目前的研究存在以下三方面的不足:第一,大多侧重于幼儿早期阅读和口头表达能力的研究,忽视了幼儿倾听能力和书写能力的研究;第二,理论研究的深度不够,多为轻描淡写地提出一般性的语言教育方法;第三,在研究方法上,缺少语料库技术的支持,因此研究结果缺乏可靠性和客观性。目前,只有华东师范大学周兢教授牵头建设的0~6岁汉语儿童语料库为研究汉语儿童的语用发展创造了条件。

---

① 周莉.不同教育环境中教师言语对幼儿语用能力发展影响的研究[D].西安:陕西师范大学,2008.

（二）实践现状

1.教师对幼儿语言运用能力重要性的认识不够全面

在贯彻执行《纲要》时,许多学前教育工作者认识到幼儿语言运用能力的重要性,开始有意识地注重培养幼儿的语言运用能力。但在实践过程中,我们也发现了一些问题。首先,教师对幼儿语言运用能力重要性的认识不够全面。教师对幼儿语言运用能力的认识仅仅停留在语言运用能力能促进幼儿语言发展,达到幼儿园语言教育目标这一层面上。因此,教师需要对语言运用能力发展的作用和重要性进行重新定位,进行更全面的认识。

其次,在语言运用能力四要素中,教师忽视了倾听能力的重要性。对于语言运用能力,教师更关注其中的表达、阅读和写作能力对幼儿语言发展的作用,但对倾听能力的重要性认识不够。教育心理学家曾对人的一系列交往活动进行研究,结果发现在人们的各种交往方式中,听占45%,说占30%,读占16%,写占9%。从这个数据中,我们也能看到倾听能力的重要性。倾听是感知和理解语言的行为,是幼儿最早掌握的语言活动。良好的倾听能力是幼儿获得知识的前提,是幼儿发展语言的基础。只有懂得倾听、乐于倾听、善于倾听,才能真正发展语言运用能力。因此,教师需要更深刻地认识倾听能力在发展幼儿语言运用能力过程中的作用。

2.语言教育活动缺乏广度和深度

教师普遍认识到语言运用的重要性,并在语言教育中进行渗透,但在实践过程中存在两方面的不足。第一个方面是教育活动的内容和形式缺乏深度。幼儿园教师非常重视早期阅读对幼儿语言运用能力发展的作用,在班级中创设图书区,投放早期阅读材料,供幼儿自主阅读。在教学活动中也注意使用多种语言形式的材料,比如故事、诗歌、儿歌等,让幼儿感受和理解,但加强幼儿语言运用能力教育的活动形式,仅仅限于集体教学活动、布置阅读环境、鼓励幼儿表达等,这些活动的形式和内容还远远跟不上幼儿语言运用能力发展的要求。教师可以创设辩论、讨论、表演等多种语言情境,更好地调动起幼儿积极的语言运用倾向,丰富语言应用类型。

此外,在幼儿语言运用能力发展的研究中发现,幼儿的提问和质疑类言语行动不足。在语言教育活动中,有时由教师发起的提问很多,甚至存在教师一问到底的现象。这样的师幼互动交往过程不能很好地促进幼儿语言运用能力的发展。因此,在语言教育活动中,教师要鼓励幼儿多提出"质疑"和"假设",让幼儿成为积极的语言运用者。

第二个方面是教师忽视幼儿书面语运用能力的培养。语言运用包含口头语言运用和书面语言运用,但在查阅幼儿园教师写的关于培养幼儿语言运用能力的论文过程中发现,教师更多地关注创造各种机会鼓励幼儿进行口头表达,很少涉及对幼儿书面语运用能力的培养。一些幼儿教师认为幼儿的认知发展水平不够,因此在语言教育中刻意将口头语言简单化,甚至将一些书面表达变得口语化,来帮助幼儿理解。在一项对小学生语文素养的跟踪调查研究中发现,学生的书面语表达中存在语义重复累赘、语序混乱、搭配不当等语言运用问题。这一现象显然与这些孩子在幼儿时期没有受到良好的语言教育有关。而学前阶段是幼儿学习语言、发展语言运用能力的关键期,这一时期语言运用能力的发展对其今后各种能力的发展,以及知识的获得、人格的健全乃至整个心理结构的发展都有决定意义。因此,教师在教育活动中应当注意让幼儿感受书面语言的规范性、韵律美感、书写的逻辑性等,以拓宽语言教育内容的深度。

凡此种种,必须对幼儿的语言运用能力进行系统的、有深度的研究。

四、关于我们的研究

鉴于幼儿语言运用能力的理论研究和实践研究都有极大的提升空间,为了切实促进幼儿听、说、读、写各方面语言运用能力的发展,本研究团队自2013年起,先后在上海、安徽、湖南、河南等不同省市的幼儿园进行了科学、系统的研究。具体说来,我们的研究具有如下特征:

1. 注重研究过程和结果的科学性

本研究不是泛泛而谈语言运用能力的重要性及其教育方法,而是制订科学合理的研究方案,深入幼儿园班级,分别针对幼儿听、说、读、写四个方面能力的培养,进行系统的实践研究,研究方法合理、研究过程规范、证据充分有说服力。

2. 力求理论和实践相结合

本研究在国内外关于幼儿语言运用能力的最新研究理论和方法的基础上,结合实践范例,探索幼儿语言运用能力发展的有效方案,做到了理论和实践相结合。

3.具有鲜明的创新性

本研究就如何有效促进幼儿语言运用能力发展这一问题展开,围绕听、说、读、写四方面进行实践探索,为幼儿园教师在集体教学活动中促进幼儿语言运用能力的发展提供有效的思路和策略。

第二章　倾听:读写的开始

——发展幼儿倾听能力的实践研究

一、倾听和倾听能力

(一)倾听和倾听能力的含义

1.倾听

"倾听"与"听见"不同。听见,只是单纯的生理反应,没有达到理解的层面;而倾听是更复杂的过程,"听"代表听见,"倾"表示侧身的动作,也有用尽的意思。听是耳朵这一生理器官进行的动作,倾听不仅是被动地对声音做出反应,而且是全身心投入并有所思考的听。倾听是神经和肌肉共同运动的过程,是一个包括听到、注意、辨别、理解及记忆的心理过程。学者史金榜认为,倾听是接受口头及非语言信息、确定其含义和对此做出反应的过程[①]。倾听首先是接收到声音、语音语调、情感色彩等信息内容,然后对这些内容进行加工分析,做出自己的判断和相应的反应。倾听是一种习得行为,可以在实践中得到提高,是可以被教授的。

2.倾听能力

倾听能力是指听者理解言者口语表达的信息和能在头脑中将语言转换成意义的能力,是听音能力、辨音能力、理解和记忆音节所表达的意义能力。倾听能力包括:专注的倾听行为,倾听过程中的注意分配能力,对倾听内容的辨析能力和倾听时排除干扰能力。有专注的倾听行为,才能形成良好的倾听能力;有倾听注意分配的能力,才能提高倾听的效率;有倾听辨析能力才能批判地分析倾听的内容;有排除各方面干扰的能力,才能抓住该听的内容[②]。

---

① 史金榜.教学倾听艺术[D].曲阜:曲阜师范大学,2008.
② 王清华.提高中班幼儿倾听能力的班级管理策略研究——以沧州市×幼儿园为例[D].保定:河北大学,2014.

3.幼儿的倾听能力

根据倾听能力的含义,可以将幼儿的倾听能力定义为,幼儿能够听到并理解接收到的信息,能够记忆并在头脑中将语言转换成意义的能力。倾听能力的发展是学前儿童语言教育中的重要内容。《纲要》在语言领域要求培养幼儿形成良好的倾听行为,让幼儿"注意倾听对方讲话,能理解日常用语"。

幼儿的倾听意识、倾听行为和倾听理解能力三者是层层深入的。根据倾听水平的不同,幼儿的倾听能力可以分为有意识倾听、辨析性倾听和理解性倾听。相应地,有效倾听通常经历三个阶段:对刺激的反应、对刺激的加工和理解刺激的意义。早期幼儿语言教育活动的目标在于引导幼儿经历这些阶段。倾听的目的是为了理解,并对听到的内容作出自己的判断。人们常说的积极倾听或有效倾听,就是希望幼儿能够评价所听到的和理解的内容,并进行沉思和反省。

本研究将幼儿倾听能力定义为:幼儿有倾听的意识,懂得基本的倾听规则,能集中注意力倾听,听懂并对所听内容有一定的理解。

(二)培养幼儿倾听能力的重要性

倾听对于幼儿的语言能力、阅读能力和人际交往等方面有重要的意义。学会倾听是幼儿语言发展的基础。美、日、英等国家学前教育语言目标中都有关于倾听能力培养的内容:儿童能够认真倾听他人,理解他人所要传达的意思并且能够给予适宜的回应(美国对"听与理解"子领域做出的操作性定义);努力听别人谈话或讲故事,并愿意讲述自己的所经历的、所想到的事情(日本《幼儿园教育要领》);希望儿童持续注意倾听,对听到的给予相关的评价、提问或行动(《英国基础阶段教育(3~5岁)课程指南》)。基于以上认识,各国都把倾听能力(理解能力)、表述能力(表达能力)的培养视为语言教育中一个明确而重要的目标。

1.倾听是幼儿学会的第一种语言技能

幼儿最初认识世界的方式主要是听和看。在学会阅读之前,听是幼儿获得信息的唯一渠道,他们通过听来感知语言的功能、韵律、节奏,通过听进行语音语调的模仿,一步步发展起自己的语言。可以说,听是学习的根本。

2.倾听是一种重要的学习技能

在语言学习中,听与说、读、写同样重要。倾听活动是培养、锻炼幼儿语言能力的特别途径,有别于其他各类语言活动,有其存在的独特价值。良好的倾听能力能够帮助幼儿获得更多更有效的信息。有良好倾听能力的幼儿有更好的专注力和理解力。幼儿首先应该学习的技能是听课,只有有效地听课,学习才会进步。听是幼儿获得信息的重要手段之一。

二、幼儿倾听能力发展的特征及培养目标

(一)幼儿倾听能力发展的特征

倾听是幼儿学会的第一种语言技能,在他们开口说话之前(0~1岁)就逐渐形成了。根据幼儿年龄发展特征,倾听能力的发展具有如下特征和规律。

1.0~3岁——听觉器官发育成熟,能听懂简单的话语

胎儿的听觉器官在母亲的子宫里已经发育成熟,并且能区分出母亲与其他女性声音的不同,4周的婴儿就可以区分出g和k的不同发音。到了6个月的时候,他们慢慢对自己的母语发音产生敏感性。16个月大的幼儿可以听懂简单的要求,19个月大的时候一些语言发展快的幼儿能听懂100个词或短语。2岁幼儿能说出50个词汇,此时对抽象词汇也有了一定的理解。2~3岁时幼儿的注意力得到发展。集中注意力,专心倾听,这是有效倾听的基础。

2.3~4岁——大量学习日常用语

此年龄段幼儿的听说能力有了一定的发展,主要集中于日常用语的倾听与表达。据调查统计,3~4岁幼儿正处在大量学习日常用语的阶段,其词汇量为1600个左右。此年龄段的幼儿处在听音辨音能力的发展时期,容易混淆一些相似发音,此时的幼儿非常乐于倾听。

3.4~5岁——更加准确地理解话语的意思

4~5岁的幼儿基本上能听懂日常生活中的句子和段落的意思,掌握词汇的数量和种类迅速增加,逐渐可以结合语境中的各种背景知识,更迅速、更准确地理解句子中不同语气和语调所表达的不同意思。

4.5～6岁——发音器官健全,能够辨别声音的细微差别

5～6岁幼儿的抽象思维开始萌芽,他们开始注意到事物之间的联系。6岁左右的幼儿抽象逻辑思维开始发展,能掌握较抽象、概括性较强的概念,如家具、蔬菜、交通工具等,开始理解事物发展的逻辑关系。5～6岁的幼儿发音器官健全,建立了语言的自我调节机制,能够辨别声音的细微差别,表达能力也较为完善。

幼儿的倾听能力有性别上的差异。一些研究者发现,男孩在听词方面比女孩有优势,在注意力和清晰发音上比女孩弱一些。

幼儿倾听能力的培养是漫长而又复杂的教育过程,要依据幼儿的生理和心理发展特征,遵循幼儿语言发展的规律,将倾听渗透在学习生活的各个环节,循序渐进地培养幼儿的倾听能力。幼儿语言理解能力的发展并不意味着倾听意识和倾听能力会随着年龄的增长而自然地提高,教师应该根据幼儿不同年龄的倾听特点做出相应的引导,使得倾听能力与其他语言技能产生积极的相互作用。

(二)影响倾听能力的变量

幼儿的倾听行为是一方面,倾听能力是另一方面。倾听是手段,倾听理解能力是目的。即使幼儿的倾听态度认真,有时也会出现无法顺利理解的情况。在倾听的生理基础正常的情况下,很多变量,如记忆、注意力、词汇量、年龄、说话能力、阅读理解能力、口头表达能力、语言和学习技巧等,多多少少都与理解性倾听有关。

就倾听者自己而言,有三方面原因影响倾听行为。①听者的生理、意识或情绪等方面的原因会影响倾听效果,当出现听觉障碍、听力损伤、疾病、饥饿、情绪困扰、语言熟练度低等问题时,倾听效果不佳。②听者是否有倾听的意愿。越是感兴趣的事物幼儿越是愿意去听,当幼儿觉得倾听的内容枯燥无味或者毫无用处就会失去倾听的兴趣。③听者的倾听行为影响倾听能力的发展。缺乏敏锐的倾听意识和对倾听内容缺乏思考等,都会限制幼儿倾听能力的发展。

（三）幼儿倾听能力的培养目标

学前儿童倾听能力的培养目标有总目标和年龄阶段目标之分。

1.总目标

学前儿童倾听能力培养的总目标可以从认知目标、情感与态度目标、能力与技能目标三个维度去分析。

认知目标：①知道别人对自己说话时要注意倾听；②知道要保护耳朵使它能听清声音。

情感与态度目标：①喜欢听各种声音；②爱听人的嗓音、各种乐器的声音；③积极、认真地听别人对自己说话。

能力与技能目标：①别人对自己说话时，能集中注意地听，看着对方的眼睛，注意口型、表情和姿势，做出相应的反应；②别人在说话时，能保持安静，有礼貌地倾听；③能辨别不同的音素、声调、语调；④能听懂并执行别人对自己的指令、要求；⑤能听懂普通话，能辨别普通话与母语（民族语、方言）的不同发音、不同表达方式。

2.年龄阶段目标

按照幼儿年龄划分，倾听能力的培养目标如下：

3～4岁的小班幼儿：①喜欢听和谐、悦耳的声音，乐意听别人说话；②在集体活动中会听老师和同伴说话；③能听懂普通话；④倾听时能注意说话人的口型，辨别语音；⑤听别人说话时，能保持安静，不打断别人的说话；⑥能理解较简单的指令，如关于一日活动常规的指令。

4～5岁的中班幼儿：①能耐心地倾听别人说话；②听别人说话时，眼睛看着对方，保持正确姿势；③能区分普通话和方言的发音；④能理解多重指令。

5～6岁的大班幼儿：①别人说话时，能认真地、有礼貌地倾听；②能辨别不同的声调、语调；③在集体中能专注地较长时间地听别人说话；④能理解较复杂的多重指令。

教师可以根据自己班级幼儿的特征设计教学活动，培养不同发展水平的幼儿；或者在参考其他教学设计时根据自己班级幼儿的特点，对其进行相应的调整和修改。

三、幼儿倾听能力培养上存在的问题及原因

（一）幼儿在倾听行为和倾听能力上存在的问题

笔者在幼儿园中观察到,幼儿的倾听教育仍旧没有得到应有的重视。幼儿在倾听行为和倾听能力方面存在多方面的问题。其一,倾听行为方面存在的问题有:很多幼儿非常愿意向他人表达自己,有时却很难耐心听取与自己不同的观点;听故事的时候会走神,并很快失去耐心,独自摆物品或者开小差。例如离园时老师通知幼儿回家做的事情,第二天总是有幼儿因为忘记或其他原因没有完成。此外,幼儿相互倾听的状况在不同的环境下表现不同。在集体活动中,幼儿倾听教师的态度更为认真,但是在倾听同伴说话时常常会相互打断。其二,倾听能力方面存在的问题有:幼儿不知如何听,何时听,关注哪些主要信息等。例如在老师提问时,很多幼儿积极举手发言,但说出的答案和问题毫无关联,回答没有方向性;很多幼儿虽然在认真听着,但由于信息量大,处理信息时速度较慢,或者由于表达能力有限,无法明确表达出所听到的内容。

（二）幼儿倾听效果不佳的原因

1.幼儿自身的原因

在实践过程中发现,幼儿倾听效果不佳的原因有:一是倾听行为不好,二是倾听能力不足。倾听行为不好的幼儿可能有着很好的倾听理解能力,但倾听理解能力不好的幼儿通常倾听的积极性不高。

幼儿的注意力容易分散,自制力比较弱,缺乏倾听别人说话的耐心,在听的过程中难免会做小动作、东张西望等。一些活泼好动、表现欲强的幼儿,在集体活动中常急于表达自己的想法而打断其他幼儿的发言。这些不良的倾听行为需要教师进行积极的引导。

幼儿倾听能力不足与其注意力、记忆力、词汇量以及其他变量有关。其一,幼儿在探索世界的过程中有着天生很强的专注力,家长和老师尽量不要破坏这种专注力,保护他们探索世界的权利。其二,教师要掌握幼儿记忆力培养的技巧。有趣的、不寻常的、组织严密的和可视化的信息容易被记忆,教师提供这样的信息更有利于儿童记忆的加工。其三,词汇量是理解性倾听的重要变量,因

为赋予意义是倾听过程中一个不可或缺的组成部分。面对陌生的词汇,幼儿很难根据读音来理解它的意思,例如,幼儿会将"三人成虎"的成语故事理解为"三人橙虎"。对于幼儿来说,阅读是增加词汇量的重要途径,幼儿的生活经验、父母的词汇量对幼儿的倾听发展有重要影响。

2.教师和家长的原因

在幼儿的倾听问题上,教师和家长往往没有意识到倾听能力是可以通过教学直接传授的。有研究认为,倾听比阅读要困难,因为倾听是一个包括听到、注意、辨别、理解及记忆的心理过程。在幼儿园到高中期间,一个学生可能要接受12年的写作正式教育,6~8年的阅读教育,1~2年的讲话教育,但花在倾听上的教育只有不到半年或更少的时间。在实践中,幼儿的倾听教育仍旧没有得到应有的重视,老师希望幼儿能安静倾听,却忽视了积极倾听和有效倾听的教授,这样难免会导致幼儿缺乏正确的倾听技能。

很多教师认为,在入学前幼儿应该已经掌握了倾听的能力。因此,学校教学中忽视了幼儿倾听能力培养的重要性。笔者在幼儿园观察到,大班幼儿处于自我中心时期,非常愿意向他人表达自己,有时也很难耐心听取和自己不同的观点。此年龄段的幼儿难免有些不良的倾听行为,如答非所问,抢话插话等,这就无法实现有效沟通。

倾听能力在很大程度上受到倾听行为的影响。倾听行为良好的幼儿通常有较高的专注度,所以教师和家长要耐心培养幼儿良好的倾听习惯;但是现实中,我们经常看到教师不能给幼儿足够的时间让他们完整表达自己的想法;家长打断幼儿说话;幼儿园教材中"听说游戏"的部分,让幼儿说的活动多,让幼儿倾听的活动相对较少。教师和家长自身未能做到平等地倾听幼儿,导致幼儿常常不听指令,教师和家长需要多次重复指令等不良倾听行为的出现。在家庭中,家长对倾听能力的重视情况不同,幼儿会有不同的倾听表现。家长做出了不良的示范,如打断孩子说话,帮助孩子把话说完等,都会让孩子意识到倾听并不重要,从而不愿意积极倾听和表达。幼儿正处在语言发展的关键期,良好的倾听行为对幼儿倾听能力及语言能力的发展有重要意义。

四、幼儿倾听意识和倾听能力培养的研究现状

笔者通过查阅资料发现,国内关于倾听意识和倾听能力的研究对象主要是小学生和中学生,而且大多是有关英语倾听能力方面的研究。而关于幼儿倾听能力方面的研究则比较少,有一定代表性的是王清华的研究。他通过观察发现,幼儿在倾听行为上存在不少问题,并从幼儿班级管理的角度提出了一些发展幼儿倾听能力的建议,针对班级教育中、生活中、安全方面、家园共育和班级教师的管理五个方面提出了有效的策略。相比之下,国外学者的研究更为深入和系统,诸多研究者提出,应该通过儿童文学发展幼儿的倾听技能,让孩子在倾听故事和讲述活动中提高倾听能力,尤其是让幼儿在听故事的时候使用操作物比观察图片更能回忆出故事内容。

总体而言,已有研究认识到了幼儿倾听的重要意义、影响幼儿倾听能力发展的因素等。但是在如何帮助幼儿发展幼儿倾听能力的研究中存在的问题有:第一,培养倾听能力的研究对象主要是小学生,而对学前儿童年龄段幼儿倾听能力的研究较少;第二,在学前阶段培养幼儿倾听能力的研究多为具体教学策略的罗列,内容较为单一和重复,没有从倾听能力的组成部分着手,有针对性地、系统性地进行实践探索;第三,已有研究多为单纯地论述如何培养良好的倾听行为,在倾听能力上着墨不多,缺少探索如何提升倾听能力的实践研究。

五、有效促进幼儿倾听能力发展的实践研究

(一)研究目的

倾听行为和倾听能力都是可教的,而且需要通过教学进行正确引导。所以,本研究旨在通过直接的倾听指导和倾听活动的干预,使幼儿的倾听能力得到发展。具体来说,本研究主要从以下三方面着手,引导幼儿有积极倾听的意识并能够对听到的信息进行加工,以理解倾听的内容,最终促进自己倾听能力

的发展。一是直接教授给幼儿良好的倾听行为和倾听方式。如倾听时要保持眼神交流，不轻易打断对方说话等。二是有意识地培养幼儿的注意力。如通过城市开火车，听词语举手等活动要求幼儿集中注意力倾听，并尽快做出动作或语言上的反应。三是通过听故事来传达具体的倾听技巧和倾听策略。如，在听画活动中，教师需要传达将情境可视化的技巧"在脑子里想象它是什么样子的，把你想象的东西画下来"，在听故事中注意听"首先，其次，然后"这类词语，以促进幼儿适当地理解和初步运用倾听的技巧。

（二）研究意义

本研究一方面有助于引起教师对这一问题的重视和进一步探索，另一方面为教师提供有效的实践经验和具体的指导方式。

（三）研究原则

本研究中所涉及的活动是为幼儿的语言教育而设计的，与五大领域中语言领域中的听说游戏有所不同。它所遵循的原则是：①本研究的重要前提是，倾听技能是可以通过教授习得的。②本研究设计的活动有着明确的目的，即培养幼儿良好的倾听习惯和倾听能力，明确告知幼儿听什么，怎么听。③本研究设计的活动不仅旨在培养幼儿良好的倾听习惯，而且旨在锻炼幼儿倾听的理解能力。幼儿园中常见的听说游戏更像是一种语言语音类游戏，它们侧重的是表达能力而不是倾听能力。教师在实际教学中可以借鉴本研究的实践效果，以丰富幼儿的学习体验。

（四）研究内容和研究对象

本研究的研究内容为：①总结幼儿倾听的现状及影响幼儿倾听能力的原因。②结合幼儿的年龄特点和倾听能力发展的现状，在幼儿园教授幼儿倾听技能，同时开展一系列注重倾听的活动。③观察幼儿的反应并做出评估，探索幼儿有效倾听的策略，提出提高倾听能力的建议。

本研究的研究对象为上海市普陀区某二级公办园大班的一半幼儿（13名）。本班幼儿平均年龄为6岁左右，主班老师为在职硕士研究生，配班老师教龄时间长，有着丰富的教学经验。

（五）研究方式

本研究的研究方式为：行动研究，其中包括查阅文献、观察、访谈及教学实践等。具体做法如下：

①查阅文献。查阅相关书籍和文献资料，对幼儿倾听能力发展的研究现状有全局式的概览，为幼儿倾听能力的发展研究寻求理论基础。

②观察。观察幼儿的倾听行为，根据幼儿多方面的表现和反馈，判断他们的倾听效果。在自然情境中进行的游戏和对话能更加真实地表现幼儿的倾听行为。

③访谈。为了了解幼儿园教师倾听教育的实施情况，幼儿园教师对此类活动的看法，以及这类活动给幼儿园教师带来的影响，本研究对一些幼儿教师进行了访谈，以丰富研究结果。

④教学实践。在幼儿园中实施倾听教学，同时开展一系列提高倾听能力的游戏和活动，如你说我画，辩论会，有目的地倾听等，记录幼儿真实的倾听表现，每次活动结束后作出总结与反思，以帮助幼儿提高倾听能力，总结出可操作的具体策略，提出建议和意见。具体方式如下：

●直接传授倾听规则的活动，见下表。

表2-1　培养幼儿倾听规则的活动计划

活动时间	活动内容	活动方法
每天使用	和我击掌	和旁边的朋友击掌。击掌之前，检查自己是否明白了每根手指代表的倾听规则
第一周（1次）	阅读以倾听为主题的绘本。以《倾听和学习》为例	使用互动式的方式集体阅读
第二周（1次）	识别情境中倾听行为的好坏	根据图画中人物的行为，判断他们是否在认真倾听，说出自己的看法

●训练幼儿集中注意力的活动,见下表。

表2-2　培养幼儿集中注意力的活动计划

活动时间	活动内容	活动方法
第一周（1次）	猜测声音	猜测提前录制好的大自然、生活中的或同伴们的声音,选择一些进行模仿和描述
第一周（1次）	开火车——问答的语言游戏	第一个幼儿说："北京的火车就要开。"大家一齐拍手问："往哪开?"幼儿拍手回答："广州开",依次轮流问答
第一、二周（2次）	听词语举手	教师说出词语,属于电器的请幼儿举左手,属于文具的请幼儿举右手,什么都不属于的请幼儿不举手
第一周（1次）	听指令做动作	教师说出一组动作,幼儿记忆并做出动作

●提高倾听策略和技巧的活动,见下表。

表2-3　提高幼儿倾听策略和技巧的活动计划

活动时间	活动内容	活动方法
第四、五周（7次）	有目的地听故事:《Marvin吃菠菜》《去年的树》《十四只老鼠种南瓜》《我的幸运一天》《鹅的生日》《俩朋友》《戴眼镜的雷克斯》	在听前设置问题、悬念,听之后根据关键词和关键信息回忆、复述故事,根据故事事件推进补充流程图
第二、三、四、五周（4次）	我说你画	老师描述画面内容,幼儿根据听到的内容画出相应的图画

活动时间	活动内容	活动方法
第四、五、六周(5次)	小小辩论会:"胖好还是瘦好","大人好还是小孩好","下雨好还是晴天好","男孩好还是女孩好","动物待在动物园好还是大自然好"	幼儿自由选择支持的观点,自由表达自己的立场,根据同伴的观点反驳或评价,从多角度思考问题
第三周(1次)	惊喜盒	幼儿将自己的秘密宝物放在盒子里,其他同伴提问,逐渐缩小范围,直至猜出物品的名称

(六)实践效果的检测方式和指标

《指南》中关于倾听的目标是"认真听并能听懂常用语言"。听懂并作出适当的反应是评判幼儿是否积极倾听的主要依据。因此,本研究的评判方式是观察幼儿的倾听表现,检测幼儿的倾听理解能力。

1.观察幼儿是否表现出良好的倾听行为

教师在活动中要观察幼儿的倾听行为表现、倾听的积极程度、专注度等,例如眼神、动作是否有回应,是否表现出感兴趣的样子。

2.通过让幼儿画图及叙述,判断幼儿是否理解所听的内容

在活动进行完毕之后,请幼儿讲述、画图、补充思维地图。通过这些方式判断幼儿是否达到符合其年龄特征的活动目标,检测幼儿是否理解了倾听内容。

3.教师观察和记录幼儿的一日生活,评价幼儿的倾听发展情况

教师观察幼儿的反馈情况以及日常生活中的倾听表现,写作教学日志,对幼儿进行生成性评价。这既是观察也是评价。

(七)研究过程

倾听水平不同,倾听类型也有所不同。为了更好地学习复杂的技能,在实践的最初阶段组织一些简单的听觉活动和游戏,培养幼儿的倾听意识和良好的倾听行为习惯。同时,在听觉活动、集体教学和日常生活中,为幼儿提供有效的倾听指导,将倾听行为习惯的教学贯穿在课堂和一日生活中。接着逐渐提高倾听活动的复杂程度,最后发展幼儿的倾听理解能力。

本研究主要设计了三种活动:一是直接示范良好的倾听行为,将直接教学和示范贯穿在多种活动中;二是集中幼儿注意力的游戏活动,保持注意力集中是倾听所需要的重要品质;三是直接教学倾听的技巧和策略,如听关键词等,以培养幼儿有目的倾听的能力。

1.研究前的观察和访谈

在进行研究之前,笔者在幼儿园对幼儿的倾听现状进行了一段时间的观察,发现幼儿的倾听行为和倾听能力存在需要改进之处。家长和教师没有意识到倾听是需要教学的,在对幼儿的倾听教育方面缺乏经验。

此外,关于倾听教育的看法与幼儿教师也进行了交流和访谈。

问:您觉得幼儿现在倾听的表现如何?

师:幼儿会有一些不理想的倾听行为,例如对教师的指令反应慢;不能做到完整倾听他人的讲述,爱插嘴;不能专注地倾听,喜欢开小差、说悄悄话、做小动作。

问:您是怎样培养幼儿的倾听能力的?

师:我个人还是比较重视幼儿倾听能力的培养的,会在班级里组织幼儿开展倾听能力培养的活动,例如传话游戏等。对于没有认真倾听的幼儿会用语言提醒,用语言、眼神或动作等暗示幼儿要认真倾听,或者是用音乐提示,以吸引幼儿的注意力。

问:您是如何判断幼儿的倾听能力水平的?

师:其一,倾听能力好的幼儿能迅速对教师的指令做出行动反应,倾听能力差的幼儿则不能很快反应出老师的指令;其二,不能做到完整倾听他人的讲述,爱插嘴;其三,不能专注地倾听,喜欢开小差、说悄悄话。

问:针对这些情况您会怎么办?

师:对于爱插嘴的幼儿,培养他耐心等待的习惯。例如,我会说"请藏好你的小秘密,不能让别人知道哦";对于不能专注倾听的幼儿,我会经常以提问的方式拉回他的注意力,或者忽然转变语调吸引他的注意力;对于对指令反应慢的幼儿,我会重复指令,并表扬他的每一次进步。

问：您有没有指导幼儿应该如何倾听？听什么？如何分析听到的内容？

师：这要根据具体的倾听环境来看，在听故事时会考查幼儿的理解情况，但是事先没有告诉他们应该如何听，也没有考虑过他们的思考过程。

从访谈中得知，教师非常希望幼儿有良好的倾听行为，遵守纪律，也做出了自己的努力，但是对于更具体的倾听活动，如根据活动内容具体指导幼儿该听什么，怎么听等方面做的比较少，也缺乏相应的指导和借鉴。

2.直接示范良好的倾听行为

倾听是一种能够教授和习得的技能。教师可以直接向幼儿教授这些行为和技能，不仅在专门的语言学习活动中教授，也要在其他学习活动和日常生活中渗透一些倾听技能，经常为幼儿作示范。在日常生活中，本研究要求教师要明确告知幼儿并且严格遵守基本的倾听规则。如：在别人说话时保持眼神交流，眼睛适当注视对方；安静地听对方说话，不轻易打断；通过提问和微笑等方式做出适当的回应；学会轮流说话；不轻易跑题；手脚放好，不做其他的事情；发音清晰，便于对方理解等。

为了将这些倾听规则以直接、有趣、真实的方式传授给幼儿，本研究有计划地进行了如下实践。

（1）活动一"和我击掌"：让幼儿了解倾听规则

①活动目标。通过强调每根手指对应的倾听规则培养幼儿的倾听意识，让幼儿明白每根手指所代表的规则。

②活动准备。画有倾听规则的五指挂图。

③活动分析。可以借助多种方式直接向幼儿传达良好的倾听规则。例如，倾听时，眼睛看着说话人，耳朵认真听，嘴巴闭起来，手脚放好。教师用五指图提醒幼儿，每根手指代表一项规则，拇指代表耳朵认真听，食指代表嘴巴闭起来，中指代表和说话的人保持眼神交流，无名指代表手放好，小指代表脚放好。和幼儿一起做出相应动作，"想一想自己是否做到了这些动作，如果都做到，就请和旁边的朋友击掌表示完成。"这个活动可以作为倾听开始前的提醒，提高幼儿的倾听意识。时常观看墙上的挂图，可以作为幼儿自我检验的方式，以形成良好的倾听习惯。

（2）活动二"识别倾听行为的好坏"：让幼儿了解倾听规则

①活动目标。让幼儿辨别倾听行为的好坏,在真实具体的情境下体会不同的倾听行为,并将学到的倾听行为迁移到其他场景中,以游戏的内容来强化幼儿对倾听技能的认识和掌握。

②活动准备。展示一些倾听情境或倾听行为的图片和文字,请幼儿将图片上的倾听行为按照"良好的倾听行为"和"仍需努力"进行分类并说明如此分类的原因,如果觉得这个行为"仍需努力",说说怎样努力才能成为更好的倾听者。见表2-1。

表2-1 倾听行为好与坏的识别

仔细倾听		仍需努力	
当老师对着全班同学说话的时候,豆豆看着桌子底下,忙着找自己的铅笔	老师让孩子们把自己的名字写在自己的图画上,毛毛马上照做了	休息时,毛毛的朋友正在介绍一款新游戏,但毛毛觉得很无聊,他决定离开	音乐课上,豆豆看着教室外边经过的另一个班级的同学,没有听见老师说了什么
个别化活动时,毛毛和朋友谈论周末去哪玩了,朋友说爸爸妈妈带他去看电影了	豆豆仔细听老师讲关于找伙伴的游戏介绍,然后马上找到了自己的小伙伴	在讲故事的时候,孩子们坐在地板上,豆豆玩起了旁边小朋友的头发	当老师告诉大家怎样排队开展秋游的时候,毛毛和周围的同学说起了悄悄话

在进行活动时,首先引导幼儿看懂或听懂画面上的内容,能描述出自己的理解,然后引导他们对这样的行为做出判断和评价,最后说出更容易让人接受的做法。

例如,在一幅描述小朋友因为转移注意力看别的东西没有听到教师说话的图片中,幼儿能够判断出这样的倾听行为不够完美,仍需改进。教师引导:"那有什么办法能让他做得更好?"幼儿建议:"不去看别的东西,不去听,要看着说话的人。"教师继续举例:"我们现在在讲故事,学本领,但是有的小朋友在想,'今天爷爷会不会提前来接我?'有的小朋友在想,'我今天想吃冰激凌,我要让爸爸买给我。'这些都是与我们课堂无关的。如果你正在想这些,要告诉自己,'不要想啦,待会儿下课了再想。'"如此,引导幼儿意识到倾听时要集中注意力,排除干扰,让自己的注意力集中在当下的事情上。

（3）活动三"读图画书《倾听和学习》"：了解为何倾听及如何倾听

图画书因丰富精美的画面和趣味幽默或富含哲理的故事受到幼儿的喜爱。我们将图画书中的故事讲给幼儿听，既能培养幼儿的倾听能力，又能通过故事告诉幼儿什么是良好的倾听行为。因此，图画书是发展幼儿良好倾听能力的较好媒介。本研究采用图画书《倾听和学习》作为活动材料。

《倾听和学习》是"长大我最棒"系列中的一本，作者是美国著名的童书作家谢利·J.梅纳斯，中译本出版于2011年。本书主要是通过具体的情境告诉孩子为何要认真倾听以及如何倾听等。

①活动目标。认真倾听教师讲图画书，理解《倾听和学习》中的故事，体会倾听和学习的好处，听不懂的地方懂得提问。

②活动分析。将图画书中的倾听的基本规则和具体的倾听情境相结合，可以更好地帮助幼儿理解"我们为什么要倾听，在哪些场合应该认真倾听，被人倾听是什么感觉，怎样可以更好地倾听"等问题。全书以第一人称讲述幼儿园里常见的听说情境，很容易让幼儿产生代入感，感同身受书中的场景，并作为记忆储存在大脑中以备后用，在下一次遇见类似的事件时想起现在的经历。

与幼儿共读这一页图画中的内容时，教师可以问："老师在讲什么？""这位背向老师的小朋友在听老师说话吗？""她在看什么？"也可以问："在什么时候你很难集中精力倾听别人说话？""怎样才能集中精力？"教师可以告诉幼儿："我总是认真注视着对我说话的人，观察对方的动作和手势，这有助于我理解他们想要表达的意思。"

教师举例:如果一个朋友这样跟你说"我很开心"(同时却表现出难过和伤心的表情),他是不是真的开心?

幼:不是。

师:老师的黑板上写着:如何倾听。①保持安静。②注视说话的人。③分析所听到的新知识。咦,小朋友们,分析是什么意思?

幼:分析就是说听到的东西是什么意思。

幼儿能从这些图画书中体会到,尊重他人就是尊重自己,这是一件很开心的事。经常读此类图画书能够培养幼儿换位思考的意识,帮助幼儿更好地理解倾听行为的重要性。此外,其他一些有关倾听主题的图画书也适合为幼儿讲读,具体见书后附录(关于倾听的绘本推荐书目)。

3.有意识地训练幼儿集中注意力

结合《指南》中关于幼儿倾听的目标,笔者将宽泛的目标细化为小而具体的目标并据此设计活动。如:辨别不同人的声音,模仿动物、日常生活中见到的物品发出的声音,按顺序回忆声音,按要求一边听一边做出相应的动作,重复一些无意义的词或数字等。这些活动都有利于提高幼儿的倾听意识,集中幼儿的注意力。同时,让幼儿意识到声音的存在(有声音吗),聚焦声音的方位(声音在哪里),注意声音的背景(有多种声音吗),辨别多种声音(这些声音听起来相同吗)。为此,本研究设计了一些提高幼儿倾听意识的活动。

(1)活动一"猜测声音的游戏":集中注意力倾听,培养幼儿的倾听意识

①活动目标。练习辨别性倾听和听觉记忆技巧,培养幼儿认真倾听的习惯,增强对声音的辨别和判断能力。

②活动分析。播放提前录制好的老师、幼儿园工作人员和小朋友说话的录音,请幼儿猜猜是谁在说话。幼儿熟悉活动规则之后逐渐增加难度。要求幼儿记住录音的内容,按照顺序说出是谁的声音,并将听到的内容复述给同伴,听的数量由三个到五个逐渐增加。这个活动能够练习辨别性倾听,按照顺序回忆倾听的内容,要求幼儿及时说出所听到内容,这就抓住了幼儿的注意力。播放的录音都是幼儿熟悉的人说出的,这增加了幼儿的好奇心,也提高了其倾听的兴趣。

③实际教学中的问题。活动进行过程中,幼儿基本能听出是谁的声音,总

是迫不及待地喊出答案,没有遵循先举手后回答的课堂规则。此时,教师可以趁机纠正幼儿的倾听行为,与幼儿讨论刚才出现的情况,并与幼儿商议,共同建立规则,幼儿对于自己参与制定的规则能更加深刻地记忆。让幼儿明白:如果每个人都抢着说话,我们就听不清楚谁在说话,也剥夺了他人回答的机会。所以别人说话的时候自己应该安静地听,轮到自己的时候再发言。现场的课堂教学能让幼儿更容易理解,共同建立的规则也让他们更容易遵守。

(2)活动二"城市开火车游戏":集中注意力,适当回应

①活动目标。通过语言接龙游戏锻炼幼儿集中注意力的能力,养成认真听他人说话的习惯,在倾听的时候能做出回应。

②活动分析。这个针对幼儿注意力训练的活动非常有趣。活动前提是:幼儿要了解一些城市名称,学会说"××火车就要开。""往哪开?"此活动通常由三人以上围坐一圈,每人报上一个站名,通过对话来开动"火车"。如,第一个幼儿当北京站,第二个幼儿当广州站。第一个幼儿拍手说:"北京的火车就要开。"大家一齐拍手问:"往哪开?"第一个拍手回答:"广州开。"于是,第二个幼儿马上接口:"广州的火车就要开。"大家又齐拍手喊:"往哪开?"第三个幼儿拍手回答:"上海开。"这样火车开到谁那儿,谁就得马上接口。"火车"开得越快越好,不要有中断。

③实际教学中的问题。活动进行过程中,幼儿没有记住自己应该说的两句话,加之熟悉的地名较少,导致游戏中断。所以,在活动开始之前,教师应该帮助幼儿熟悉游戏中会涉及的城市名和对话的句式等。例如,可以带领幼儿观赏一些城市的图片,并熟悉城市名称,还可以带领幼儿分组练习对话,如"上海的火车就要开。""往哪开?""北京开。"当幼儿充分熟悉这些之后,游戏会顺利得多。

(3)活动三"听词语举手":集中注意力,培养倾听理解力

①活动目标。集中幼儿的注意力,发展幼儿的倾听理解力,能根据要求对听到的信息做出反应,同时让幼儿了解类别的概念。

②活动分析。教师说一系列词语,幼儿闭眼认真听,当听到电器就举起右手,当听到文具就举起左手。在这个活动中,幼儿要集中精神,对听到的词进行判断和分类,然后做出相应的反应。这个游戏可以锻炼幼儿对信息分类加工的能力,从而更好地加工信息,发展倾听理解能力。

③实际教学中的问题。幼儿在举手的时候时而会犹豫,不知应该举哪只手,或者是因为幼儿的类属概念不明确,或者是幼儿闭眼时分不清两种事物分别对应哪只手。在日常生活中,教师可以有意识地帮助幼儿熟悉常见物品的属性,引导其根据属性归类。例如认识一个新事物的时候,教师可以引导幼儿思考:"它属于植物,厨具,还是玩具? 它们有什么共同特点?"这样能帮助幼儿发挥想象力,也有利于其抽象思维的发展。

4.直接教学倾听的技巧和策略

(1)活动一"有目的地听故事":倾听关键词和事件发展的先后顺序

这类活动的目标是:为幼儿创造大量的倾听和表达机会,让幼儿在听故事时更好地理解故事;学会听关键词,注意到更多细节和故事前后的逻辑联系;在听完后通过讲述、图画等方式来表达自己对故事的理解。

为幼儿朗读是一种很好的发展倾听能力的方法。提高幼儿的听读技巧可以促进倾听理解力和阅读理解力的发展。教师经常为幼儿声情并茂地朗读不仅可以锻炼幼儿的倾听能力,还能提高幼儿对阅读的兴趣。研究显示,朗读故事书能让幼儿在脑海中创造出具体的图像和画面。这些想象能让幼儿更准确地记忆角色、情节和事件。朗读者通过生动的表情和肢体动作把听众吸引到故事中来。

教师在为幼儿讲述故事前,需要做到以下四点。①在进行倾听活动之前,明确告诉幼儿此次倾听的目的,这样能够很好地集中幼儿的注意力,否则幼儿很容易失去兴趣。可以通过有目的地倾听故事来培养这个习惯。具体做法:听前可以根据故事内容设置1~2个关键问题,听的过程中与幼儿互动,听后可以通过多种方式检测,如使用thinking map补充故事情节线路图、小鸟飞行路线图、南瓜生长图等。教师还可以请幼儿根据提示复述故事内容。②鼓励幼儿注意听关键词,如首先,其次,接着,然后,这时,之前,之后,最后等,在读到这些关键词时,教师可以变换语调,让幼儿意识到这些信号词的后面可能要发生重要的事情。③教师要在合适的时机提问,以更好地帮助幼儿理解倾听的内容。提出的问题要有效而不重复,且与内容有关。④教师适时地引导幼儿的倾听方向,学着分析听到的内容。如针对幼儿的发言,或者故事人物的行为,教师发问:"你听懂了吗? 你觉得这是什么意思? 你同意他的想法吗? 你觉得这种做法可以被大家接受吗? 你有没有自己的建议?"提问的同时,幼儿可以有自己的思考。

●第一个故事:《Marvin吃菠菜》

①活动目标。开展有目的的倾听,使幼儿集中注意力;通过听故事培养幼儿倾听的兴趣。

②活动分析。有目的的倾听能很好地集中幼儿的注意力,因为这样的倾听会让幼儿觉得是有用的,这就体现了倾听的价值和意义。教师在听故事之前可以给幼儿布置一些任务,让幼儿带着任务去有目的地倾听,并要求幼儿能够在听故事的过程中做出相应的反应。教师为幼儿读故事过程中,幼儿听到故事中的"菠菜"两个字就说"啊啊啊",听到"狗"就说"汪汪汪",听到"猫"就说"喵喵喵"。

故事文本:

从前有一个小男孩,他从来不吃菠菜,大家都问他:"Marvin,你为什么不吃菠菜?"他说:"菠菜一点也不好吃!"Marvin的狗和猫喜欢吃菠菜。如果Marvin不吃他的菠菜,他的狗和猫会打架来争夺菠菜,它们打闹的声音惊扰了邻居们。他们说:"如果你们不停止吵闹,就请搬离这里!"Marvin很喜欢他的房子,不愿意离开这里;小狗也喜欢它的房子,不愿意离开这里;小猫也喜欢它的房子,也不愿意离开这里,那他们该怎么办呢? 邻居说:"Marvin,既然你这么喜欢你的房子,就要保持安静,不要让你的猫和狗再为了菠菜打架,你们可以一起吃菠菜,吃菠菜饼,菠菜罐头,小狗吃菠菜味的骨头,小猫吃菠菜味的鱼,Marvin你自己吃菠菜,这样就没有争吵啦!"

③实际教学中的问题。有的幼儿在听故事时将注意力集中在故事情节上,而忘了之前的倾听规则。此时,教师无须重复太多遍规则,因为担心幼儿听不懂而重复多次就会使幼儿养成不认真听的习惯。所以,教师可以说明规则和步骤,然后据此设计一些问题向幼儿提问,确保他们听懂了,或者让幼儿来复述、总结这个规则。在这个活动中,教师可以先与幼儿练习玩这个游戏,为幼儿示范如何玩这个游戏。

●第二个故事:《去年的树》

①活动目标。开展有目的的倾听,使幼儿集中注意力,听完故事能回忆出故事情节。

②故事分析。这是关于一只鸟和树的故事,冬天鸟儿迁徙之后树被砍掉,

鸟儿在春天又回来寻找树,在找的过程中遇见三个不同的人,产生了三段简短的对话。全文叙事顺序明显,以地点的转变来推动事件发展,故事结构清晰,便于预测和回忆,并且一系列的小事件中的主角、情节、结果基本相似,句式结构也基本相似,幼儿可以通过地点和人物的变化把故事内容串联起来。

③教学分析。在倾听之前设置悬念,小鸟最终找到她的好朋友——树了吗?并且提示幼儿在听的时候注意听"首先、然后、最后"这几个词,然后展示出听完要完成的路线图,激发幼儿的兴趣。在讲述过程中开展互动讨论,教师在讲述关键信息时稍作停顿,改变语气,提示幼儿信息有变化,讲述完第一小节时可按照这个模式继续讲述后叙的内容。讲述完毕之后,教师先提问故事开始前提出的问题,然后引导幼儿根据关键词等信息回忆故事,并根据回忆出的内容将小鸟飞行的路线用画图的方式表现出来。

讲述环节:

师:小朋友们,你有好朋友吗?你和好朋友会做些什么事情呢?如果失去了好朋友,你是什么心情呢?

幼:我的好朋友是……和好朋友做游戏。失去了好朋友很难过。

师:那么今天老师给大家讲一对好朋友的故事,他们是小鸟和大树。请你仔细听,小鸟最后有没有找到大树?注意听"首先""然后""最后"这样的词语。

师:在一片原野上(地点)……

　　一棵树,和一只鸟儿,是好朋友(人物)……

　　寒冷的冬天就要来到了(时间)。

　　可是,树不见了,只剩下树根留在那里。小朋友们,你觉得大树会去哪里呢?

幼:被砍掉了……

师:首先(停顿),小鸟问树根……

　　然后(停顿),小鸟问大门……

　　最后(停顿),小鸟问小女孩……

　　火柴用光了……听到这里,你有什么感受呢?

幼:很难过,想哭……

师:故事讲完了,想想一开始老师提出的问题,你觉得小鸟找到大树了吗?

幼:找到了/没找到/一半找到一半没有找到。

师:为了找到大树,小鸟问了哪些人?(教师引导,首先……然后……最后……)

幼:他问了小朋友,问了大树桩,他还盯着火柴看了一会儿。

师:真不错,你说出了其中两个。现在请小朋友们把鸟儿遇见的人都画出来,先遇见了谁,后遇见了谁,按照箭头的方向按顺序画出来。

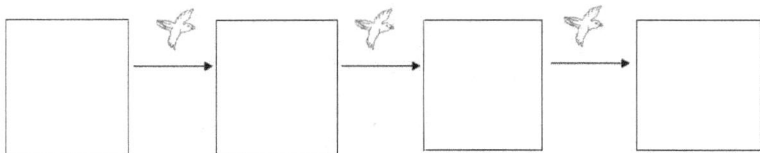

④活动总结。这样的倾听活动具有较强的目的性,能够吸引幼儿的注意力。听之前的提问引发幼儿的思考,听的过程中与幼儿互动,请幼儿参与到故事中来,听之后回顾故事情节,并请幼儿做出反馈。这是一个完整的学习过程,幼儿饶有兴味地听着。

从回顾环节和补充路线图情况来看,多数幼儿口头上能说出小鸟遇见的人物,在画面的表达上幼儿都能按照自己的想法画出来,因为树桩、大门、小女孩的形象都比较简单且易于展现。但是,有时幼儿受限于绘画能力而不能准确画出故事中的形象,也会用不同的符号来代替故事中的形象。

但是在故事回顾环节,有的幼儿口头上无法完整说出或按顺序说出小鸟遇见的人,反应在画面上也是同样情形。笔者认为,可能是小鸟在故事中的三个问答对象(树桩、大门、小女孩)并不都是人物,幼儿对他们的分类感到迷惑,所以可以将问题由"小鸟都遇见了哪些人"改为"小鸟和谁说过话"。有的幼儿将顺序画错是因为没用注意到箭头的方向,这或许是因为教师发路线图之前没有说明注意事项,幼儿拿到纸笔时不知所措。

●第三个故事:《我的幸运一天》

①活动目标。通过有目的地倾听故事使幼儿集中注意力,并在听完故事后能回忆出故事情节。

在有目的地倾听故事《去年的树》中,幼儿表现出了专注的倾听行为和良好的理解能力。试想:幼儿能否借助关键信息的提示回忆出整个故事呢?将关键信息以可视化的符号表现出来,是否可以减轻幼儿记忆的负担并帮助他们理解呢?基于这样的思考,在前一次故事活动的基础上加上了关键信息的提示,希望幼儿听后能根据提示复述故事。

②故事分析。一只小猪误入狐狸家，贪吃的狐狸想把它当作美餐，但小猪先后想出三个妙招使自己幸免于难，最后成功出逃。这个故事有明显的规律和结构：每一次狐狸即将要把小猪送入烤锅的时候，小猪都能想出一个法子，抓住了狐狸作为食客想要获得更好进食体验的心理，每次都获得暂时逃脱。这样的故事结构有利于幼儿理解和预测故事情节，故事本身的结构有规律可循，也便于回忆。

③教学分析。与《去年的树》类似，听故事之前与幼儿讨论猪和狐狸的性格，调动幼儿已有的知识经验来思考问题。教师抛出问题"这到底是谁的幸运一天？"有所不同的是，在此次故事活动中引入了关键信息的标志，如时间用闹钟表示，地点用房子和树表示，人物用两个小孩表示，发生了什么故事用问号表示，故事发生的每一个小节用相应的简图表示。教师在讲述过程中一边讲一边呈现这些信息，故事结束后请幼儿按照这样的思路和提示回忆故事。

关键词、关键信息的可视化标识提示如下：

故事结构发展信息提示如下：

讲述环节：

师：今天老师给大家讲一只猪和狐狸的故事，我们来听一听他们之间会发生哪些好玩的事情。听完请告诉老师，这到底是谁的幸运一天。请注意听"第一次""第二次""第三次"这类词语。

师：一天，一只饥饿的狐狸(人物)正准备出门找午餐(时间)，当他正在家(地点)修好爪子打开门的时候，门外站着一只小肥猪(人物)，他一把夹住小猪，使劲地把他拖了进来(发生了什么)。小朋友，你觉得小猪会被狐狸吃掉吗？

幼：不会/会。

师：第一次(停顿)，小猪说，你知道，我是一只猪，而猪是非常脏的。难道你就不想给我先洗洗澡吗？(展示浴缸的图片)

第二次(停顿)，小猪说：你知道，我是一只非常小的猪。难道你就不想喂饱我，让自己吃得更过瘾一点吗？(展示美食的图片)你们猜一猜，这次，小猪被吃掉了吗？

幼：没有被吃掉！

第三次(停顿)，小猪说：你知道，我是一只勤劳的猪，所以我的肉特别硬。难道你就没有想过给我按摩一下，让自己能吃上更嫩一点的烤肉吗？(展示按摩的图片)狐狸听了……

(听到狐狸给小猪按摩的情景大家都觉得有趣，有的幼儿开始给旁边的幼儿"按摩"起来)

师：故事讲完了，想想一开始的问题：你觉得这是谁的幸运一天？

幼：小猪！

师：谁能为大家讲讲这个故事？(一开始幼儿不知如何开口，教师可以引导回忆：这个故事是在哪里发生的？是在什么时间发生的？发生了哪些事情？)

幼：(分别回答老师的问题)在家，中午，小猪。

师：说得很好，敲门之后发生了什么呢？

幼：狐狸要吃小猪，小猪说了三件事狐狸都答应了。第一件是洗澡，第二件是吃东西，第三件是按摩，最后狐狸晕倒了。

师：太棒了，小猪就这样成功逃跑啦！

④活动总结。这个故事有很强的趣味性，大家都为小猪的聪明才智感到高

兴,为狐狸的愚笨感到过瘾,听到小猪马上要被吃掉很紧张,听到狐狸一次次上当又真心为小猪开心,幼儿获得了愉悦的故事体验。

这个故事的顺序、情节、结构都十分明朗,幼儿根据前面一小节故事的发展可以预测到第二次、第三次小猪的命运。另外,可视化的关键信息提示不仅给幼儿听觉上的刺激,也给他们视觉上的刺激,让幼儿习惯在脑海中想象故事,但又不给他们过多的视觉限制,这就锻炼幼儿专注倾听和在脑海中想象故事的能力。一位幼儿的概括能力比较强,在回忆故事的过程中使用了"第一件""第二件""第三件""最后"这样的字眼,清晰流畅地将理解的内容表达出来。这说明此种倾听方式起到了很好的效果,既有利于记忆也有利于表达。

幼儿语言发展的速度有快有慢,理解能力和接受能力也各不相同。在故事回顾环节中,有的幼儿经过提示能回忆出故事的部分片段,有的幼儿能够根据提示回忆出较为完整的故事内容。与画图的反馈方式相比,这样的反馈方式更快速、更直接,但是无法细致关注到每个幼儿。

教师在讲故事的时候,幼儿遇到不懂的词句会随时提问,打断其他幼儿的倾听和教师的讲述;教师在讲完故事开始提问时,幼儿回答出片段的某个场景,而对发生这个场景的前因后果不甚了解。这通常是因为幼儿没有注意故事的前后逻辑关系,教师可以提醒幼儿注意听逻辑关系词,回忆前面的情节,预设后面的情节,将前后事件联系起来,这样幼儿将会更好地理解和记忆故事。

(2)活动二"我说你画":培养幼儿在脑海中想象的能力

①活动目标。通过听画的活动发展幼儿想象的能力,期望在听的过程中集中注意力,以听到更多的细节,如颜色、数量、方位、大小、形状等信息。

②活动分析。教师说出4~6句画图的内容,每句话重复两遍,幼儿把听到的内容画下来,画画时不要提问。幼儿在脑海中想象听到的内容,利用想象的画面进行回忆。这个活动能锻炼幼儿的倾听能力。

③教学分析。教师在幼儿画画的时候可以教授一些倾听技巧,如闭眼,低头等以集中精神,在脑海中想象出画面。教师可以帮助幼儿将画面上的元素和故事联系起来,这样更有助于幼儿记忆画面。教师根据计分标准评估画面,记录幼儿的得分。这样的活动可以进行多次,观察幼儿在画面的呈现以及倾听态度方面有无变化。

④教学过程：

第一次画图的内容是树桩，幼儿跟着教师的要求一步步画出树桩。教师说明画图的要求：保持安静；老师说什么你就画什么，不要画别的东西；只要符合要求，其他的可以自己发挥。

例：画出一个棕色的粗壮的树干/在树干上画一个黑色的洞/在树干上长出三根树枝/在树枝上站着一只红色的小鸟/用三种不同颜色画出三片树叶。

计分标准，共10项内容，每项1分。10项内容如下：1.棕色；2.树干；3.黑色；4.洞；5.三枝；6.棕色树枝；7.一只小红鸟；8.在树枝上；9.三片树叶；10.涂三种不同颜色。

活动评价：根据满分10分的计分规则，有一半的幼儿能达到10分，也有一半的幼儿达到8分。这些幼儿大多在树枝和树叶的颜色、数量和树洞的位置上有所偏差。因为这个主题相对简单，所以，本研究在之后的活动根据情况适当增加了难度。

为了巩固幼儿的倾听意识，教师在下一次活动开始之前给出反馈，讨论怎样才能听得更好。

师：上次有的小朋友画得跟别人不一样，比如老师说画三片树叶，但是他画了六片。还有，老师说画一只红色的小鸟，有的小朋友却画成了紫色。树洞应该画在树干上，他却画在树干外面了。这是为什么呀？

幼：没有认真听。

师：哦！那怎样才能听得又准确又好呢？可以想一想之前的"和我击掌"里面的五条规则。（幼儿可以看向墙上的挂图）

幼：耳朵听，嘴闭牢，眼睛看，手放好，脚放好。

师：除此之外，可以闭上眼睛，先在脑子里想一想，应该怎么画，然后再动笔。准备好了吗？把老师说的画下来啊：画一只大大的绿色的袜子，在脚趾头的部位涂上红色，在脚腕上涂上紫色、白色和蓝色条纹，在袜子中间画上黄色圆点，在脚腕处，伸出一条毛茸茸的腿。

活动评价：这次活动中，有部分幼儿不知如何画出袜子，主要是因为之前的假期导致幼儿没有连续进行此项活动,对活动过程有所生疏。大部分幼儿比之前要画得更加准确到位。

这个活动可以很好地集中幼儿的注意力,仔细倾听然后将倾听结果反馈到纸上,能产生即时的成就感,是幼儿很喜欢的听指令类游戏。

为了画得更准确,幼儿的提问都很有针对性。通过前一次的反馈总结,幼儿在后一次的画画中都非常认真地倾听,当自己无法决定准确画法的时候会向教师提问。例如,教师说:"画一只绿色的袜子。"幼儿提问:"要把整个袜子涂成绿色吗?"教师说:"给脚趾头的部位涂上红色。"幼儿问:"要画出每根脚趾头吗?"教师说:"在袜子中间上画上黄色圆点。"幼儿说:"我画了圆点,但是颜色太浅,看不出来了。"

⑤活动总结:

"我说你画"活动一共进行了四次,根据10分的满分标准,四次的平均成绩分别为:9,9,7,8。虽然分数并不是始终在上升,这与每一次听画的主题、难度都有关,幼儿在画图时总会面临新的问题,这对他们来说都是新的学习机会。但是,在四次活动过程中,幼儿逐渐理解了游戏规则,明白了只有认真听教师的指令才能画得准确;幼儿发现低头闭眼能帮自己集中精神,画出更准确的图画。这些都是四次活动中最大收获。教师反复强调倾听重点,比如颜色、图形、方位、层次关系、数量、大小特征等,幼儿也会注意听这些易错的特征,慢慢开始期待这个游戏。

(3)活动三"辩论会——胖好还是瘦好":培养幼儿的理解能力和反应能力

倾听的最终目的是要理解所听到的内容。针对幼儿的学习特点,教师要多给幼儿提供调整语言交际策略的机会,从而促使幼儿更主动地倾听、理解加工和表达语言信息,促使他们在交往过程中更主动地理解倾听内容。辩论能为幼儿提供丰富的倾听表达和交际机会,在真实情景中使用语言,运用各种听说技巧。

①活动目标。通过辩论全方位锻炼幼儿的听说能力;让幼儿在活动中大胆表达自己的观点,说出理由,同时在倾听的时候进行分析思考,对所听的内容进行判断、评价和反馈;学会接纳别人的观点。

②活动分析。辩论是锻炼幼儿倾听理解能力的很好方式。辩论要求幼儿认真倾听并分析他人的话语,做出自己的理解和判断,针对他人的观点进行评

价或反驳,而不仅仅是表达自己的观点。这对幼儿的倾听和表达都有较高的要求,所以放在实践的后期进行。

本研究选择贴近幼儿生活的主题,组织幼儿展开辩论,如"胖好还是瘦好"。恰逢幼儿园不久前组织体检,根据体脂率判断幼儿的健康状况,幼儿对自己是否肥胖非常关心,借此机会教师就组织幼儿进行集体讨论,使幼儿对胖瘦概念有健康的认识。

在辩论活动开始之前,让幼儿了解辩论的规则:在辩论时要看着与之辩论的小朋友,而不是看着老师;掌握轮流说话的规则,别人说话的时候认真倾听,遇见与自己不同的意见要等对方说完,不抢话。此外,让幼儿了解辩论的程序。辩论开始时先分组表达自己的观点和理由,所有人说完后开始针对相反的意见进行反驳。如胖胖组的幼儿说:"胖人的力气大,不用担心自己被欺负。"瘦瘦组的幼儿回应说:"瘦人可以去练拳击,让自己变得强壮起来。"瘦瘦组的幼儿说:"瘦人可以吃很多好吃的,想吃什么就吃什么。"胖胖组的幼儿反驳道:"如果瘦人经常这么吃也会变胖的。"

③教学过程:

师:你觉得什么是胖,什么是瘦?请观察图片,谁更胖?

幼:如果一个人吃的很多,他就是胖的。拳击手是胖的。轩轩比诺一胖。

师:你认为胖好还是瘦好?请根据自己的判断选择进入胖胖组还是瘦瘦组。你选择进入胖胖组不代表你就是胖的,你选择进入瘦瘦组也不代表你就很瘦。

胖胖组A:我认为胖好,胖人可以打拳击,打拳击很酷。

胖胖组B:我认为胖好,胖人好看,很可爱。

胖胖组C:我认为胖好,胖人力气大。

胖胖组D:我认为胖好,胖人不会被欺负。

瘦瘦组A:我认为瘦好,瘦人跑得快。

瘦瘦组B:我认为瘦好,瘦人看着高。

瘦瘦组C:我认为瘦好,瘦人想吃啥就吃啥。

瘦瘦组D:我认为瘦好,胖人钻不进太小的地方。

师:上一个环节幼儿分别表达了自己所在立场的观点,接下来开始自由辩论,想发言的幼儿直接站起来。

胖胖组A:胖人力气大。

瘦瘦组B:瘦人力气也大,瘦人有肌肉。

瘦瘦组A:瘦人可以去练跆拳道,这样就不怕被欺负。

瘦瘦组D:胖人跑步容易摔跤。

胖胖组D:我们也有胖的,但我们跑步没有摔跤。

瘦瘦组C:胖人不能吃油炸食品、冰激凌,好多好吃的都不能吃。

胖胖组B:瘦人经常吃这些也会变胖。

师:看来胖人和瘦人都有自己的优点和缺点,不论胖瘦,吃得健康最重要。只有养成良好的生活习惯,保持体重,才是一个健康的人。

④实际教学中的问题:

首先,幼儿与同伴进行辩论,本该看着说话的对象,但会习惯性地看着老师。这时,老师可以及时提醒幼儿:说话时彼此双方都要保持眼神的交流,身体面向对方,不仅要注意对方的言语信息,还要注意对方表情、肢体动作等非言语信息;倾听的时候要保持安静,手脚放定,等他人说完再表达自己的意见。

其次,幼儿可能会出现走神或无话可说的现象。教师要及时引导,给发言较少的幼儿机会,询问他们的意见,或者调动幼儿已有的知识,将过去的经验联系到眼前的情况中。教师的职责就是吸引幼儿的注意力,帮助他们在知识和经验之间建立联系。当幼儿觉得无话可说的时候,教师要创造情境激发幼儿的讨论,以此使活动继续开展。

最后,面对不同于自己的观点,幼儿有时会不接受,不理解,很难再去耐心倾听。此时教师要让幼儿明白,即使不赞同别人的观点也应该尊重别人。尊重和包容能让我们更好地倾听彼此,这是倾听的基本特点之一。

(4)活动四"惊喜盒":学会有效提问,发展倾听理解能力

教师要认识到,良好的倾听者并不是在听的时候全程都保持沉默,在合适的时间能够以合适的频率提出相关的问题,是更有效的倾听行为。所以,在开展辩论、猜测物品、介绍自己的东西等这类活动时,要求幼儿在充分倾听的基础上练习提问,可以提高他们的提问技巧。

①活动目标:让幼儿学会提出适当而有效的问题,锻炼他们的注意力、倾听

理解能力和回忆能力。

②活动分析。每个幼儿从家里带来一个秘密物品放入惊喜盒中,让其他人提问并给予回答,由此猜测物品。在提问和回答的过程中幼儿需要明白怎样逐渐缩小范围,懂得类别的概念。通过这个活动,幼儿可以学会一些提问技巧,并将此迁移到日常沟通和故事理解上面。

③教学过程:

一位小朋友拿着自己的秘密宝物在准备回答大家的问题。

师:大家一起猜猜这位小朋友带来的是什么秘密宝物?

师:是吃的还是玩的?

答:都不是。

众:是学习用的吗?

答:是。

众:是笔吗?

答:不是。

师:是不是文具?

答:不是。

师:是软的还是硬的?

答:硬的。外面是硬的!

师:外面是硬的,那里面是软的?

答:对。

众:我知道,是装笔的那个,外面硬里面软!还有可能是夹心糖,外面是硬的,里面是软的。是不是夹心饼干?吃起来外面是硬的,里面是软的。

师:刚才说是学习用品哦! 你们猜的大都属于食物。

④实际教学中的问题。在实际问答中,幼儿通常会问它是不是一个具体的物品,这时教师就要引导他们问一些普遍性的问题,先给这个物品归类,然后逐渐缩小范围最后锁定目标。回答问题的幼儿也不是只能回答"是"或"否",可以在回答是或否之后再加上一定类别的说明。例如提问:"是笔吗?"回答:"不是。不是文具。"这样给出限定后,问答就更容易些。

在日常教学中,教师应多带领幼儿玩分类游戏,把相同类别的物品或图片放在一起,引导幼儿总结出一类物品的抽象特点。在这样的活动中幼儿积极倾听与表达,在真实的交流情境中培养了良好的交流能力。

(八)研究结果分析及相关建议

一段时间的干预之后,我们发现,幼儿和教师以及研究者本人都发生了可喜的变化。

1.幼儿的倾听行为有了明显进步,倾听能力有了明显提高

在实践过程中,教师观察幼儿在活动中的表现和变化,与初期的倾听情况进行对比,发现幼儿在倾听行为、倾听态度和倾听能力方面产生了积极的变化。

(1)幼儿有了明显的倾听意识和积极的倾听态度

笔者发现,幼儿在进行听说活动时的态度更积极了。比如一开始被动接受的幼儿变得爱交流、爱表达,听教师说话的时候也认真了很多。幼儿对"听"这一活动表现出更高的积极性,听的过程中注意力更加集中了,也越来越喜欢听了。带班教师的教学日志也证明了这一点。

幼儿的变化令人欣慰,特别是之前在集体活动中不太积极发言的孩子有时会主动举手发言,发言时声音洪亮,表现得很自信,这让教师内心感到惊讶和喜悦。之前幼儿没有表现出倾听的热情,但经过几次活动的磨合,在活动开始之前他们的眼神中充满期待,这一切都和师幼间积极的互动、轻松包容的教学氛围分不开。

小玮是一个性格温和的孩子,在集体活动中遵守秩序,认真倾听,听到开心的地方也会小声发表自己的看法。相对于班里其他语言发展较快的孩子,他说话语速较慢,主动回答问题的次数较少。经过几次有目的的倾听故事活动,小玮能够认真倾听,回答出老师的问题。即使他不能立即答出、需要一点时间思考时,老师和同伴们也都能耐心地等待他说出答案。讲完《我的幸运一天》之后,老师与幼儿一起回忆小猪先后想了哪些办法逃脱魔爪。老师问小玮:"这个故事是在哪里发生的?"小玮:"家。""什么时间发生的?""中午。""这时谁来啦?""小猪。"

这让作为教师的我感到在教学中不仅要保护表现积极的幼儿的兴致,也要关照那些较为安静的幼儿。通过与他们的互动,我发现他们在听的时候都有自己的思考,只是表达的语速较慢,如果耐心地等待、引导,加以鼓励,会为他们带来表达的自信心。教师首先要耐心地去倾听他们的需求,对其加以帮助和引导,这样幼儿才会认真地倾你。

(2)幼儿的倾听行为有了改进,注意力更加集中

经过一段时间的干预,幼儿的倾听意识有了明显的加强,在倾听行为的养成和倾听规则的掌握方面也有了进步。在教师发出倾听指令的时候,幼儿会有意识地遵守五点规则,做好倾听的准备。经过提醒,幼儿也能明白作为倾听者要保持安静,身体面向说话人,这是尊重别人的表现。抢话和插话的现象少了很多,别人说话的时候,幼儿基本能做到眼神交流,耳朵认真听,手脚放定,不说话。在教师讲述的时候,幼儿能更加认真地倾听,教师不需要花太多时间去维持纪律或重复规则,可以用更多的时间关注幼儿的表达和知识的传授,课堂氛围更加轻松和谐,喊叫和训斥少了很多。

(3)幼儿意识到良好倾听环境和遵守倾听规则的重要性

研究结果表明,与没有接受干预的幼儿相比,接受干预的幼儿更注意维持良好的倾听环境。面对吵闹的活动室,他们不仅会要求其他吵闹的幼儿保持安静,也常常主动向老师反馈说:"老师,刚才实在太吵了,我什么都听不见了!"他们在集体活动中的表现也不同:

在一次集体教学活动中,教师带着接受过干预的幼儿和没有接受过干预的幼儿一起活动,在"和我击掌"和手指游戏的热身环节,没有接受干预的幼儿不太适应这样的游戏,没有意识到"和我击掌"表示要开始认真倾听,要保证自己遵守了每根手指所指定的规则,进入倾听状态。

在听故事的过程中,个别幼儿开始玩闹,影响到其他的伙伴,于是有人离开了位置,将椅子搬离到更远的地方,免受"噪音"干扰。最后,教师不得不暂停故事,维持秩序。

第二天的活动不是所有幼儿都参加,只有接受过干预的幼儿来参加,像往常一样,活动顺利地进行下去,师幼之间有良好互动,双方都享受这样的活动过程。由此看来,在小范围内的试教成功的话,就可以把倾听教学的方式应用到全班。

在训练幼儿集中注意力的活动中,为了能使游戏顺利进行,幼儿都在尽力

遵守活动规则，也学着运用一些让自己免受干扰的方法，如不去听、不去看无关的事物，如果有可能的话去阻止让自己分心的事物。

在某次讲故事的活动中，大家都听得很认真，这时一位小朋友走进教室要拿自己的书包，所有幼儿的注意力都跟着她走了。这是一个很好的自然教学时机，于是教师提醒说："眼睛看哪里？"幼儿的眼睛马上转过来，有的幼儿还会捂着耳朵让自己集中注意力。教师问道："刚才有一个干扰打断了我们，怎样才能集中注意力？"幼儿答道："不去看她。听老师说。"教师说："好办法，我们主要是听老师讲，尽量不去关注课堂以外的声音。"

经过这样的机会，幼儿逐渐认识到倾听也分主次，想要保持注意力集中，不错过老师讲的话，就要排除干扰，专心倾听。

(4)幼儿能更充分地理解所倾听的内容

在幼儿集中注意力认真倾听的时候，教师要积极做好引导工作，才能让其更充分理解所听到的内容。带班老师的教学日志记录了孩子们的进步。

读绘本《小纸箱》(小纸箱是关于李欧和小纸箱互相作伴的故事，李欧是一个游民，小纸箱也没有居身之所)时，看到画面中小纸箱变成李欧的被子盖在他身上，变成一本书让他看，教师积极引导幼儿观察图画，"小纸箱为什么要变成李欧的被子？""李欧在哪里看书？"细心的幼儿马上发现了，"因为他没有被子。""他坐在大街上看书。"这就引发了幼儿的讨论，有的幼儿说："我见过这样的人，在我家公园那里。"还有的幼儿说："我和妈妈见过坐在大街边上的人，他没有胳膊。"这时大家都露出同情和惊讶的表情，沉浸在略带伤感的氛围中。讲读绘本时，教师提出启发性的问题，抓住了孩子的注意力，邀请孩子参与到讨论中来，积极表达自己的感受。这样，幼儿倾听的积极性也有所提高。

这说明了幼儿能听懂故事并将自身经验和故事中的内容联系起来。

在讲《我的幸运一天》时，教师讲到第三次小猪找理由的时候，"小猪说，难道你就没有想过给我按摩一下，让自己能吃上更嫩一点的烤肉吗？狐狸听了……"这时幼儿抢着说道："开始按摩！"

这说明了幼儿能够根据故事发展的结构进行推理。这个故事的结构很清晰,幼儿能够在听的时候发现规律。

在讲《鹅的生日》的故事时,教师讲到大家犹豫要不要请鼬鼠来参加生日宴会,"鼬鼠绝不是坏人,不过,鼬鼠却有一个当着众人不好说出口的坏毛病,不是别的,就是放又臭又响的屁!"听到这里,大家都哈哈大笑,有认真思考的幼儿马上提问:"鼬鼠是黄鼠狼吗?"教师立即表示:"你听得很仔细,提出了很棒的问题。黄鼠狼是鼬科动物的一种,鼬科动物还有许多种。"幼儿得到了肯定,信心满满地继续听故事了。

这说明了幼儿能够对照人物间的关系,联想起相似特点的动物。

在讲《俩朋友》的时候,独角仙总是"不小心"弄坏别人的东西或吓到别人,它每次都及时地说"对不起",但幼儿能听出它是有意还是无意。教师问:"为什么独角仙总是在说对不起,一句'没关系'都没有说过?"幼儿回答:"因为它总是在欺负别人。"

这说明了幼儿认真观察故事中的非语言信息,感受到故事的情绪色彩,对故事有细致的了解。幼儿在倾听时理解了倾听的内容,而且有自己的价值判断。

(5)幼儿学会了适当提问及倾听关键词等基本的倾听技巧

一方面,幼儿学会了提问技巧。在"我说你画"的活动中,从一开始的无从下笔,到后来画面上呈现越来越全面的细节内容,幼儿在这个活动中意识到这是一个需要听指令的活动,不能按照自己的意图来画图,所以倾听的时候也更加仔细认真,并且提问增多,提出的问题针对性很强。另一方面,幼儿学会了听关键词的倾听技巧,表现在他们在叙述故事的时候能够使用"第一、第二、首先、然后、最后"等序数词,使描述的故事细节更多,故事结构更清晰。

(6)幼儿的社交技能有所发展

辩论活动中经常能听到与自己不同的观点,如何对待不同的观点也是幼儿适应他人和社会需要面对的课题。在"胖好还是瘦好"辩论活动中,开始只有一名幼儿认为胖好,其他幼儿忍不住笑起来,但是在教师的引导下,幼儿逐渐认识到每个人都可以有不同的观点,要尊重对方的观点和维护对方表达意见的权利。幼儿在面对与自己不同的观点能做到尊重他人,不强求他人和自己一致,不嘲笑少数人的观点，有了倾听和接纳的态度；在倾听同伴的时候也更有耐心了，听的时间也更长些。

2.对幼儿园教师及研究者本人产生的积极影响

（1）带班教师意识到了倾听的重要性，并有意识地教授幼儿学习倾听

在整个干预过程中，带班教师对这种提高幼儿倾听能力的干预研究非常感兴趣，并全程陪同。他们在参与本研究的过程中，更清醒地意识到倾听教育的重要性，意识到必须在课堂中和生活中贯穿对幼儿的倾听教育，过去的教授方法需要改进和拓展。教师过去是按照教学进度进行教学，与幼儿互动、让幼儿表达的机会较少，不能顾及每个幼儿，那些相对安静的幼儿容易被忽视。经过一段时间的实践，带班教师意识到在与幼儿交流时要为幼儿示范良好的倾听行为，包括注意自己眼神交流、适当提问、听核心要领等。一位带班教师说道：

在观念上我有了一些变化，以前我们都很重视幼儿的表达能力，觉得善于表达自己的观点更重要，会更加肯定这一部分幼儿的表现，其实教师也应该对幼儿良好的倾听行为与倾听能力表示鼓励和赞赏。我之前认为幼儿在课堂上保持安静、守纪律就是在认真倾听，不太了解倾听理解能力才是更需要培养的能力。另外，幼儿表面认真倾听不代表他真的听懂了，真正的理解才是最重要的。

同时，我意识到，一直都希望幼儿能认真听，但是很多时候没有告诉他们应该怎么听，重点听哪些内容，如何分析听到的内容，如何回忆听到的关键信息等。

其实，倾听能力不是一朝一夕能够培养出来的，而是要求教师和家长耐心陪伴，相互倾听。以前在讲故事的时候，我不知道可以这样引导幼儿去倾听，比如在故事的关键情节处停顿，引导幼儿推测情节，或者在进行活动之前提示幼儿要重点倾听关键词。除了倾听教师说话，在倾听同伴的过程中，教师可以引导他们思考，问问幼儿对同伴所说的话有何想法等。

我觉得孩子比之前有了变化，他们听的时候能更加集中注意力，也更加愿意表达和提问出题，师幼关系呈现一种信任和亲密的状态。相互倾听就是相互尊重，你倾听孩子，孩子也表现出喜人的合作天性。教师和孩子之间的关系也有了变化，师幼之间的亲密感和信任感是以前所没有的。

（2）研究者本人学会了尊重和反思

笔者在实践过程中，最大的感受是倾听代表着尊重。教师愿意倾听幼儿，幼儿就愿意表达，教师尊重幼儿的意见，幼儿就会以同样的方式来尊重教师。在此过程中，研究者本人也在努力做一个良好的倾听者，并且反思："我是否反馈不当使得幼儿不敢说话？""我是否始终集中注意力，思考幼儿想要表达的中心思想？""我是否以开放的态度，尊重说话者的习惯和观点？""我是何种类型的倾听者？是关注说话者本身，关注倾听内容还是关注交流时间？"等。这种反思使得幼儿也更愿意主动和教师交流，师幼之间的感情变得更加和谐与亲密。

3.幼儿倾听能力培养的相关建议

（1）教师要认识到培养幼儿倾听能力的重要性

教师应该转变对倾听本身的态度，不再把倾听等同于"听见"，不再单纯地把安静坐好当作认真倾听的标准，应该将幼儿视为有能力的学习者和倾听者。有了认识上的转变，教师才能在与幼儿的互动中更加体会到倾听的重要性，也能为幼儿的倾听学习设计更加有效的活动。

教师在自身的专业发展中，要成为一个倾听型教师。当教师倾听得越少，就越有可能成为一个专断的教师。教师要乐于倾听、善于倾听，并在倾听的过程中学会自我发问："我注意听了吗？我在注意听他们讲话还是想迫不及待地表达自己的观点？"以做到真正倾听幼儿的心声。

（2）提高幼儿的注意力、记忆力、理解能力和词汇量

注意力、记忆力是影响倾听效果的重要因素，丰富的词汇量和良好的理解能力能帮助幼儿更好地倾听。注意力不集中无法认真倾听，词汇量不丰富则会对新事物理解有困难，而理解能力也是通过丰富的经验逐步提高的。为此，教师应该积极采取多种相关的教学策略。

在游戏中提高幼儿的注意力是个不错的方法。如猜测声音、模仿声音、词句接龙、故事接龙、听词语举手、听指令做动作、我说你画等活动都有提高注意力与倾听能力的作用。可以通过小游戏如倒着说词语、重复无意义的词语或数字、围圈接龙等来训练幼儿的记忆力。教授幼儿谐音记忆法、位置记忆法等，指导幼儿听故事中的关键词等，都可以帮助幼儿记忆故事情节。增强幼儿理解能力的技巧有很多。如对幼儿说话时教师要明确说话目的，注意过渡词，引导幼儿观察非语言信息，并对讲述内容做出合理的推测。向幼儿解释难懂的词句，

用幼儿能听懂的话语,并有意地增加新的词语,丰富幼儿的词汇量,引导幼儿预测故事,回忆故事发展的过程。这些都可以让幼儿学到很多倾听技巧,逐渐习惯倾听,主动倾听。

(3)积极创建适宜倾听的区域和环境

教室里的安静区对幼儿的倾听能力发展非常重要。幼儿园教室里的区域划分不合理,幼儿的倾听能力就难以得到有效发展,因此教室最好设置专门的倾听角。倾听角可以设置在阅读区里或者阅读区附近,与其他区域要有分割物;并配上隔音耳机,以避免幼儿倾听时被打扰或分散注意力;倾听角的环境要温馨舒适,倾听材料要丰富多样并时常更新。幼儿可以边听边做一些活动,也可以自己录故事,分享给别人听。教师还可以利用声音转换成文字的软件,让幼儿明白吐字清晰、说话有条理的重要性。

(4)善于借助故事来提高幼儿的倾听能力

研究显示,借助图画书和故事能更好地锻炼幼儿想象画面的能力。在本次研究中,图画书和故事都起到了重要作用。图画书和故事对幼儿有天生的吸引力,幼儿能在听故事时集中较长时间的注意力。借助故事可以开展很多活动,如导入活动、体育活动、科学活动、情景表演等,故事在促进幼儿倾听能力方面的作用是不可忽视的。

利用儿歌展开接龙游戏,利用无字书来录故事,利用剧本开展角色表演,朗诵以倾听为主题的儿歌,与幼儿互动阅读绘本等活动,对提高幼儿的倾听能力有着非常重要的作用。在讲故事时,教师提示幼儿要关注时间、地点、人物、事件、结果等五要素,幼儿将习惯于通过教师的引导探知故事的发展过程,在听故事时也会更加专注。教师在组织这些活动时,可以适当增加幼儿的理解性词汇和表达性词汇,以便他们更好地理解听到的内容。自主阅读对倾听能力发展也是有帮助的。幼儿在一天中要有多次机会接触图画书和故事书,选择自己感兴趣的材料去阅读,这能够丰富幼儿的阅读词汇量,从而提高倾听理解能力。

(5)坚持进行个性化和多样化的倾听评价

教师要个性化地评价幼儿的倾听能力。在教师对幼儿评价时,也许会出现这样的情况:有的幼儿是倾听学习型,他可能不会用眼睛看着教师或书本,但是能通过倾听吸收很多信息。如果不熟悉幼儿的这种特性,教师很可能认为他没有认真倾听,而没有意识到这是因为每个幼儿接收信息的方式不同。

教师要在多样化的情境中评价幼儿的倾听能力。例如,在幼儿与同伴互动的过程中,观察幼儿的回应方式或解决问题的方式,观察幼儿复述故事时能否说出更多的细节,观察幼儿是否会对故事进行预测,等等。

(6)让幼儿承担起主动倾听的责任

教师应该意识到,在倾听过程中,幼儿不是被动的倾听者,而是主动的倾听者,要将倾听当作一种习惯,要乐于倾听,主动反馈。为此,教师可以设计一些需要幼儿参与其中的真实性的活动,比如,幼儿之间的调查和访谈活动,带着由教师设计或幼儿自己设计的表格对其他同伴进行访谈,如"你最喜欢的颜色是什么?""你最喜欢的食物是什么?"倾听并进行记录。或者开展家庭照片展览,请幼儿互相介绍和讲述。在这些真实情境的倾听活动中,幼儿更愿意主动倾听,同时教师所教授的倾听技巧也会被幼儿真正运用。

(7)关注教学细节,使幼儿更加顺利地进入倾听状态

首先,有必要设置安静的无干扰的倾听环境,如果是在开放式的环境中,应将安静区设置在离吵闹区较远的地方。其次,良好的课堂过渡环节至关重要。让刚刚进行完室外运动或者区域自由游戏的幼儿立刻安静下来是很难的。教师应该在上一个活动的结尾逐渐让幼儿平静下来,以平稳地过渡到下一个环节。最后,在活动开始前准备好所需要的材料,减少幼儿等待的时间,避免幼儿因为等待的时间过长而进行其他的活动。关注这些教学细节,可以使教学更加顺利地开展。

(8)开发专门的倾听领域的教学材料并对教师进行相应的培训

幼儿语言学习的领域有众多的教材和指导材料。说、读、写方面的教材和指导资料丰富多样,而倾听领域的教学材料相对较少,因此,有必要开发更多的倾听领域的教材和资料供教师参考。应该适当编写倾听能力训练方面的教材,为教师提供活动设计的案例参考,同时为幼儿设计优质的倾听活动,如教学点子、故事影音材料包等来丰富倾听领域的教学材料。

倾听实现了教师的主体价值,提高了教师的专业素质。一个善于倾听的教师对学生的榜样作用是巨大的。因此,在教师职业教育中应注意关注教师多种素质的全面提升。

教师自己的倾听态度和倾听行为对幼儿的影响是巨大的。如果教师在倾听幼儿时态度真诚,表达时简洁易懂、逻辑清晰,向幼儿提出的要求具体且易于

理解，则更利于幼儿专心倾听，乐于倾听。教师不仅要具备倾听的能力，而且也要具备提高幼儿倾听能力发展的能力。为此，教师要多参加相应的培训，提高自身的倾听能力，这对幼儿的指导及教师自身的进步都是有益的。

第三章 "我们也可以讲精彩的故事"
——提升幼儿叙事能力的实践研究

一、幼儿的叙事及叙事能力

(一)叙事

叙事即讲故事,是"说话者把一系列现实的或虚构的事件以发生的次序关联起来的话语"①。因此,叙事包含两层含义:第一,叙述的"故事"可以是已经发生的、现实的事件,也可以是想象的、虚构的事件。第二,故事中必须有一系列按时间顺序发生的事件,如果我们只抓住了事件的某个瞬间,其话语就构不成故事,也就不是叙事。叙事是一种复杂的认知活动,也是帮助人们认识世界、感知世界的主要方式,是大自然赋予人类的特殊能力。

周兢等人是这样理解幼儿叙事的:这是一种独白的语言,幼儿的口头语言表述要经历从独立完整编码到独立完整发码的过程。所谓独立完整编码,即幼儿按照所要表达的内容选择词语、组成话语,即把认知的信息变换成一连串有意义地联系在一起的语言符号。发码即通过自己的发音器官,以口头语言的方式将自己构思的内容说出来。这个过程对于幼儿是有一定难度的。因此,叙事的语言要求比谈话的语言要求高。讲述活动是培养、锻炼幼儿独白语言的特别途径,有别于其他各类语言活动,有其存在的独特价值②。

(二)叙事能力

1.幼儿叙事能力的重要性

叙事能力对于幼儿有非常重要的意义。其一,幼儿叙事能力的发展是其自身语言发展的需要。幼儿的语言发展包括了语音、语法、语义和语用技能的发

---

① 王海澜.幼儿的叙事及叙事能力发展特征分析[J].教育导刊,2011(7月·下半月):25.
② 周兢,余珍有.幼儿园语言教育[M].北京:人民教育出版社,2004:129.

展,而幼儿的叙事能力则是这四方面的综合。幼儿在叙事时,不仅要独自考虑词汇、句子、语法、叙事的顺序,还要考虑以怎样的方式叙述才能让听者听懂自己所叙述的故事。

《纲要》中语言教育的要求是:鼓励幼儿大胆、清楚地表达自己的想法和感受,尝试说明、描述简单的事物或过程,发展语言表达能力和思维能力。《指南》中关于倾听与表达的目标是:认真听并能听懂常用语言,愿意讲话并能清楚地表达,具有文明的语言习惯。由此我们认为,提高幼儿叙事能力是幼儿语言发展的题中之义。其中要求5~6岁幼儿在集体中能注意听老师或其他人讲话,并建议多给幼儿提供倾听和交谈的机会,如经常和幼儿一起谈论他感兴趣的话题,或一起看图书、讲故事,引导幼儿学会认真倾听。

其二,叙事是幼儿思维的本质属性。著名心理学家布鲁纳提出,在人的心理生活中存在着例证性思维和叙事性思维两种本质上不同的思维模式。例证性思维是独立于特定情境的科学逻辑思维,是哲学、逻辑学、数学和物理等科学的思维方式,其目的在于给认识提供一个理论化的、形式化的解释,一种普遍抽象的例证。叙事性思维,即讲故事,是关于人类条件、历史和社会活动的思维方式,是依赖于情景的经验。生活的思维方式,是依赖于情境的经验。人们可以通过叙事"理解"世界,也可以通过叙事"讲述"世界。幼儿感性重于理性,形象性、具体性、情境性以及直接体验先于并优于抽象性和一般性的心理发展特点决定了幼儿的心智具有叙事性结构。即在他们眼中,外部世界是有生命、有联系、有故事的世界。因此叙事是幼儿思维的本质属性,叙事能力对幼儿有着不可替代的作用。

2.幼儿叙事能力发展的特征

叙事能力更侧重于叙述的能力,即脱离语境情况下,叙述者进行的有一定语言组织,具有衔接性与连贯性的语言能力。叙事能力要求叙述者了解叙事中需要涉及的各类知识,如词汇、句式、社会交往、生活常识等,并且还要具备统筹协调地运用知识的能力。这对词汇并不丰富、叙事顺序还没有很好掌握、还处于自我为中心阶段难以顾及听众心理反应的幼儿来说,并不是一件容易的事。现有资料表明,孩子叙事能力的发展一直要持续到初中阶段。初中生的写作文体记叙文即是典型的书面叙事。而在幼儿时期,不同年龄段的幼儿叙事能力的发展大致有如下特征。

表3-1　幼儿叙事能力的发展阶段

年龄阶段	叙事词句使用	叙事类型	特点
2岁左右	简单词组	过去的经验、消极事件和生活故事	简短,没有条理性
3岁左右	掌握一定词汇量;基本的语法和句法	积极事件和生活事件	有一定条理性
4岁左右	比喻性语言	多种形式(个人轶事、令人高兴的事情、电影的复述)	独立叙事,一次性叙述的事件多,但有一定顺序性,能够被理解
5岁左右	掌握时间和指称用语	类型多样化	一般都可以叙述较为完整的故事,并且注重故事结尾的高潮事件

皮特森和麦凯布在前人研究的基础上,总结了儿童叙述的结构,认为从结构上看,儿童的叙事不外乎是七个模式[①]:①古典模式:是最完整的叙述结构,在故事中既有高潮,又有解决的方法。②以高潮结尾的模式:故事在兴起的位置直接结尾,不存在解决方法。③跳跃模式:在从一个事件跳跃到另一个事件时,中间会遗漏一些重要的事件。④时间顺序模式:按照时间发展进行叙述,没有高潮。⑤贫乏模式:只叙述两个内容很少的连续发生事件。⑥混乱模式:听者难以理解叙述者对事件的描述,叙述难辨或混乱不清。⑦混杂模式:以上不同叙述模式混杂在过程中。

---

①PETERSON C,MCCABE E. Developmental psycholinguistics:three ways of looking at a child′s narrative [M]. New York:Plenum,1983:35-47.

对于幼儿来说,古典模式的叙事并不多见,大多是其他几种模式。而叙事中的组织结构反映了幼儿以语言为中介的认知技能的发展状况及自己对世界和事物的看法,往往可以预测孩子的学业成绩。鉴于此,《纲要》和《指南》都对幼儿的叙事能力提出了要求,要求幼儿愿意表达并能清楚地说出自己想说的事,并要求老师要鼓励幼儿大胆、清楚地表达自己的想法和感受,尝试说明、描述简单的事物或过程,发展语言表达能力和思维能力。提高幼儿的叙事能力不是一蹴而就的,需要幼儿、教师、家长等多方的共同努力。本研究力求为此贡献自己的一己之力,以探讨采用什么样的方式更有助于提高幼儿的叙事能力,从而让幼儿的叙事完整、丰富、精彩?

二、关于幼儿叙事能力问题的已有研究

(一)幼儿叙事能力及叙事能力评价模式的研究

对幼儿语言叙事能力的评价可以帮助我们有效地诊断幼儿的语言障碍,并在此基础上总结出相应的干预措施,对幼儿语言障碍者进行补救性教育和培训。在幼儿叙事能力评价方式上已有不少研究,笔者对比加以总结归纳。

米什勒提出五要素分析框架[1],完整的叙事包括五个不可少的因素。一是导向,提供叙事背景和线索。二是系列事件。三是评价,是幼儿在叙事中所出现的有关情绪、认知、意愿等表达观点的词汇或语气(加强或减弱的语气),譬如"高兴""难过""希望"等。借着这些词汇或语气,幼儿透露出他对所叙述故事的感受和评价。四是解决,即叙述如何解决核心事件或者矛盾。五是附加语,如"我给你讲故事吧""我的故事讲完了"等。

斯坦和格伦提出七维度分析框架[2],认为叙事包括七个要素。一是背景:主要人物的介绍以及社会、历史和时间等方面的叙述。二是引发事件:叙述改变情境中的状态,并引起主角回应的事情,即起始时间。三是内在反应:叙述主角对于起始时间的想法、感情或目标。四是内在计划:叙述主角为改变情景而想采取的行动或策略。五是内在行动:叙述主角为达到目标所采取的实际行动。

---

[1]MISHLER E G. Models of narrative analysis : a typology [J]. Journal of narrative and life history, 1995,5(2):87-123.

[2]STEIN N L, Glenn C G. An analysis of story comprehension in elementary school children [J]. New directions in discourse processing ,1979(2):60.

六是直接结果：叙述实际行动的成功或失败。七是回应：叙述主角对于结果的感觉或想法，或主角如何受到结果的影响。

加登纳等人提出多彩光谱评估系统。多彩光谱评估系统认为，每一种智能都由一些可辨别的基本能力组成，以这一理念为基础，对语言智能进行评价的时候，把语言智能区分为虚拟性叙述的能力和描述性叙述的能力，又进一步划分了构成这两种语言能力的基本能力，也就是构成语言能力的要素。虚拟性叙述的能力包括主要叙述结构的特性、主题一致、描述语气的运用、对话的运用、时间标记的使用、表现力（加强故事的声音效果）、词汇水平、句子结构等八个要素。描述性叙述的能力主要包括进入活动、内容的准确性、结构/主题感、词汇的复杂性、句子结构等五个要素①。

这些研究为我们认识和评价幼儿的叙事能力提供了分析的框架，但维度太多，分析起来难免不客观。根据周兢等人的总结，我们从以下三个维度来分析幼儿的叙事能力：一是叙事结构，即幼儿的叙事情节（时间、地点、背景、人物、事件及结果等）是否完整、是否有内在的逻辑性、内容是否丰富等。二是叙事顺序，主要指用来表达时间、因果关系或连接所述事件的连词，如时间连词（有一天，从前，下午，星期日等）、因果连词（因为，所以，结果）、承接连词（然后，以后，之前）、情况状态（了，过，已经，在，着）、转折连词（但是，却，然而），适当地使用这些词汇可使所叙述的故事清楚、有条理。三是叙事观点，即"结论性评价"，指幼儿对于所说之事的观点和看法，也就是叙述的目的等。这是叙事的意义所在。不过，幼儿的许多叙事只是就事说事地"叙说"，仅仅是出于表达的需要，而不是要表达某种观点和看法②。

（二）叙事能力对幼儿发展影响的研究

1.叙事能力与词汇水平的相关研究

词汇水平掌握情况直接影响叙事能力，叙事能力也可以提高词汇运用水平。有研究表明，幼儿习得新词汇的方式有：日常生活习得和刻意教授两种。如果幼儿对词汇的理解不深刻，就不会运用。将词汇和叙事结合，再强化将会

①李鑫：帮助幼儿成为更好的故事讲述者——提高大班幼儿叙事能力的行动研究[D].上海：上海师范大学，2016.
②周兢：汉语儿童语言发展研究：国际儿童语料库研究方法的应用与发展[M].北京：教育科学出版社，2009：129.

促进幼儿正确理解词语,运用词汇。因此,叙事能够促进口语能力的发展,是促进词汇运用的有效模式。叙事既能丰富幼儿的词汇,又能在多次的表达与运用中完善词汇的正确用法。

2. 叙事能力与早期读写能力的相关研究

叙事能力与早期读写能力有着密切的关系。正如台湾学者张鉴如在《幼儿叙事能力之发展:多年期研究计划》中指出,叙述结构较完整,叙述顺序较清楚,并会在故事中陈述自我观点和表达故事意义的孩子,在故事理解、下定义、图片描述和中文阅读理解等能力上也表现较好;故事内容简短、结构不完整、时间顺序或人事物指称不清楚的幼儿,在故事理解、下定义、图片描述和中文阅读理解等能力都较差。这证明,幼儿口语叙述能力是小学阶段读写能力的重要指标,在学龄前阶段培养幼儿叙述能力有助于提高幼儿日后的读写能力。

3. 叙事能力与幼儿社会性发展的相关研究

幼儿需要运用叙事能力与同伴、老师互动,发展社会关系。叙事的这种社会性功能在很大程度上还对幼儿的学业及其他方面有影响。宋晓敏在《对话式阅读对低收入家庭儿童叙事能力的影响》中指出,幼儿常常借着说故事(无论是生活故事还是虚构的幻想故事)重整自己的经验并透露自己对事物、对世界的感觉和想法。幼儿之间需要通过语言的叙述来进行沟通交流,从而达到个体在群体中的认同,发展社会关系。此外,可以利用叙事者讲述的故事,走进叙说者的内心世界,从而理解他们叙事背后所隐藏的情感问题。

(三)促进幼儿叙事能力发展的相关研究

探讨如何促进幼儿叙事能力发展,是为了帮助我们寻求更有效的方法提高幼儿的叙事能力。笔者在前人的基础上,归纳总结,制定出更为合理的方案,并进行实施探索。

伊尔加兹和阿克苏-科克的研究表明,假装游戏(儿童使用与主题明显相关的玩具)有助于增加叙事复杂性的情节结构。动作作为一个符号场所能够促进叙事能力的发展,在游戏背景下(提供动作和物体作为叙事活动的支架)与没有这种支持的情况相比,儿童在游戏背景下能够在更早的年龄(4岁)创作较高复杂性结构的叙事。他们的研究的实践意义是发现了一种有效引发学前儿童叙事的方法,其理论意义是说明了动作对儿童发展的叙事能力的工具性功能。研究认为,象征性游戏作为一种游戏场所,通过提供给儿童一个活动的舞台对有情节结构的叙事的建构起到一种支架式作用。

许多学者研究发现,绘本讲述对幼儿的思维、语言、情感和社会性发展都有着积极的影响,对幼儿叙事能力的发展更有着直接的作用。绘本讲述作为语言教育活动的一种有效手段,为幼儿提供了更多的讲述机会。因此,绘本的使用对幼儿叙事能力的发展有一定的影响。

综上所述,关于叙事能力的相关文献不少,为笔者的研究提供了大量的理论支撑,但还存在不足之处:①对于如何提高幼儿叙事能力真实记录的案例比较少,对幼儿教师的指导作用不大;②相关研究缺少实证性的分析,大部分是理论数据的分析与统计,忽视了其应用价值;③大多研究中采用的是单一的故事组织形式来帮助幼儿提高其叙事能力,活动形式单一,缺少系统性和丰富性。

本研究采用系统化的故事组织形式,包括工作坊,师幼讨论会,幼儿表演等;听、讲、演相结合,同时利用家长与幼儿、幼儿与幼儿、教师与幼儿的小团体互动形式,配合完成故事活动。本研究采取行动研究,在真实环境中记录幼儿的活动,使实践丰富理论。此外,本研究将验证笔者的研究假设,以期为以后的研究者提供参考。

三、通过系统化的故事组织方式
提高幼儿叙事能力的实践探索

(一)研究背景

鉴于叙事能力对幼儿发展的重要性,培养幼儿的叙事能力就显得非常重要。目前,关于提高幼儿叙事能力的研究主要有:绘本对幼儿叙事能力的影响,故事扮演对幼儿叙事能力的影响,童话故事对幼儿叙事能力的影响等。研究表明,单个的故事组织形式不足以提高幼儿的叙事能力,系统化的故事组织形式更能帮助幼儿提高叙事能力。

系统化的故事组织形式可以吸引幼儿的注意力,提高幼儿的学习兴趣。要创造更多的机会让幼儿叙事。例如,采取听、讲、演相结合的形式,采用小团体讨论的方式,让幼儿与幼儿、幼儿与教师、幼儿与家长共同学习,发挥群体动力作用,促进团体成员叙事能力的提高。系统化的故事组织形式包括听故事、讲故事、演故事三种形式的结合。由夏皮罗提出来,并经过实践证明的以学习共同体为基础的故事小团体,主要包括听故事、讲故事和演故事,涉及与幼儿有密切关系的人与环境,包括了家长、教师、幼儿等。因此,笔者从听、讲、演三个方面分析其对幼儿叙事能力发展的重要性。

1.听故事对幼儿叙事能力发展的重要性

听故事是幼儿成长必经的过程,更是幼儿早期信息的主要来源之一。孩子会在大人讲故事的时候学到很多东西,会在丰富多彩的叙事环境中提高叙事能力。从出生开始,孩子就被故事环绕:一些是读给他们听的故事,一些是关于他们自己的故事。这些故事给孩子提供了叙述的模板,让他们意识到讲故事是有意义的活动。幼儿开始呀呀学语的时候就是通过听来了解外界世界,并通过听来积累词汇。听故事能激发幼儿的求知欲和好奇心。在听故事的过程中,孩子的注意力、想象力,对语言的理解能力、表达能力、记忆力会不断被提高,有利于调动幼儿的学习能力。

2.讲故事对幼儿叙事能力发展的重要性

有学者认为,讲故事是看起来轻松、自发、亲密地与某个或者很多人分享故事;讲故事的人叙事、描绘、想象和呈现发生了什么,展现其中的人物,让自己和听众都参与整个故事中——这一切都是通过声音和身体来表现。幼儿讲故事是对话和沟通的主要方式,同时也是语言发展和文化适应的过程。讲故事并不是一件容易的事情,它必须结合认知和语言的运作以及听觉理解来进行口语表达。幼儿可以从讲述家庭、宠物和日常发生的事情等琐碎的个人故事开始,慢慢过渡到讲述有大量重复词汇的简单故事。成人讲故事时关注故事结构有助于幼儿关注叙述故事的完整性。

3.演故事对幼儿叙事能力发展的重要性

演故事是指幼儿把故事中的人物、情节用语言和动作再现出来。演故事可以帮助幼儿记忆和加深理解故事内容,发展其语言能力。演故事要求幼儿表演角色时,语言准确,恰当地运用语气、声调和表情,这对提高幼儿语言的表现力极有好处。此外,演故事还可以帮助害羞的幼儿提高胆量,克服羞怯感。幼儿有了表演故事的经历后会有创造故事的冲动,这也利于其叙事能力的发展。

（二）研究方案

1.研究对象

本研究的研究对象为湖南省耒阳市一所民办市级一类幼儿园的大班幼儿。该园比较注重幼儿的语言发展,侧重语言的开发,设有绘本馆、英语角等。实验班为大一班的30名幼儿,对照班为大二班的30名幼儿。选择大班幼儿,是因为大班幼儿的语言发展水平较为完善,语言表达能力相对于中小班幼儿强,注意力更集中,表现欲望更强。《指南》中指出,要求5~6岁幼儿在集体中能注意听老师或其他人讲话,并建议多给幼儿提供倾听和交谈的机会,如经常和幼儿一起看图书、讲故事,引导幼儿学会认真倾听。此外,笔者对两个班级的语言教学活动进行多次听课,观察发现实验班和对照班幼儿在理解能力、表达能力上的水平相似。

2.研究方法

本研究采用文献法、观察法、访谈法、实验法等研究方法。

首先,查阅相关的书籍和文献资料,一方面理解目前提高幼儿叙事能力的研究现状和趋势,另一方面寻找有价值的资料为本研究提供理论支撑。

其次,观察幼儿在幼儿园的日常活动,并留心记录幼儿的语言表达情况。重点是观察幼儿在进行故事分享活动时的表述情况。

再次,对幼儿的家庭情况和亲子阅读情况进行访谈和了解,这有助于研究结果的分析。

最后,本研究的实验法指的是,开展系统化故事组织形式,如工作坊、师幼互动讨论会、幼儿表演等活动。在真实的环境下,记录幼儿的真实表现以及活动过程。将实验班前后变化以及实验班与对照班进行效果对比,即对幼儿的叙事能力是否有提高,哪些方面有提高等进行研究分析。

3.研究步骤和过程

本研究分三个阶段:前测阶段、实验阶段和后测阶段。

（1）前测阶段:初步评定幼儿现有的叙事能力

第一步,两个班的每个幼儿给笔者讲一个故事,笔者通过录音设备记录下来。第二步,利用无字书《青蛙,你在哪里?》让每个幼儿进行看图说话。

《青蛙,你在哪里?》是一本无字图画书。因为没有文字,所以幼儿可以放心大胆地讲述,避免受文字的干扰或因为害怕讲错而不敢讲的状况发生。这些年来,研究者大都采用这本书来研究儿童的看图叙事能力。研究者针对青蛙故事制定的编码和评分标准在跨文化的儿童叙事能力研究以及正常儿童和特殊儿童叙事能力的比较研究中得到了国内外研究者的广泛使用,所以本研究也采用《青蛙,你在哪里?》的编码(见书后附录)进行分析。

(2)实验阶段

这是一个通过可行的方法来促进幼儿叙事能力发展的形式,包括工作坊、师幼讨论会、幼儿表演等。主要内容:每周举行大量的微小课程,并讨论如何讲好故事,要求幼儿一周讲一个故事。该活动在实验班进行。

①工作坊——主要是运用多种方式来提高幼儿的叙事能力,包括借助图画书、幼儿的绘画兴趣、木偶表演等。安排20次课程活动(共计8周时间),如表3-2所示:

表3-2 工作坊安排

时间	课程内容	方法	反馈
1~4周 周一、周三 进行(8次)	图画书教学:《母鸡萝丝去散步》《爱吃苹果的鼠小弟》《蚂蚁和西瓜》《蚯蚓的日记》	故事结构教学的方式,让幼儿把握故事的基本结构,掌握五要素	
5~6周 周一、周二 进行(4次)	绘画互动(主要由《蚯蚓的日记》引发的绘画记日记的活动)记录自己的想法和日常生活。主题不限	让幼儿自己画画,然后让幼儿大胆地讲述画面上的内容	
7~8周 周一、周二 进行(4次)	我的回忆(每个人带一张)	让幼儿从家里带一张自己难忘的照片,然后在研究者的引导下进行回忆和叙事	
5~8周 周三进行 (4次)	手偶表演: 《金色的房子》《三只小猪》	第一步:教师一边讲述一边操作手偶,即用手偶做出各种动作和表情。 第二步:教师让幼儿自己戴上手偶,简单试玩后,要求幼儿开始讲述故事	

②师幼讨论会(每周五故事表演前)。主要内容:孩子们一起互相帮忙准备计划他们的表演(讲故事),每周由五个幼儿表演,其他幼儿可以参与讨论。教师也参与讨论,主要是提出一些引导性的问题,将幼儿的注意力集中到讲故事的重要方面(那接下来发生了什么),以及引导幼儿列出故事的提纲,把握故事结构,以便更好地讲故事。

③幼儿表演(每周五)。主要内容:孩子们运用多种方法向全班同学讲述他们自己的故事,可以采用看图说话、自由叙事、故事续编等多种叙事方式。笔者记录下幼儿的讲述过程和叙事方式。在幼儿讲故事的过程中,其他幼儿可以提出问题,共同讨论。这个表演活动计划是一周一次,一次五个同学,进行八周(共计八次)。

(3)后测阶段:实验阶段后期评定幼儿的叙事能力

第一步:两个班的每个幼儿给笔者讲一个故事,笔者通过录音设备记录下来。讲述内容题材不限,时间不限,幼儿认为讲完即可。笔者尽量不给提示,只是在需要的时候,进行适当引导。引导语有:你可以给老师讲一个自己喜欢的故事吗? 你可以给老师讲讲你最近发生的事情吗?(开心/不开心事情)

第二步:借助无字书《青蛙,你在哪里?》进行测评。录下幼儿的讲述内容,并且利用SPSS软件进行数据处理。之所以分为两步进行,是因为本研究需要考虑环境、幼儿对图画书的熟悉程度、幼儿个体生活经验的差异等方面因素。为了保证研究的有效性,前测阶段与后测阶段都采用同一个标准来考量幼儿的叙事能力,即利用《青蛙,你在哪儿?》进行看图说话。

4. 研究工具

本研究所使用的工具有:图画书、手偶、照片、绘画工具、录音工具、拍摄工具。录音工具和拍摄工具主要是用来真实记录幼儿在活动过程中的反应和状况。

5. 评价指标

本研究以独立的故事讲述为检测方式,考察幼儿是否能够讲出完整的、内容丰富的故事,考察重点是叙事的完整性和丰富性。另外,从叙事顺序与叙事结构和叙事观点的视角以及主题一致、对话的运用、表现力、语气词的使用、附加语的使用、形容词的使用等六方面进行综合分析。笔者通过SPSS软件对幼儿的录音内容进行量性分析,研究幼儿对故事的情节线索、事件主题、人物遭遇以及词汇运用水平等的掌握情况。

(三)研究工具的选择标准

1.图画书的选择标准

图画书被认为是促进幼儿叙事能力发展的重要材料。本研究借助图画书——成人给孩子讲故事,引导幼儿掌握叙事结构、叙事顺序、叙事观点。

①图画书必须具有结构顺序性,内在逻辑性强。例如,《蚯蚓的日记》是以时间顺序为主,《蚂蚁与西瓜》以事件的发展为顺序。

②图画书的故事情节要具有预测性,句式结构要基本相似。例如,《母鸡萝丝去散步》中,后一页图画的主要内容在前一页画面中都能找到线索,前一页的内容为后一页的故事做好了铺垫、埋下了伏笔。

③图画书中的图画要有吸引力,有很强的童趣。色彩艳丽、内容有趣的图画书更利于激发幼儿的兴趣。经反复考虑,本研究挑选了《母鸡萝丝去散步》《爱吃苹果的鼠小弟》《蚂蚁和西瓜》《蚯蚓的日记》,这些图画书内容简单、角色鲜明。

2.手偶游戏的故事选择标准

①手偶游戏的故事必须情节生动,人物形象丰满,语言富有童趣且有丰富的动作表现。例如,《金色的房子》人物形象鲜明,故事情节简单,在表演时,有利于充分发挥幼儿的表现力。

②找幼儿熟知的故事进行表演,提高其自我创编的能力。例如,《三只小猪》故事广为人知,可是小朋友是怎样把玩这个故事的,我们可能会有惊喜的发现。

3.无字书的选择标准

本研究的测评工具选用无字书《青蛙,你在哪里?》。首先是因为它的内容适合大班幼儿,其次是因为它有信效度较高且广泛采用的分析框架和评分标准,最后是因为它的故事情节丰富多彩,并且没有文字,利于幼儿发挥合理的想象进行叙事。

(四)具体的实践过程:前测阶段

第一步:自由叙事。笔者主要通过一对一谈话的方式进行,幼儿没有辅助工具,讲述内容不限,题材不限。教师可以采取的提问方式有:你有故事要讲吗？你想告诉我什么故事？你有什么好玩的事情想要和我分享吗？本阶段主要是使用清晰明了的提问帮助幼儿表达想法,并实录下来,最后得到60个文本,且进行分析。第二步:教师引导幼儿看《青蛙,你在哪里?》进行叙事。书中包含的6个情节线索、9个主题事件以及两位主人公的6个不幸遭遇的具体内容见书后附录。在此基础上,笔者添加了词汇运用的4个方面(语气词的使用、附加语的使用、形容词的使用、象声词的使用)。幼儿在叙事时每提及一个内容计4分,幼儿的叙事语料叙事能力测试总分为:$6 \times 4 + 9 \times 4 + 6 \times 4 + 4 \times 4 = 100$分(如表3-3所示)。

表3-3　叙事语料编码

维度	编码	分值
情节线索	A1—A6	24
主题事件	B1—B9	36
人物遭遇	C1—C6	24
词汇运用水平	D1—D4	16

表3-4　对照班前测叙事能力得分总体情况($N=30$)

	满分(S)	极大值(MAX)	极小值(MIN)	均值(M)	标准差(SD)
情节线索	24	20	4	8.266	2.958
主题事件	36	24	4	12.800	5.791
人物遭遇	24	20	0	9.867	4.897
词汇运用水平	16	12	0	5.333	3.689
叙事能力	100	56	16	36.200	10.025

注:N=样本量。

表3-5　实验班前测叙事能力得分总体情况（N=30）

	满分（S）	极大值（MAX）	极小值（MIN）	均值（M）	标准差（SD）
情节线索	24	20	4	7.733	3.9210
主题事件	36	24	4	12.267	6.2086
人物遭遇	24	20	0	9.867	5.0085
词汇运用水平	16	12	0	4.667	3.3356
叙事能力	100	56	16	34.533	9.1264

注：N=样本量。

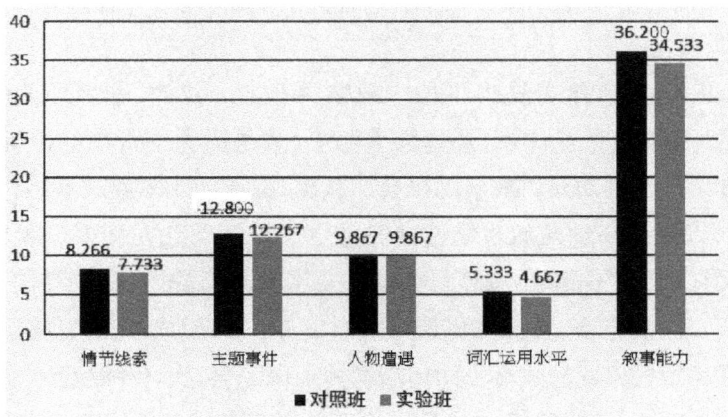

图3-1　对照班与实验班各项均值情况比对图

通过表3-4、表3-5以及图3-1可以看出：实验班与对照班前测各项得分基本相似，从量性统计方面看，对照班与实验班的幼儿叙事能力差异不大。但是，通过自由叙事环节深入分析，可以发现实验班和对照班的幼儿在叙事能力方面存在的问题有：

①幼儿叙事时长总体来说偏短，女生较男生稍长。极个别内向型幼儿属于不语型，在教师的引导下只能勉强讲述。有些幼儿说话声音极小，几乎听不清，有些存在发音不清楚的现象。

②叙述内容单一，缺少系统化性、丰富性。由于记忆能力的不同，一些幼儿记忆能力超强，进行了背书式叙事。例如：树叶在空中飘荡，谱写着感恩的乐

章,那是大树对滋养他的大地感恩,那一幅幅感恩的画面。那……后面的我就不记得了。

③叙事顺序上,幼儿对时间连词掌握得很好,但是混用或者乱用了因果连词、转折连词、承接连词,使得叙事内容不易被人理解。例如:我和可可一起,虽然他妈妈没来的时候她去了陈欣怡家,然后她上了大班的时候,虽然她妈妈没有来,和爸爸……

④叙事结构上,幼儿的每一个叙事文本基本包含了人物、时间、地点、行动、结语等叙事要素,但是极少的幼儿能将故事的结构完整地叙述出来。有些幼儿只是讲述两件连续发生的事件,内容很少,并不涉及行动。

⑤语气词的使用、附加语的使用、形容词的使用较少,并且只有少数的幼儿发表观点与看法。

通过以上分析,笔者提出了相应的解决办法。首先,激发幼儿的叙事愿望。许多幼儿不愿意开口说,或是因为胆小,或是因为平常说的少听的多,因此,要想方设法提供幼儿讲故事的机会。其次,引导幼儿掌握故事结构,把握故事的脉络,以便提高幼儿叙事结构的完整性。许多幼儿在叙事过程中逻辑混乱,有始无终,条理不清楚。最后,帮助幼儿丰富故事的内容,在结构完整的基础上,使语言更加丰富,普及更多讲好故事的知识,帮助幼儿讲更精彩的故事。因此,笔者参考夏皮罗的故事小团体活动并加以完善,设计了适合本研究的"提高幼儿讲故事能力"的模式。这是一个听讲演相结合、师幼家长相结合的活动。这个活动的内容如下图3-2所示:

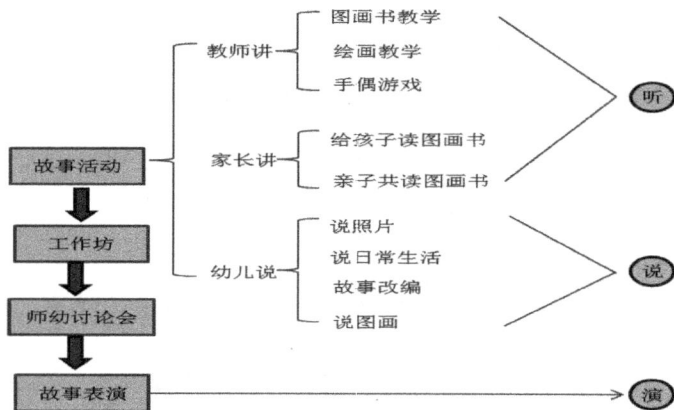

图3-2 故事活动结构

（五）具体的实践过程：实验阶段

1.活动一:《母鸡萝丝去散步》

（1）活动目标

用图画书进行故事结构教学,引导幼儿讲述故事的主要内容。

（2）图画书分析

《母鸡萝丝去散步》讲述的是母鸡萝丝在农场里散步时和一只狐狸之间发生的情节曲折的故事。母鸡萝丝悠然自得地去散步,绕过池塘、翻过草堆、经过磨房、穿过篱笆……兜了好大一个圈子,又悠然自得回到家中,可它完全不知自己的身后正紧跟着饥肠辘辘的狐狸,狐狸一直在伺机而动,却又屡屡失手。全书文字不多,但叙事顺序明显,以地点的转变为来推动事件发展,并且一系列的小事件的主角、情节、结果基本相似,句式结构也基本相似。后文都是围绕已知的故事结构发展,这便于幼儿掌握和创编。文字不多的图画书给了幼儿更多的自由发挥的空间,教师在教学中应侧重把握图画书的内在结构,引导幼儿发挥自己的想象力进行自由叙事。

（3）画面分析

图画书的文字与画面形成强烈的对比:文字讲述的是母鸡萝丝去散步的平淡无奇的故事,而图画则讲述狐狸追逐猎物却屡屡受挫的故事。画面生动地刻画了故事中两个角色的形象特点,看狐狸的身形,一会儿紧弓,一会儿甩到了天上,一会儿又一个倒栽葱。再看它的表情,那双会说话的眼睛把它的狡猾与贪婪全都写在了脸上。与狐狸相比,只能用"呆若木鸡"这个词来形容萝丝了,它始终保持着一个姿势——永远半闭着眼睛,永远那么不紧不慢地走着。萝丝和狐狸一前一后,一个迈着大步神闲气定,一个张牙舞爪却又总是丑态百出,它们共同演绎着一场热闹的情境喜剧。滑稽的形象对比使整个故事更加幽默有趣。图画书将无声的故事变成了一个笑声不断的喜剧:钉耙砸扁狐狸的鼻子;狐狸一头栽进池塘里;狐狸扎进干草垛里;狐狸被面粉埋住;狐狸摔到手推车里,手推车载着狐狸撞翻蜂箱、狐狸被蜜蜂追得抱头鼠窜。同时,图画中的很多细节和线索可以供教师和幼儿进行预测和讨论,从而把握住故事的结构。书中每一页的故事都在前一页的基础上发生,关联性极强,但是这种不经意的关联需要幼儿在内容丰富的画面中仔细地发现和寻找。

（3）故事结构分析

教师通过故事结构教学法对主角、情境、主要问题、故事经过、故事结果、主角反应等方面做出相应的引导,让幼儿更好地理解故事内容、把握故事结构,以便更好地讲述故事。

表3-6　故事结构分析

故事名称	母鸡萝丝去散步
主角	母鸡、狐狸
情景	院子、池塘、草堆、磨房、篱笆、蜂箱
主要问题	狐狸想抓母鸡,却屡屡失手
故事经过	①母鸡穿过农家院子,身后的狐狸扑了上来。可它一脚踩到了钉耙,钉耙一个反弹,狠狠地打到了它的脸上 ②母鸡绕过池塘,狐狸扑了上来,可它扑了一个空,栽到了池塘里 ③母鸡翻过干草垛,狐狸扑了上来,可它一头扎了进去 ④母鸡经过磨面房时脚钩住了一根线,狐狸扑上来时,上头的一袋面粉正好浇了下来 ⑤母鸡钻过栅栏,狐狸扑了上来,可它跌到了栅栏这边的手推车里 ⑥母鸡从蜂箱下面走了过去,可那辆手推车载着狐狸撞翻了蜂箱,狐狸被蜜蜂追得抱头鼠窜
故事结果	狐狸没有抓住母鸡,母鸡回到鸡舍,正好赶上吃晚饭
主角反应	①母鸡悠然自得,一切正常 ②狐狸丑态百出

（4）教学分析

在整个教学过程中,幼儿的思维围绕着"母鸡萝丝到哪里了? 母鸡萝丝知道背后的危险吗? 狐狸想干嘛? 狐狸准备怎么办? 猜猜狐狸成功了吗?"这几个问题来阅读整本图画书。这些问题也是故事的主要结构,后续的故事情节都是围绕着这个框架而发展。因此,教师着重引导幼儿从第一个情节中获得该故事的结构,然后鼓励幼儿使用已经习得的故事结构来预测后文的发展。

本次活动采用互动阅读的方式进行:幼儿讲述图画书的内容为主,教师提出一些引导性的问题,师幼互相讨论,让幼儿把握故事的内在结构。因此,课堂活动中尽可能地让每一位幼儿开口回答或者讲述,同时,不要忽视细节讨论。

①故事讲述环节:

通过观察封面和扉页来探讨图画书的主要角色、内容、事件等,激发幼儿的阅读兴趣或者表达欲望。

师:今天,老师带给小朋友一个非常有趣的故事书——《母鸡萝丝去散步》。小朋友们,这是封面和扉页,你看到了什么?

幼:狐狸、鸡、羊、房子、树、苹果、大风车、小花……

师:好的,小朋友们回答得真好,看得很仔细。那你们觉得:这本图画书是关于谁的故事呢? 谁是故事的主角? 为什么?(对故事主角的讨论)

幼:我觉得是母鸡,因为图中母鸡比较大。

幼:我觉得是狐狸,因为狐狸很狡猾。

幼:我觉得是苹果,因为苹果比较多。

幼:我觉得是母鸡和狐狸的故事。

师:小朋友们的猜想都很有道理,那我们一起去看看下面的故事,是不是和你们的猜想一样呢?

师:原来是母鸡萝丝啊! 让我们一起跟着母鸡萝丝去散步吧! 她走过院子,呀! 狐狸扑上来啦! 猜猜:狐狸抓到母鸡了吗? 如果没有,是什么让她逃离了危险呢?(引导幼儿观察图中的钉耙)会不会和钉耙有关系呢?(讨论故事经过)

师:狐狸偷偷地看着母鸡,他想干嘛?

幼:抓母鸡。

师:那你们猜一猜他抓到母鸡了?

幼:抓到了。

幼:不知道。

幼:没有。

师:如果没有抓到,是什么让母鸡逃离了危险? 我们观察一下图片,院子里有什么工具可以帮助她?

幼:有个耙子。

师:那会发生什么事?

幼:他会被钉到。

幼:他会受伤。

师:那我们看下一页,到底发了什么,我们的猜测对吗?

幼:竖起来了。

师:什么竖起来了?

幼:耙子。

师:那是什么原因?

幼:他踩到了。

师:对的,他怎么了?

幼:他出血了。

幼:狐狸受伤了。(讨论故事结果)

师:哎!这是虚惊一场!她继续往前走,我们一起看看接下来会发生什么吧。

在接下来的教学中,可以由幼儿来主导故事的发展。幼儿基本上能自行解读故事的后半段,因为幼儿在前一个情节中已经获得了故事的结构,按照已习得的故事结构可以理解后续的内容。通过猜测"接下来会发生什么事",提高幼儿主动探索的兴趣,发展幼儿的想象力、观察力和语言表达能力。同时,幼儿能够真正读懂这本书并感受图画书的风趣与幽默,从中感受到快乐。

②回顾环节:

读完图画书,教师提出再来沿着路线图和母鸡一起去散步。幼儿排列母鸡散步时经过的地方:院子—池塘—干草堆—磨坊—篱笆—蜜蜂房。教师通过提间加深幼儿对故事的理解和掌握。除了教师在课堂上的回顾引导,家长有必要根据教师提供的故事地图单引导幼儿进行回顾故事。家长可以从主角、情境、主要问题、故事经过、故事结果等角度进行引导。

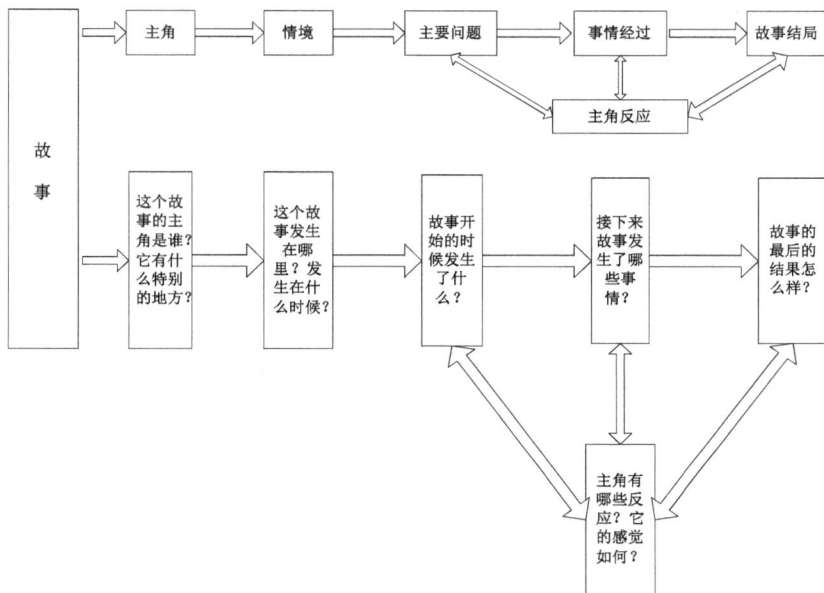

图3-3　故事地图单

③故事复述环节:

每个幼儿都有机会复述故事,但是有些害羞的小朋友不愿意在全班小朋友面前复述,课后老师单独倾听了这些小朋友的复述。这个环节不是检验幼儿的叙事水平,而是让幼儿更好地把握故事结构,更好地讲述故事,提供机会说话。笔者通过分析收集到的录音,从完整性和逻辑性的角度总结出实验班幼儿故事复述的类型有以下几种:

简约型(内容简单,思路比较清晰):

有一天,母鸡萝丝去散步了,一只狐狸跟在它的后面,它在院子里的时候,狐狸想抓它,没抓到。在池塘,也没抓到。然后在草堆,也没有抓到,哈哈……经过磨坊时候,狐狸还被面粉打到了,好好笑。在篱笆墙,狐狸摔了下去。然后还被一群蜜蜂追着跑,太搞笑了。最后也没抓住母鸡。

混乱型(内容杂乱,思路混乱):

母鸡去散步,有一只狐狸在看它。狐狸跳起来了,然后摔倒了。然后又跳起来了,摔到水里了,青蛙被吓着了。有一只羊在这里,母鸡走了。母鸡从门洞里走出来了,狐狸跑到了车上,然后有好多好多蜜蜂,母鸡又走了。

综合型(细节描述多,内容比较充实,思路比较清晰):

母鸡萝丝去散步,我开始讲了。母鸡萝丝在散步,狐狸想抓它。院子里有一个耙子,狐狸踩到了,然后就疼死了。母鸡继续向前走,它到了池塘边,狐狸想抓它,然后掉到了水里,青蛙都看见了。它到了草堆,狐狸又想抓母鸡,一不小心掉到草堆里面了。母鸡又向前走,经过磨坊的时候,面粉的绳子在母鸡的脚上,然后拉了一下,狐狸就被面粉打到了,又没抓到母鸡。真好笑!母鸡穿过了篱笆,是钻过去的,狐狸想爬过去,但是不小心掉到了小推车里。母鸡走过了蜜蜂房,没有一点事,但是狐狸却被蜜蜂围住了,因为它总是想去抓母鸡,都没有抓住。母鸡回家了,故事讲完了。

2. 活动二:《爱吃苹果的鼠小弟》
(1)活动目标

利用图画书进行故事结构教学,引导幼儿讲述故事的主要内容并复述故事。

(2)图画书分析

《爱吃苹果的鼠小弟》讲述的是,可爱的鼠小弟想吃树上的苹果,它观察到小鸟、猴子、大象、长颈鹿、袋鼠和犀牛得到苹果的方法,然后一一模仿,结果每次都失败。鼠小弟既不会飞,也不会爬树,也没有长长的鼻子或脖子,个头小跳不高,也没有那么大力气。看着别人凭着与生俱来的能力一个个拿到了苹果,鼠小弟很着急。正在鼠小弟非常沮丧的时候,海狮来了,它使出了顶球的绝活把鼠小弟抛到树上,两人合作摘到了苹果。本故事的结构和规律:鼠小弟遇到了谁,它就会想模仿谁,运用他们的方法去摘苹果。因此,本图画书中清晰的思路可以让幼儿快速地发现其故事的结构,形成明确的思维过程。

(3)画面分析

简洁的画面,夸张的神态动作,勾画出妙趣横生、情节曲折的故事。鼠小弟为吃到树上的苹果,极力模仿身边的动物。图画书的画面色彩单一却不单调:通过鼠小弟的表情,可以推测出它的心理活动,通过其他动物的动作可以推测出他们是怎么摘到苹果的,通过苹果的数量可以推测出有多少动物等。事实上,图画书的图画比文字隐含的信息更多,这需要幼儿去挖掘,去掌握故事的线索和结构。

(4)教学分析

在整个教学过程中,故事围绕着"鼠小弟遇到了谁? 它会模仿谁? 怎样模仿? 模仿成功了吗? 最后摘到苹果了吗?"这些问题来阅读整本图画书。它们也是该故事的主要结构,后续的内容都是围绕这个框架而发展。在此次活动中,教师要求幼儿理解故事内容和故事的内在顺序以及情节发展。

①故事讲述环节:

出示封面,介绍主角。让幼儿参与图画书的讨论,帮助幼儿尽量挖掘图画中的有效信息,培养幼儿认真、耐心、仔细的品质;让幼儿预测主角心理活动的独白,以培养幼儿的想象力。

师:今天老师带来了一本新的绘本,看看封面上有谁,你认识它吗?

幼:老鼠、树、苹果、一个望着树的老鼠、树叶……

师:有一只长得什么样的老鼠?

幼:小小的。

幼:可爱的。

幼:看着苹果的老鼠。

幼:流口水的老鼠。

幼:矮矮的。

师:观察得真仔细,我们用一个好听的词语来说——又矮又小,所以它的名字叫做鼠小弟。

师:鼠小弟在看什么? 它心里在想些什么呢?

幼:鼠小弟想吃苹果。

师:是的,他想吃苹果,那我们一起来和他去吃苹果吧!

师:可是苹果树又高又大,鼠小弟又矮又小,它能吃到苹果吗? 你有什么办法可以帮帮它?

幼:跳起来,爬上去,飞起来,坐飞机上去,用楼梯……

师:小朋友的脑袋真灵光。就在我们想办法的时候苹果的香味已经飘得很远啦,吹到了森林的每一个角落,你们猜猜会把谁引来呢?

教师引导幼儿进入第一个故事情节内容,并进行合理的设想和预设。

师:飞来了一只小鸟。小鸟拿了一个苹果。小鸟是怎么拿到苹果的?

幼:飞起来摘到的。

师:那老鼠会怎么办?

幼:它也想飞起来。

师:你怎么知道?

幼:我看到它在挥动手。(幼儿观察仔细)

师:它是在模仿谁?

幼:小鸟。

师:真的哦,鼠小弟想"要是我也翅膀……就好了"。鼠小弟有翅膀吗?

幼:没有。

师:鼠小弟成功了?

幼:没有。

幼:它飞不起来,没有翅膀。

师:那怎么办? 就在小老鼠着急想办法的时候,谁来了呢?

后面的故事情节基本相似,小朋友可以猜测到。例如,猴子爬上树摘到苹果,可是鼠小弟小胳膊用力抱住树干,爬呀爬呀,连摇尾巴的力气都用上了都没能摘到苹果。大象用长长的鼻子摘到苹果,鼠小弟将它的鼻子拉得又红有疼,手都酸了,可是仍然碰不到苹果。长颈鹿用长长的脖子摘到了苹果,鼠小弟模仿长颈鹿,使劲伸长脖子,试着摘苹果,脖子都酸了还是够不着苹果。同样,袋鼠、犀牛用与生俱来的能力摘到苹果。幼儿可以习得固定句式:要是我有翅膀……就好了。要是我会爬树……就好了。要是我也有长长的鼻子……就好了。要是我也有长长的脖子……就好了。要是我也能跳得那么高……就好了。要是我也有那么大的力气……就好了。幼儿可以观察到每个动物的长处,并预测到鼠小弟的行为。在教学过程中,幼儿提出了如下的问题:

幼:老师,树上只有三个苹果了,刚刚还有四个。(幼儿留意到苹果数量的递减)

师:那我们继续往下看,还有几个苹果?

幼:只有两个了。

师:小朋友们,谁记得开始有几个苹果?

幼:好多个,反正。

师:那我们一起数一数。

幼:有八个。

师:都被谁拿走了?

幼:鸟、猴子、大象、长颈鹿、袋鼠、犀牛……

师:现在只有两个了,其他都被拿走了,小朋友观察得很仔细,拿一个少一个,那说明我们这本图画书的人物有几个,出现了多少只动物。大家可以思考一下,数数看。

幼:八个苹果,八只小动物。

幼:是的。

②模仿秀环节:

幼儿八人为一组,进行故事人物模仿,自由发挥。小朋友们自由安排角色,模仿老鼠、长颈鹿、犀牛、袋鼠、鸟、猴子、大象、海狮等,并进行对话和讨论。此环节旨在让幼儿进一步了解这些动物的本领。教师不参与幼儿的讨论,只在旁边指导观察。自由讨论结束后:

师:小朋友们,故事里有这么多动物,你想做哪一个呢?为什么呢?

幼:我想做一头大象,因为它有长长的鼻子。

幼:我想做一只猴子,因为它会爬树,很厉害。

幼:我想成为一只鸟,可以自由的飞。

幼:我想做一只海狮,因为它可以帮助鼠小弟。

师:嗯,大家的想法都很好,如果我们像小鸟、大象、长颈鹿一样有本领的时候,请不要忘了看看周围,或许就有一只鼠小弟在等着你帮助呢!

③故事复述环节:

这个故事的情节和结构比较简单,便于幼儿复述。幼儿也可以根据动物的出场顺序、动物的本领、鼠小弟的模仿方式等进行叙述。同时,教师可以列出动物的出场顺序和动物的本领,出示苹果的数量变化,帮助幼儿更好地复述和理解故事。不同幼儿的理解能力、接受能力各不相同,不同幼儿复述过程中语言风格不同,会产生不同的类型。

表演型(语言风格生动、活泼):

有一天,森林里有一只小老鼠(幼儿模仿老鼠的形象),他叫鼠小弟。他想吃苹果,在苹果树下走来走去。它很想吃,怎么办呢(心理活动)。然后远处飞来了一只小鸟,鸟儿飞起来,拿到了一个苹果。鼠小弟想:要是我也有一对翅膀,就好了(幼儿挥动双手)。然后啊(幼儿眼神睁大),又来了一只猴子,猴子爬上了树,摘了一只苹果。鼠小弟又想:要是我会爬树,就好了(幼儿双手上下挥动表示爬的动作)。然后又来了一头大象,有长长的鼻子(幼儿抬手比划),卷走了一个苹果。鼠小弟想:要是我也有长长的鼻子,就好了。之后来了一只长颈鹿,它有长长的脖子,也摘到了一只苹果。鼠小弟把自己的脖子拉啊拉,可是就是不能变长(幼儿使劲伸长脖子)。这时候来了一只犀牛,它用强壮的身体撞了一下苹果树,于是苹果掉了一地。鼠小弟又想:要是我也有强壮的身体就好了。来了一只小海狮。鼠小弟问它:"你能把树上的苹果弄下来吗?"海狮说:"可以,不过需要你的协助。你愿意吗?"鼠小弟点点头。海狮把鼠小弟高高抛起(幼儿拿着球抛,示意),鼠小弟一下子就被海狮抛到了苹果树上,拿到了最后两个苹果。好开心!

可可小朋友的复述很完整,对每个角色复述得很好,而且用了很多形容词,如"强壮的""长长的"等。他在讲述鼠小弟的心理活动时,"要是我也有一对翅膀,就好了"语调抑扬顿挫,面部表情丰富。同时,他使用了"有一天""然后""之后""又""这时候"等时序连词,语句通顺,故事结构完整。此外,他对角色的动作描述都是通过肢体语言来表现,极具表现力。

直叙性(语言风格平淡、表情动作少):

有一只名叫鼠小弟的小老鼠,来到了一棵苹果树下,树上有八个苹果。它想吃苹果,嗯……有一只小鸟飞了过来,拿到了一个苹果。鼠小弟也学着飞,没有成功。之后又来了一只猴子,它爬啊爬啊到树上,也摘到了一个苹果。鼠小弟也学着爬,没有成功。因为它很小。之后,一头大象走了过来,用长长的鼻子吸走了一个苹果,鼠小弟也想学,没有成功。之后,一只长颈鹿走了过来,它有长长的脖子,拿走了一个苹果。鼠小弟也想学,没有成功。嗯……后来,又来了一只犀牛,它力气大,拿到了苹果。最后来了一头海狮,小海狮问鼠小弟:"鼠小弟,你怎么了?""我想吃一个苹果。"小海狮说:"我可以把你抛到树上。"它们就摘到了苹果。

妞妞小朋友以人物出场顺序为主线来复述故事。她把故事中的角色及角色的对话描述得很清楚,但是故事中的细节描述得很少,且只使用了"之后""最后"等少量承接连词。在讲述过程中,她的语调比较单一,没有起伏变化,缺乏表现力和感染力。

3.活动三:《蚂蚁和西瓜》

(1)活动目标

利用图画书进行故事结构教学,引导幼儿讲述故事的主要内容并创编故事。

(2)图画书分析

《蚂蚁和西瓜》讲述的是,一只蚂蚁发现了一块西瓜,找来一群蚂蚁帮忙,它们分工合作,齐心协力,把一块大出它们无数倍的西瓜分割、搬运回家,最后,它们用西瓜皮做了个滑滑梯。虽然图画书里没有重复性的语言,但是故事结构还是比较清晰的,按照事情的起因、经过、结果而展开。教师通过提问和引导幼儿观察图画的方式让幼儿把握故事的脉络。这是一本细节描写很多的图画书,需要幼儿挖掘的细节点很多。

(3)画面分析

《蚂蚁和西瓜》是一本极富趣味性的图画书,漫画似的夸张和简单的线条,让这本书从头至尾都散发出一种轻松、幽默的味道。图画色彩丰富,前后的画面内容具有明显的联系,并且画面形象生动,让幼儿可以尽情地发挥想象力。

(4)教学分析

在幼儿的经验中,蚂蚁和西瓜这两个在体形上有极大区别的物体会发生什么事情?蚂蚁会把西瓜怎么样?最后又会怎么样?这些疑团一直吸引着幼儿的注意力,激发他们的好奇心,使幼儿始终保持着对图书的阅读兴趣。教师引导孩子想象、猜测:一只蚂蚁会怎样把西瓜搬走? 三只蚂蚁如何搬西瓜? 通过这一系列的提问帮助幼儿理解蚂蚁搬西瓜的全过程,并分析故事的起因、经过、结果。故事线索为:发现西瓜—搬西瓜—吃西瓜—玩西瓜。

①故事讲述环节:

发现西瓜:

师:在一个好热的夏天的下午,蚂蚁们发现了一块西瓜。这是一块怎样的西瓜? 它的颜色是什么样的? 它的味道怎样呢?

幼:西瓜红红的,大大的,有好多好多的汁水,像一艘红色的大船……

师:发现西瓜后,它们是怎么做的?(引导幼儿观察)

幼:他们有的向西瓜飞奔过去。

幼:有的高兴得直跳,有的兴奋得直拍手。

……

幼:老师,我看到图上有一家人,肯定是他们没吃完,剩下的。(幼儿的观点)

师:有可能哦,小朋友观察很仔细。

搬西瓜:

师:观察它们的表情,为什么会有这种表情?

幼:惊讶,迫不及待想吃掉。

师:可是这么大的西瓜怎么吃得完呢,怎么办?(引导幼儿想办法)

幼:搬回洞里去。/喊大家一起吃……

师:可是结果如何?

幼:还是没有搬得动。累得不行了。(引导进行合理猜想)

师:分别有几只蚂蚁? 他们怎么了?

幼:一只"嗯"使劲推,西瓜没搬动。/两只蚂蚁"嗨呦! 嗨呦!"/三只"嗨呦! 嗨呦!"/四只"噗"倒下了……

师:它们是怎么做的呢?

幼:回家叫别的蚂蚁一起来。

师:谁回家了?(引导幼儿抓关键点)

幼：戴帽子的头啊，一会儿就来到了蚂蚁的王国。

师：观察有趣的蚂蚁王国里是什么样子？（引导学生挖掘有趣的画面，感受动物世界里的快乐。）

幼：各种各样的食物室、休息室、修鞋室、宝物室、健身房、厨房、牙膏室等。（汇总幼儿回答）

幼：有施工的蚂蚁，有运水的蚂蚁，有烧饭的蚂蚁，有种植的蚂蚁，有锻炼的蚂蚁，有做鞋的蚂蚁……（汇总幼儿回答）

图画书围绕着蚂蚁与西瓜展开论述，画面生动活泼。引导幼儿仔细观察画面，预测故事的发展脉络，把握故事线索，并让幼儿模仿图画书中主角可能说的话，做的事，采用表演的形式，让幼儿融入故事的情节发展之中。如：

大家正各自干着活时，从洞口传来了吆喝声，（幼儿模仿）听到这个好消息，大批的蚂蚁涌出洞口，并喊着快点、快点。急刹车，它们来到了西瓜前，顿时被眼前的美餐惊呆了，不自觉地发出"哇，太棒了！"（幼儿模仿）于是，大家一起行动。（师生配合：一二，嗨哟，一二，加油！）

幼：可是西瓜依然纹丝不动，同学们想个办法吧！

幼：用杠杆翘。

幼：西瓜太大啦，根本翘不动。

幼：一起吃掉好了。

故事的情节简单而有趣。本研究选用这本图画书主要是因为图画之间的内在联系紧密，可深入挖掘的点多，便于幼儿发挥合理的想象进行故事创编。

③故事创编环节：

故事复述是指幼儿用自己的语言把故事讲述出来。故事创编是指幼儿在没有外界帮助的前提下，充分借助自己的想象进行构思，并运用语言编构出完整的故事。本研究对象为大班幼儿，他们已经具备一定的认知能力，在故事讲述方面也有了一定的经验，在听完故事后一般能根据故事情节本身，结合自己的理解，比较完整地把故事内容重新讲述出来，而不只是简单的复述。本研究旨在通过《蚂蚁和西瓜》的故事创编来提高幼儿的叙事能力。笔者选择几个典型的创编案例片段进行分析。

结果创编型：

有一个夏天的下午,蚂蚁们找到了一个大西瓜。它们想把这个大西瓜搬回家里吃,可是这个西瓜很大,怎么搬也搬不动。于是,蚂蚁们就想了一个办法,决定先把西瓜吃掉一半再搬。于是,蚂蚁们就开始吃西瓜,吃掉一半后,它们就把剩下的西瓜留给了小狗吃。小狗开心的不得了!真好吃!

这个幼儿在结尾处刻画出新的角色,使得故事画风突转,有其自己的想法。这或许是受生活经验的影响。

过程创编型：

我们把西瓜搬回家吧,蚂蚁们使劲推。"嗨哟,嗨哟,怎么不动呢。我们去把别的蚂蚁叫过来吧?""不要,不要,我们应该自己想办法。"四只蚂蚁想独吞西瓜。原来是宝宝超人来了,宝宝超人很厉害的,他帮助它们。小蚂蚁们高兴极了。宝宝超人帮它们把西瓜放到了蚂蚁王国,国王赏赐了宝宝超人一半西瓜。大家都很喜欢宝宝超人。

这个幼儿由于对宝宝超人这个人物形象印象深刻,而展开合理想象,让宝宝超人帮助蚂蚁搬西瓜。这使得故事别有一番风味。

4.活动四:《蚯蚓的日记》

(1)活动目标

利用图画书进行故事结构教学,引导幼儿把握日记的五要素。

(2)图画书分析

《蚯蚓的日记》主要是以日记书写的方式,记录和表达了小蚯蚓的观察及思考过程。绘本从小蚯蚓的角度看世界,记录了学校、家庭和朋友之间的生活点滴以及对自我、未来的想法。那一页页惟妙惟肖的图画日记和幽默风趣的语言,仿佛让我们看到了蚯蚓世界以外的一个个活生生的正在经历着成长的孩子。

(3)教学活动

日记的五要素是:时间、地点、人物、事件、结果。这些与口头叙事的要求是吻合的。本研究旨在是让幼儿了解日记的书写形式,之后让幼儿用绘画的方式写日记,再口头表达出来,检验其掌握情况。因此,教师在教学中要引导幼儿掌握图画书的内在线索,而不是强调内容或者词汇的掌握程度。

封面的导入,主要是通过分析封面内容让幼儿大致了解故事的主人公以及预测可能发生的事件,以此来引起幼儿阅读的兴趣,激发想象力。由于这本图画书的文字较多,对于实验班幼儿难度较大,因此,本研究只是侧重于结构的完整性引导,了解清楚大致内容即可。

师:你在图上看到了什么? 蚯蚓在干什么?

幼:蚯蚓在写日记。

幼:拿着大铅笔。

幼:蘑菇桌子。

幼:还有一只红底黑点的瓢虫想偷看日记。

幼:它还坐在瓶盖上。

师:蚯蚓在它的日记里到底写了什么有趣的事情呢? 我们一起来看一看吧!

师:这是蚯蚓的第一篇日记,你们知道这篇日记是蚯蚓什么时候写的吗?

幼:3月20日。

师:原来记日记的时候是要先写上几月几日的。在这一天里,有谁? 发生了什么事?

教师重在引导幼儿了解日记是什么,如何写日记。通过教师的引导,让幼儿学会口头叙述日记的内容。

81

今天蚯蚓教蜘蛛钻地，它也写了一篇自己的日记。时间是3月29日，地点是有土的地方，是在森林里。蚯蚓教蜘蛛钻地，结果是蜘蛛的脚卡住了。

教师通过提问的方式让幼儿了解完整地叙事一件事的过程，通过口头叙述蚯蚓的日记，幼儿能更好地讲述自己的故事，自己的日记。

5.活动五：我们的记忆活动

活动目标：通过日记活动、照片回忆、师幼讨论等，增加幼儿独立叙事机会，培养完整叙事能力。

（1）绘画日记

学习了小蚯蚓的日记，幼儿对日记的书写形式产生了很大的兴趣，也想尝试用图画表达自己的想法，记录自己的日常生活。因此，本研究提供了一个绘画日记的活动，引导幼儿用绘画记录日常生活，并表述画中表达的意思。笔者收集大量的绘画素材，并用录音收集幼儿的语料，分析并关注每一个幼儿的语言发展程度，提供幼儿叙述的机会和条件。幼儿进行绘画描述时，笔者在旁边提出关键性问题，引导幼儿按照顺序叙述事情。主要问题有：什么时候？什么地方？都有谁？发生了什么？目的是培养幼儿养成完整叙事的能力，能条理清晰地把事情完整地讲述出来。笔者收集了几个幼儿的绘画素材（见图3-4），以及他们相应的图画日记的口头讲述以及语言修补（见表3-7）。

| 图画1 | 图画2 | 图画3 | 图画4 | 图画5 |

图3-4　幼儿绘画素材

笔者进行第二次问答目的是，让幼儿在自己原有的基础上修补自己的语言，以便更好地叙述自己的图画。口头上的补充说明，有利于幼儿丰富和充实表达的内容。对照自己的图画，幼儿更有表达和联想的意愿。

表3-7 图画语料

图画	口头讲述	语言修补（润色）
1	下雨天,我们一起去散步,然后公园里有很多花儿	下雨天,我和爸爸妈妈一起去公园散步。虽然下雨,但是花儿还是笑着。很开心
2	一月四日,我和姐姐在家里玩,我在玩滑滑车,姐姐在玩踩高跷,玩得很开心	一月四日,天气忽晴忽雨的,我和姐姐在家里玩。我在玩12号滑滑车,姐姐在玩三层的高跷。我们玩得可开心
3	在晴朗的日子,有五个小苹果一起在外面玩,还有一只小猪也想加入它们的游戏	在有太阳、有彩虹的一天,有四个小苹果手拉手在玩游戏,还有一个小苹果拎着包包,包包里面有糖果。小猪猪也想和它们一起做游戏
4	六一的时候,妈妈带我去海边玩,可好玩了。有帆船,有沙滩。我们还可以游泳。虽然我不会游泳,但是有游泳圈	六一儿童节,妈妈带我去了大梅沙,玩得可开心了。有大海,有帆船,有沙滩,有房子,还有好多鱼和海龟。我和妈妈一起堆了一座城堡,可漂亮了！我们还可以游泳。虽然我不会游泳,但是有游泳圈
5	平安夜,圣诞老人给我们送礼物来了	在满天星星的平安夜,圣诞老人拿着一只袜子,袜子里面有好多好多礼物,是发给小朋友的。小朋友收到礼物可开心了

(2)照片回忆

笔者展示收集到的幼儿参加各种活动的照片,让每个幼儿回忆当时发生的事情,给幼儿表达的机会。同时,用录音笔记录下每个幼儿的回忆实况。

例:春游 在发明家广场,我们和爸爸妈妈一起玩大灰狼的游戏,可开心了！大灰狼来了就要抱在一起,我抱着我妈妈,妈妈抱着我。打雷了,下雨了,天黑了就睡觉,天亮了就起床,起床就把报纸拿开。还买了好多吃的,还有五星红旗,单车跟着后面走……爸爸妈妈排队一起喊:牛顿牛顿,精神振奋,激情澎湃,牛顿不败,斗志昂扬,牛顿最强……(牛顿是当时的班级名称)

该幼儿对事件的描述比较清晰,时间、地点等基本要素齐全。特别是对口号记忆如此清楚,可以推测出押韵的儿歌能让幼儿记忆深刻。这种个人生活叙事,幼儿比较愿意讲,也比较能讲。

例:爱心义卖跳蚤市场　爸爸和我一起卖玩具,其他小朋友来买。还有其他小朋友卖其他玩具,青蛙玩具,娃娃,枪,球,各种各样。然后卖完的玩具的钱捐给外面没有玩具的小朋友,帮助更多的小朋友。参加这个活动很开心。

该幼儿的叙事内容比较简单,丰富性不够。很多幼儿对事情的描述只是从事件的开始直接过渡到事件的结果,叙事的内容缺乏丰富性。此外,通过一段时间的训练,幼儿对叙事的结构和顺序等方面的掌握有所提高。

（3）师幼讨论会

师幼讨论会主要是讨论有关讲故事的知识、故事表演应该注意的问题等。在分享生活经验时,幼儿可以自由地发挥,自由地发表自己的观点和看法。例如:今天可可穿了一件新裙子,是红色的,妞妞觉得是西瓜红,欣宜觉得是像桃子的红,还有人认为是枣子的红色,因此开始展开了有关颜色的讨论,小朋友注意到红色细微的差别。笔者鼓励幼儿发表自己不同的看法,为故事表演者出谋划策。师幼讨论会对幼儿叙事能力的发展和教师素养的提高,都是有帮助的。

6. 活动六:手偶游戏

（1）活动目标

利用手偶表演的形式激发幼儿参与活动,自由表达,自由叙事。

（2）实践过程

手偶表演是把可爱的小手偶套在手上,进行各种表演。手偶表演是富有想象力的、开放式的游戏,能够提高幼儿的语言沟通能力和社交能力。如果幼儿羞于和他人互动,可以通过手偶的角色扮演与其他幼儿认识。如狮子和鲨鱼等手偶,可以帮助小朋友管理不适的情绪,从而帮助他们更好地控制恐惧感和沮丧感。不管幼儿是扮演自己的故事,还是模仿他们最喜爱的书籍里的故事,通过手偶表演来讲故事是发展幼儿语言能力、理解能力、词汇技能的最好方法之一。因此,本研究将采用手偶游戏的方式,帮助实验班幼儿提高叙事能力。在整个实验阶段,本研究开展了三次手偶游戏的活动,此处重点分析手偶游戏《金色的房子》。

《金色的房子》故事情节生动,人物形象丰满,语言富有童趣,且有丰富的动作表现,非常适合大班幼儿讲述。本研究选取了与故事角色形象相对应的手偶,包括:小羊、小鸟、小猴、小狗。教师先完整地讲述故事,再开展师幼讨论会讨论角色分配和扮演的问题。

讨论过程(以幼儿讨论为主,教师为指导):

幼:老师,我觉得我们要五个人一组。(表达想法型)

幼:我们应该会不同动物的叫声,你们说对不对?(征求意见型)

幼:小狗是汪汪汪,小羊是咩咩咩,小鸟是叽叽叽,小猴子是什么?

幼:还有我们应该记得出场顺序。

幼:我知道小狗是第一个。

幼:不是,是小羊。

幼:老师,我觉得这句话太长了,可不可以改一下。(创编型)

幼:老师,我觉得结局可不可以是没有人和小姑娘一起玩,她又不乖。(创编型)

幼:可可,很适合当小姑娘,因为她今天穿了裙子。

幼:这个游戏很有意思,可以玩手偶。

幼:老师,我们的金色的房子在哪里?

师:老师帮你们做好金色的房子,你们看可以吗?

师:金色的房子,红色的墙,绿色的窗,金色的屋顶亮堂堂!

笔者发现幼儿能够勇于表达自己的想法,征求老师的意见,并进行故事的创编。幼儿利用手偶能够很好地讲故事,而不是完全地复述故事。活动过程中,幼儿能够进行很好的交流和讨论,这有助于其叙事能力的提高。在之后的手偶游戏中,幼儿更加愿意参与并融入其中。特别是对于大家熟知的《三只小猪》的故事,幼儿能够很好地运用已有的认知进行合理改编,使得故事更加鲜活。

7.活动七:幼儿表演

活动目标:通过故事表演的形式,让幼儿展现自己的叙事能力。

廖子弘(化名)是一个五岁的男孩,在主班老师眼中是一个语言发展迟缓、吐字不清、不爱说话、不爱参加活动、内向的小朋友。父母都是政府工作人员，因为工作比较忙，他跟着爷爷奶奶一起生活。通过这段时间的故事组织形式训练，从听老师讲故事，到参加活动时乐于说话，到故事表演，子弘小朋友的参与热情越来越高，特别是他在故事表演阶段的表现让老师很惊讶。

在师幼交流会上，子弘会认真听老师介绍关于所选故事需要的材料、提高感染力的方法等有关故事表演的知识，并且积极与幼儿讨论、分享自己的观点。子弘特别善于倾听和寻求帮助，并不是老师认为的一个害羞男孩。例如：他在准备一次表演的时候，要求笔者阅读他精心准备的故事，同时他也会使用一些道具进行动作的表演。下面是他故事表演的实录。

师：子弘，今天是你的故事表演时间，你准备好了吗？

幼：好，我给你讲一个宝宝超人的故事吧。

师：可以的。

幼：他们超级爱吃香蕉糊。

从前有个双胞胎宝宝，一个蓝宝宝一个粉宝宝，他们超级爱爬，超级会哭，超级有劲，而且他们超级爱吃香蕉糊。有一天，有一个捣蛋鬼——淘气的狐狸把他们的香蕉都拿走了，就连宝宝超人的香蕉糊也没放过。狐狸去了很远很远的地方，它哈哈大笑地说："你们永远都找不到那些香蕉糊了。"宝宝超人想要找他们的香蕉了，地图说，"要经过泡泡池，还有大积木，才可以找到大堆香蕉。"宝宝超人坐了超级小推车，带着我们几个一起出发，我们要先找到泡泡池。大来熊挡住了去路，它在睡觉，睡得真香。宝宝超人用超级呼声叫醒大来熊，一起帮忙。超级呼声真管用，大来熊宝宝醒来了，它给我们让路。怎么通过泡泡池呢？宝宝超人知道该怎么做了。他们用了绝招，很快就吹了氢气小船，可以划着小船渡过泡泡池。泡泡池真的有好多泡泡，这些泡泡都是超级大泡泡。他们要使出超级泡泡功，把泡泡刺破。啪啪啪……啪啪啪……泡泡全破了。他们通过了泡泡池，要去找大积木。哪里有大积木呀？没看到啊！宝宝超人用他们的超级千里眼，看到它就藏在石头后面啊。我们要想办法，用这些大积木搭成台阶，大积木太重了，我们都抬不动。咕噜咕噜……宝宝超人抬得动，他们使出超级实力，搭成了超级台阶。怎么还是没看到香蕉呢？飞得越来越高了，终于看到香蕉了。他们现在又累又渴，需要找个奶瓶给他们喝奶了。在哪里找奶瓶呢?没错,背包!背包里面有奶瓶,他们一起大声喊:"背包,背包。"宝宝超人喝了超级多的奶,又可以出发了。这里到处都是香蕉,有走路的大香蕉呢!咦!不会啊,香蕉怎么会走路呢?原来是捣蛋鬼狐狸,大家一起喊:"捣蛋鬼别捣蛋。"还真有用。宝宝超人终于可以吃到香蕉糊了。怎么样?这个宝宝超人的故事不错吧,好吧,讲完了。

长达4分12秒的故事讲述时间,廖子弘的表现让所有的老师感到惊讶。从叙事的长度来说,位于班级整体水平之上。从叙事的结构来说,事情的起因是:捣蛋鬼狐狸拿走了宝宝超人的香蕉糊,事件的经过是:宝宝超人如何历经千辛万苦找到香蕉糊,与捣蛋鬼狐狸斗智斗勇的过程。事件的结果是:宝宝超人终于可以吃到香蕉糊了。该幼儿的叙事情节完整,逻辑性强,内容丰富。从叙事的顺序来说,关联词使用恰当,叙述的故事清楚,有条理。从叙事观点,也即"结论性评价"来看,有开始语、有结语,故事完整。子弘在讲述故事时,特别是在描述宝宝超人历经千辛万苦找到香蕉糊的过程时,语调抑扬顿挫,脸部表情丰富,表现力极强。

五岁的彭俊杰(化名)在老师眼中,是一个过于活泼、不怎么听话的、管不住的老大难。据了解,他的父母都是生意人,有一个大十岁的姐姐,他是家里最小的,属于小霸王类型。父母、爷爷、奶奶都倍加疼爱他,因此性格比较霸道。通过故事组织形式的训练,俊杰能够静下心来听故事,而且也能够给大家表演故事,这是一个可喜的进步。

大家好,我今天要给大家讲一个关于十二生肖的故事。这十二生肖的一本是哪个呢?是兔子的那一本,跟青蛙也有关系。哦,不对,是蛇。从前青蛙不像现在是有腿的,而蛇是有四条腿的。我告诉大家蛇会干什么,这是在说蛇的本领,蛇现在会吃青蛙,而青蛙现在四条腿,蛇没有了,它到底干了什么坏事,我们来听一下吧!我们来听,看你们认不认真?认真了吧。从前啊,蛇就不干活,在自己的洞里休息和玩;而青蛙就要劳动和捉虫。蛇对青蛙说:"你休息一下,我来帮你吧。"青蛙说:"不要。"它干得更起劲了。一个农夫带着一个孩子,孩子问:"爸爸,那个是什么?"爸爸回答道:"是青蛙。大家都很喜欢青蛙,因为青蛙帮助大家捉害虫。"而蛇呢,它天天不干活,天神知道了,就把蛇请上天庭,把蛇的四条腿砍掉了,给了青蛙。蛇过了一个日子又过了一个日子,很孤独地待在洞里,很伤心。而它身上有坏东西时它就把皮脱掉,它觉得很舒服了,就开始干活。天神知道了,就给它当上了生肖,这是给它的奖励。

叙事长度为3分4秒,叙事主题交代得比较清楚。在描述"十二生肖"的故事中,彭俊杰运用了描述性语言(青蛙不像现在是有腿的,而蛇是有四条腿的),角色之间的对话和动作(蛇对青蛙说:"你休息一下,我来帮你吧。"青蛙说:"不要。"它干得更起劲了),复杂的句子结构(设问句:我们来听,看你们认不认真?认真了吧),描写了主角的心里活动(很孤独地待在洞里,很伤心)。他在表演故事时表情夸张,富有感染力,趣味性和幽默性突显,与之前那个调皮好动的彭俊杰截然不同。

笔者通过问卷调查了解到该园的幼儿亲子共读活动很少开展。因此,笔者与园长商量,开展亲子共读的活动。幼儿每周带一本图画书回家,与家长共读。家长讲故事,并与幼儿开展故事讨论,希望能集家长和学校的力量,一起努力,帮助幼儿成为更好的故事讲述者,提高幼儿的叙事能力。笔者也通过电话访谈了解到家长的一些反馈信息。

(六)具体的实践过程:后测阶段

后侧阶段分为两步:第一步采用无字书《青蛙,你在哪里?》进行量性分析幼儿的叙事能力;第二步利用一对一独立自由故事讲述的方式进行质性分析。后测的方法与前测的方法基本保持一致。从两个方面进行分析比较:实验班与对照班的后测情况进行比较分析,实验班的前、后测情况进行比较分析。

1.看图叙事检测结果

表3-8　实验班后测叙事能力得分总体情况(N=30)

	满分(S)	极大值（MAX）	极小值（MIN）	均值（M）	标准差（SD）
情节线索	24	20	4	11.333	5.364
主题事件	36	32	4	19.933	7.939
人物遭遇	24	24	4	14.000	4.425
词汇运用水平	16	12	4	7.733	3.139
叙事能力	100	80	36	53.733	11.200

注:N=样本量。

表3-9 对照班后测叙事能力得分总体情况（N=30）

	满分（S）	极大值（MAX）	极小值（MIN）	均值（M）	标准差（SD）
情节线索	24	12	4	8.000	3.151
主题事件	36	24	4	13.867	6.101
人物遭遇	24	20	0	9.867	5.008
词汇运用水平	16	12	0	5.067	3.777
叙事能力	100	68	16	36.867	10.071

注：N=样本量。

表3-10 幼儿叙事能力标准分数（N=30）

	情节线索	主题事件	人物遭遇	词汇运用水平	叙事能力
总分	24	36	24	16	100
标准分数	14.4	21.8	14.4	9.6	60

注：N=样本量。

比较实验班前测与后测数据可以发现：①幼儿叙事能力的差距变大，后测时幼儿叙事能力的最大值为80，最小值为36，标准差为11.200，这一点是与预想结果不同的。部分幼儿的叙事能力提高很多，部分幼儿并没有什么改变，这是由多种因素导致的。②参照词汇运用水平测试标准分数的确定方法，笔者将测试成绩的60%确定为该项测试的标准分数，则叙事能力测试的标准分数为60。而后测结果平均值为53.733，并未达到标准分数，不过较前测而言已经有较大的提高。

比较实验班与对照班的后测，由表3-8和表3-9可以发现：在故事组织形式活动开展的影响下，实验班幼儿对故事的情节线索叙事、主题事件叙事、人物遭遇叙事、词汇运用水平上相比对照班有了明显的提高。特别是在情节线索叙事方面，实验班幼儿能够很好地把握故事的结构，根据故事的情节线索进行有效的叙事。

①实验班前测中故事的情节线索叙事平均成绩（M=7.733），后测中情节线索叙事平均成绩（M=11.333）。该项的标准分数14.4，表明后测中，幼儿对情节

线索的把握较好。

②实验班前测中故事的主题事件叙事平均成绩(M=12.267)远小于标准分21.8,后测中故事的主题事件叙事平均成绩(M=19.933)。前测中故事的主题事件叙事得分超过21.8的幼儿共有2人,后测中故事的主题事件叙事得分超过21.8的幼儿共有13人,说明前测中大部分幼儿在叙事时对故事中出现的主题事件的叙述较为薄弱,在后测中有所提高,达到标准线的比例在提高。

③实验班后测中故事的人物遭遇叙事平均成绩(M=14.000)和标准分数14.4较为接近。笔者统计得出,后测中主人公遭遇叙事得分超过14.4的幼儿共有22人,也就是说,近半数的幼儿提到了4个或4个以上的主人公遭遇的事件。

④实验班前测中词汇运用水平考察平均成绩(M=4.667),后测中词汇运用水平的平均成绩(M=7.733),距离标准分数9.6都有一定的差距。这说明词汇运用水平的提高并不是一朝一夕能够实现的。

⑤前测中叙事能力得分大于等于60分的只有1人,后测中有10人,尽管平均分仍没有达到标准分,但是已经有了一定的提高。

2.自由叙事检测结果

①叙事结构方面,实验班的前、后测都有明显变化,与对照班相比有所提高。叙事结构主要从摘要、人物时地背景、行动、解决方法、观点、结语六个方面分析。笔者统计了叙事结构的成分在对照班与实验班的60个故事文本中出现的概率,并将实验班前、后测进行比对。

例一:(实验班后测)

摘要:

周末在发明家广场

人物:

我和同学们

行动一:

在七田阳光上课

行动二:

到发明家广场上滑冰,可好玩了

补充说明:

<u>不过,只有下课后我们才能去滑冰</u>

例二:(实验班后测)

场景介绍:

<u>我家里有很大的车……那个车没油,开不出来</u>

解决方法:

<u>要叫人把我的车加油,后来,给他卡就走了</u>

行动:

<u>加油的人就来了,然后挂到车了,刮花了一点点</u>

解决方法:

<u>那个只好赔钱</u>

结语:

<u>没有了</u>

例三:(实验班后测)

人物时地背景:

<u>有一次,姐姐、爸爸一起爬山</u>

<u>那个山很高很高的</u>←补充说明(描述状态)<u>我们爬了很久才爬上去</u>

行动:

<u>我和姐姐走在后面,爸爸走在前面。一直往上走</u>

观点:

<u>感到很累但是也很开心</u>

结束语:

<u>希望下次还能一家人一起爬山! 讲完了</u>

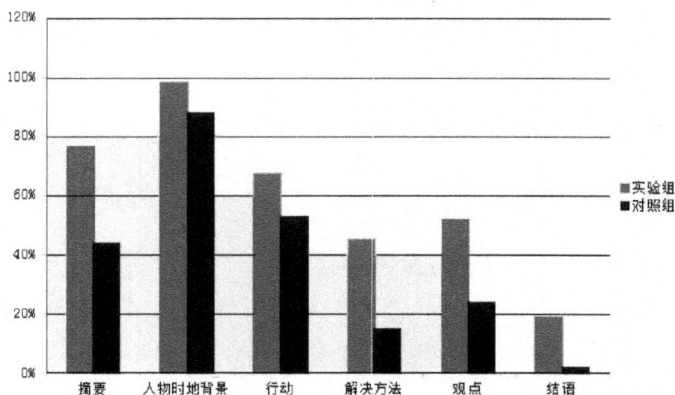

图3-5　实验班与对照班后测叙事结构要素频率统计

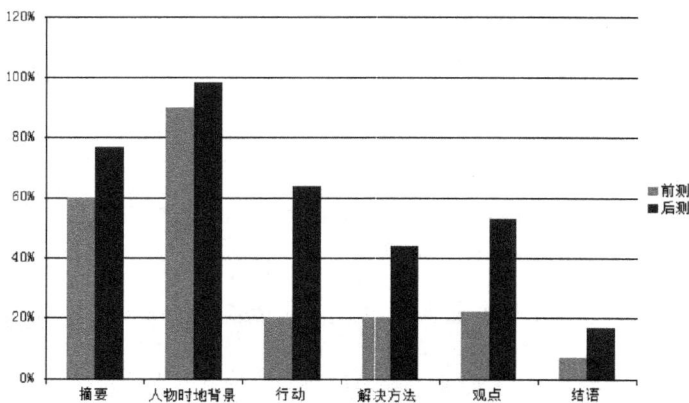

图3-6　实验班前、后测叙事结构要素频率统计

由图3-5和图3-6可得出，实验班幼儿在叙事结构的掌握上较对照班有明显的提高，特别是在解决方法、观点的表述上差别较大。实验班后测比前测在叙事结构各要素的掌握上有所提高，特别是在行动、观点的表述中更自如。

②叙事顺序方面，对照班与实验班差异不大，但实验班前、后测变化较大。从关联词的使用情况来看，笔者通过统计60个文本中出现的时间连词、因果连词、承接连词、情况连词、转折连词的频数（如果一个文本出现多个时间连词，只记一次，其他同理），并深入分析其存在的问题。

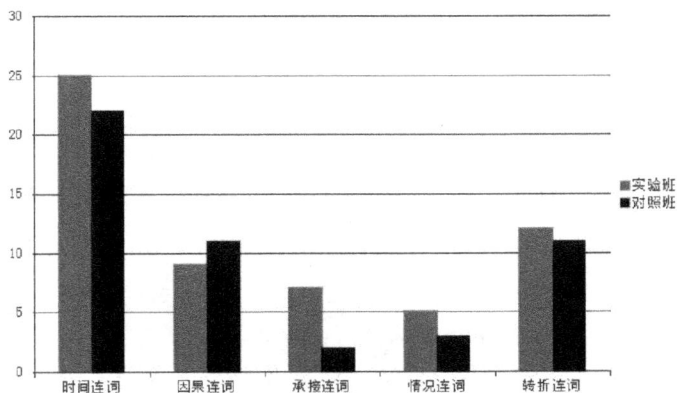

图3-7　实验班与对照班后测叙事顺序连词频率统计

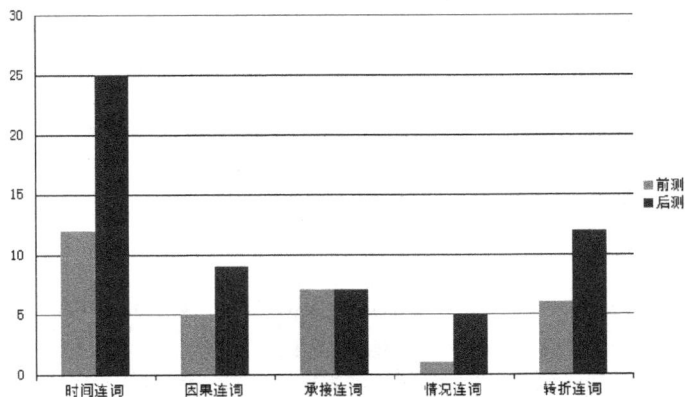

图3-8　实验班前、后测叙事顺序连词频率统计

由图3-7和图3-8可以得知，关联词的使用方面，对照班与实验班的差别并不大，并且基本上能正确运用时间连词，但是承接连词、情况连词使用较少，因果连词和转折连词容易误用，因此造成听者不能理解、逻辑混乱的局面。

例：从前有个小朋友，她非常喜欢吃冰激凌，一天她的妈妈买了一个冰激凌，她吃的时候很好吃，结果就天天都很想吃。可是她妈妈说不可以吃这样多的冰激凌。最后她妈妈跟她说完了，就去做饭了。然后这个小孩就偷偷地吃了一个冰激凌，她妈妈不知道，她晚上老咳嗽，她妈妈摸了她的额头，结果发现她发烧了。原来她是吃了冰激凌，<u>然后</u>她妈妈带她去医院看病了。<u>最后</u>看好了，答应妈妈再也不吃冰激凌了。（实验班幼儿讲述）

例：眼镜兔……眼镜兔……他总是看电视，看成近视眼了，<u>后来</u>他妈妈给他买了一副眼镜。他和朋友一起玩，他跑到山上，<u>后来</u>一只妖怪出来抓他。他的眼镜不知道掉哪里了，找不到了。他以为猫头鹰的眼镜是他的，<u>然后</u>猫头鹰就发火了。他说对不起。后来他拔了老鼠的尾巴，以为是他的眼镜，<u>后来</u>他说对不起。<u>后来</u>找不到了，不知道掉在哪里了。<u>然后</u>他不管了，就回家了，<u>后来</u>他又忘记了，又卧在电视看了，他的眼镜度数又加了，他妈妈又给他买了一副眼镜了。他又跟小朋友去山上玩了，他又忘记他的眼镜掉了一次，<u>后来</u>一只妖怪出来吓他，帮他找了一副眼镜，让他看清楚他是谁。（对照班幼儿讲述）

从两个文本来看，实验班与对照班的两位幼儿使用了大量的关联词，以使故事的内容更有逻辑性，更利于听者理解。但是存在差异的地方是：实验班的幼儿能够恰当运用多种类型的连词，而对照班的幼儿在全文使用了多个承接连词（后来），这使故事缺乏生动性，也会干扰听者对讲述内容的理解。因此，这也提醒成人，讲故事时必须注意叙事的顺序以及连词的正确使用，以提高幼儿的语言感知能力。

③叙事评价方面，实验班幼儿掌握较多的评价性语言，语言丰富性有所提高。从实验班前测中的30个文本分析可得出：仅有3个文本有开始语与结束语，占总人数的10%，形容词、语气词、表达人物感受、情绪的词汇很少，语言缺乏丰富性。实验班后测中有过半数幼儿运用了附加语（开始语与结束语）。在后测中的30个个人生活故事文本中，在表达自己或故事人物的感受和观点方面有16个文本中包含了"观点"这个成分，幼儿会在描述故事时，表达出自己"很害怕""很伤心""开心""难过"的感受。

幼1：我不同意他的观点，我觉得花儿有别的颜色。

幼2：今天妈妈带我去了公园，有彩色的花，很漂亮，但是妈妈说花总会凋谢，感觉还是有一点点难过。不过公园还有卖吃的，在门口可以买玩具。我们玩得很开心。

幼3：有一次我去动物园，有个动物死了，我就很想流眼泪，很伤心。因为动物不会咬人的。我看到老虎死了,还有一个精灵死了。

幼4:有一次我和妈妈去逛超市,然后走散了,我很害怕,找不到妈妈。

(七)研究结果分析

1.相对于单一的组织形式,系统化的故事组织形式更有利于幼儿叙事能力的发展

实验班运用系统化的故事组织形式,开展了工作坊活动(图画书活动、绘画日记活动、照片回忆活动、手偶游戏活动等)、师幼讨论会、幼儿表演等活动,突出听、讲、演相结合,师幼家长相配合。对照班采用的是不干预教学,主要是采用单一的故事组织形式,这种形式缺乏系统性,没有故事组织平台。

从实验班与对照班的数据分析比对可知,实验班幼儿叙事能力明显高于对照班幼儿。因此,采用系统化故事组织形式干预教学能够提高幼儿的叙事能力。

首先,从测评《青蛙,你在哪里?》的故事情节线索、主题事件叙事、人物遭遇叙事以及词汇运用水平方面可以看出,实验班的幼儿基本上能够根据图画线索,叙事故事情节,从故事起因、经过、结果进行叙事。而对照班的幼儿在后测中基本上没有进步,只是个别幼儿有略微提高,这可能是多方面因素造成的。实验班的幼儿在后测中各项要素的均值基本可以达到标准分数,然而对照班的各项要素的均值与标准分数还有一定的差距。除此之外,实验班的幼儿基本上可以根据图画书讲出故事的大致内容。而对照班的部分幼儿不能读懂图画书,不能准确地找到图画书中的线索,根据线索进行叙事。

例:有一天,小男孩和他的小狗发现瓶子里的青蛙不见了,原来是青蛙从瓶子里逃走了。这个小男孩很难过,准备出去寻找青蛙。小男孩大喊:"青蛙,你在哪里?"到处找来找去,往靴子里看,没找到。这时小狗跑到旁边,头伸进瓶子里边,也没有看到青蛙。小男孩带着小狗就跑出屋子来,然后它就从窗户里面爬了出来,一把抱住了小狗,小狗用舌头舔着他的脸。小男孩就出去喊:"青蛙,你在哪里?"小狗也跟着喊。小狗在赶走蜜蜂。这时候啊,小男孩就朝地洞里面喊:"小青蛙,你在里面吗?"结果小狗就想摘蜜蜂窝,蜜蜂都飞了出来,小男孩捂住了鼻子,不让马蜂飞到他鼻孔里面去。然后马蜂窝就掉下来了,小狗往地上一看,马蜂出来了……(实验班幼儿讲述)

例:有一男孩,还有一条狗,有一只青蛙在瓶子里,准备跳出来。男孩找东西,然后出门去找,也没有找到。有蜜蜂窝,蜜蜂都飞了出来,男孩不知道怎么办。会蛰他们吧,然后有一棵大树……(对照班幼儿讲述)

对照班的该幼儿基本上没有找到故事开始的问题:青蛙不见了;另外,故事细节描写较少,故事内容不丰富。画面中男孩的动作、小狗的动作以及男孩和小狗的对话等都没有说出来,就使得这样的故事显得比较单调和乏味。

其次,从实验班自由叙事的前、后测中可以发现,叙事长度有了明显的变化,如下表所示:

表3-11　实验班部分幼儿叙事内容摘要表

讲述者(男)	(前测)时长	(前测)主要内容	(后测)时长	(后测)主要内容
李子健	45秒	滑冰	1分24秒	巧虎的故事
刘艺添	1分15秒	帮妈妈买菜	2分20秒	深圳游玩
曹树业	28秒	溜冰	1分02秒	游乐园
李享成	15秒	小游戏	52秒	过生日
彭俊杰	48秒	动物园游玩	2分38秒	彼得兔
李培民	56秒	小金鱼	2分21秒	喜欢大的国王
蒋谨瑜	59秒	超能陆战队	2分02秒	捉迷藏
谢铭宇	17秒	海边玩	52秒	四季
徐爱瑞	20秒	全民突击	1分02秒	养鱼
刘瑞祥	1分02秒	汽车加油	2分41秒	游泳
徐学文	2分07秒	眼睛兔	2分55秒	海底世界
谷致坤	34秒	爬山	48秒	公园
廖子弘	44秒	熊出没	3分22秒	超人
郭辉祥	39秒	砍树	1分08秒	司马光
刘轩	23秒	玩玩具	1分42秒	去游乐场

注:表格中幼儿的名字均为化名。

从表3-11中可以看出,实验班前测中幼儿的叙事时长偏短,后测中叙事时长比前测长。大部分幼儿都能够完整地讲述个人生活事件或者想象事件。时长的增加说明了一是幼儿更愿意说,二是幼儿更会说了。这也说明了系统化故事组织形式活动的开展对幼儿叙事能力的提高发挥了很大的作用。

2.故事结构教学及故事地图单能明显提高幼儿叙事的完整性

笔者发现,通过故事结构教学和故事地图单的引导,幼儿能够更好地掌握故事的大致内容并复述出来。教师在开展活动时侧重于对故事结构的引导。例如,在实验阶段,在《母鸡萝丝去散步》中引导幼儿挖掘线索,预测事件的发展趋势;在《爱吃苹果的鼠小弟》中引导幼儿发现故事的内在结构,进行故事复述;在《蚯蚓的日记》中引导幼儿把握日记的要素,并让幼儿绘画日记以加深其对故事结构的掌握。在幼儿自由叙事检测阶段,也可以明显地看出前、后测的变化。例如:

幼:我家里有个小金鱼,我天天给它灌水。我家里有个小蘑菇,我天天给它灌水。我的小金鱼天天喂它吃米,都有点长胖了。我的小金鱼是红色的,我的小蘑菇现在只长出了一点点,我的小蘑菇到时候长出了拔掉它还会长。我们会吃的,外面拔掉还会长的。(李培民前测)

幼:从前有个国王,他特别喜欢大,他的皇冠也很大,他的床比谁都要高,他的牙刷像梯子那样高,他用像游泳池一样大的地方洗脸,他用像院子那样大的毛巾擦,他喜欢很大很大的餐具,他用很大很大的闹钟,第一次听到就吓坏了。他的午餐只是一个小苹果,国王的餐具像锯子那样大,叉子又粗又大,像一个又粗又壮的手臂。要是有一个超大的巧克力就好了。一天过去了,一个星期过去了。国王吃了巧克力,就长了蛀牙。用了很大很大的钳子拔很小很小的牙齿。一天,国王把这个大钳子做成一个鸟笼。鸟笼的缝太大了,鸟儿都飞走了。国王很不高兴,又做了一个鸟笼。(李培民后测)

从叙事内容上来看,该幼儿在前测中所讲述的是家里的小金鱼和小蘑菇,没有明显的主题,没有前因和后果,属于漫谈;而后测中讲述的是喜欢大的国王,主题鲜明,连词的使用使得故事更连贯,形容词、修辞手法的运用使得人物形象更鲜明。

同时,这也是一个家校合作完成的项目,需要家长和教师的共同努力,才能更好地帮助幼儿发展叙事能力。家长在家里给幼儿讲故事时,要侧重从故事结构的角度提出问题,帮助幼儿理解故事内容,逐步引导幼儿学习故事的要素:主角、情景、主要问题、故事的经过、故事的结果、主角的反应等。另外,家长要善于利用故事地图单,引导幼儿完整地叙事。通过家长反馈的信息可知,经过一段时间的实践,幼儿基本上能够通过家长的引导复述故事,并且能够运用自己所掌握的词汇去叙事。尽管在内容的丰富性上和修辞手法的运用上还存在一定的缺陷,但在叙事的完整性上做得都很好。

3.富有逻辑性的提问与开放性的讨论相结合,能显著提高幼儿叙事内容的丰富性

从实验结果可以看出,无论是在自由叙事还是在看图叙事的检测中,幼儿的叙事观点、词汇运用方面都是比较薄弱的,也就是说幼儿在叙事内容的丰富性上还有提升空间。因此,实验班在实验阶段开展了师幼互动、故事讨论等活动。

从实验结果可以看出,不同的提问方式会对幼儿产生不同的影响。合理正确、合乎逻辑的提问方式对幼儿的指引作用较大,而不合理不准确、不合乎逻辑的提问方式往往会影响幼儿的思考方式。因此,教师在提问时要注意潜在的逻辑关系。例如,在《母鸡萝丝去散步》中,如果教师想引导幼儿观察钉耙,可以提问:"如果没有抓到,是什么让母鸡逃离了危险? 我们观察一下图片,院子里有什么工具可以帮助它?"这样一步一步引导幼儿发现问题,找到答案。这种提问方式更具体、更恰当。教师合乎逻辑的提问方式能更好地指引幼儿发现故事线索,顺着线索,摸清脉络,理解故事。

教师向幼儿讲述故事时,要善于采用故事结构的教学法,教师富有逻辑性的故事讲述,能够让幼儿的注意力更为集中。实验结果表明,实验班的幼儿听故事的认真程度远高于对照班的幼儿。实验班的幼儿习惯于通过教师的引导探知故事的发展,因而听故事时很专注。

在故事讨论活动中,必须加强故事讨论过程中问题的开放性,让幼儿融入其中。例如,在轩轩的故事表演讨论会中,农场主让动物们起床后,笔者问道:"动物们做了什么?"这个问题指出了故事随后的情节要与之前的情节相联系。一般情况下,四五岁的孩子能够对故事中的事件进行排序,向听者说明他们对这些情节的感受(评估),提供一些方位性的及描述性的细节(例如:故事发生在哪里,小动物心里会怎么想,会有什么样的表情等),并且开始形成初步的故事情节。开放性的问题把幼儿的注意力集中到故事讲述的重点部分上。问"接下来会发生什么?"是为了强调故事发展的连续性,问"对此你有什么看法?"是强调评估,问"这是发生在哪?"强调地点方位,问"故事中有出现困难吗?"是指向故事情节可能发展的方向。让幼儿根据可以预测的信息找到答案,并深入其境,发挥想象,尽情叙说自己的想法和观点,这有利于提高其叙事内容的丰富性。后测中实验班的幼儿在观点阐述以及词汇运用上有了一定的提高。在前测中,孩子们的叙事中只有21%的叙事涉及叙事观点,在后测中,这个比例提升到57%。这验证了笔者的假设:富有逻辑性的提问与开放性的讨论相结合,能提高幼儿叙事内容的丰富性。

4. 提供大量的机会让幼儿参与故事活动有利于其社会性发展

提供大量的机会让幼儿独自讲故事,表演故事,不仅能提高幼儿的叙事能力,而且能促进幼儿的社会性发展。笔者发现前、后测中实验班的三位小朋友变化较大。以下是其中一位小朋友看图叙事的前、后测得分情况以及自由叙事前、后测的故事摘要对比情况。

表3-12　廖子弘前、后测叙事能力得分情况

	情节	主题	遭遇	词汇运用	叙事能力
前侧	8	16	12	4	40
后侧	16	24	12	12	64
标准分数	14.4	21.8	14.4	9.6	60

前测:熊大熊二和光头强。光头强是砍树,熊二最喜欢吃蜂蜜,熊大也喜欢吃。光头强总是砍树,所以熊大熊二总是打他……我晚上洗完澡,看一下电视,刷完牙,喝奶粉睡觉。白天也是刷一下牙齿,洗一把脸,喝奶粉,然后玩球。

后测:我给你讲一个超人队的故事吧,有火战队、天战队、梦战队、地战队……六个战队,还有可怕的怪兽。因为有怪兽要破坏星球,超人战队是负责保护星球的。六个战队各有各的本领。今天我讲一个小故事。有一次,怪兽把很多人吸进机器里面,人类都被吸进去了。超人队准备营救大家。他们准备怎么办呢?原来啊,要打破这些机器才能得救。可是这些机器都很厉害,怎么打败它们呢?这可难不倒超人队,他们有六个战队,六个战队可以合体,可厉害了。把机器打烂了,这下可气坏了怪兽。怪兽使出绝招,超人们都不怕。最后都能打败,怪物都会回到黑洞。人类都被救出来了。我的故事讲完了。

通过平日的观察及与教师的访谈,笔者了解到:廖子弘小朋友是内向的孩子,很少和其他小朋友交流,经常独自一个人坐在角落里。主班老师认为他是

一个语言发展水平偏低的幼儿。在这段时间,大量的故事讲述与故事表演让廖子弘变得更为开朗,更愿意与幼儿交往了。笔者发现,他并不是语言发展水平低,而是不愿意说话,不想与他人交流。从得分情况可知:廖子弘的后测分数基本上达到了标准分数。从词汇运用、叙事结构、叙事语气等方面可以发现其内在的变化,他能够比较完整的讲述故事的背景、起因、经过、结果等,并且能够正确使用附加语。

笔者从亲子共读活动以及家长访谈中发现:在活动方式上,有些家长通过讨论的方式与幼儿交流故事内容,有些家长是一味地讲述,不理会幼儿的反应;在活动内容上,有些家长是读自己喜欢的书,有些家长是尊重幼儿的想法,读幼儿喜欢的书。不同的活动方式和内容对幼儿产生的影响不同。笔者发现,采用讨论式的家长,其幼儿大多爱说话,爱表达,爱发表自己的观点;采用只读式的家长,其幼儿爱听故事,能静心听老师讲话,但不善于交流。家长爱读自己喜欢的书,把自己对书的喜爱之情融入其中,幼儿也会被感染;家长爱读幼儿喜欢的书,这会提高幼儿的兴趣,让其很乐意听故事并与家长探讨故事情节。这些都有利于幼儿叙事能力的提高。例如,妞妞是一个不爱说话的孩子,通过亲子共读的活动,妞妞和妈妈一起讨论图画书,一起探索故事线索。现在的妞妞也喜欢与别人交流,比之前开朗了许多。

5.关注幼儿的兴趣和反应,有利于吸引幼儿融入故事中

幼儿的反应状况可使教师了解活动被接纳的程度,便于教师更好地开展教学活动。教师通过观察幼儿的神态表情,调整教学方式,吸引幼儿关注故事的情节发展,让幼儿融入故事情节中。研究发现,教师越是关注幼儿的反应,越是能把故事讲得精彩。同时,故事活动开展得更加顺利,更多的幼儿愿意参与其中。幼儿愿意开口说话,是幼儿能讲精彩故事的第一步。作为引导者,关注幼儿的变化和反应是十分有必要的。

笔者发现,在实验阶段,女生偏爱较为温馨的故事内容,男生偏爱较为幽默、刺激的故事情节。在故事表演阶段,男生在动作、神态方面表现力强,女生在语言修饰上表现较好。不同的幼儿对于故事的关注点不同,有的幼儿关注故事的笑点,有的幼儿关注故事的人物特征,有的幼儿关注故事的结果。因此,教师必须关注不同幼儿的差异性,关注幼儿的兴趣和反应,才能更好地因材施教,让幼儿真正地融入故事中。

6.构建教师、幼儿、家长相结合的故事平台是十分必要的

(1)通过构建故事平台,给幼儿展现自我的舞台

这种方式可以是听故事,可以是讲故事,也可以是演故事。讲述的内容不限,可以是日常生活小事,也可以是神话故事;可以是故事改编,也可以是故事复述。构建故事平台主要是构建一个学习团体,让孩子有归属感,有团体意识,集中孩子的注意力,建立活动兴奋点,维持孩子的兴趣。

在实验阶段,本研究建立了这样一个平台让幼儿去展现自己:幼儿表达自己想法的讨论会,展现自己魅力的故事表演,以及好玩有趣的手偶游戏。尽管实验阶段的提高效果在分值上体现不明显,但是在日常表现上,笔者发现内向的幼儿更愿意表达了,外向的幼儿学会了更好地表演故事,大部分幼儿都乐意参加故事活动,这就是最好的效果。在幼儿家长的帮助下,部分幼儿也有很大的改变。由此可见,平台构建的作用不容小觑。在教学实践中,教师可以利用现代化教育技术,改进故事平台的运行方式,开发手机软件,让幼儿把自己讲述的故事上传分享等。

(2)采用家长—教师—幼儿相结合的小团体的方式开展故事活动

家长—教师—幼儿相结合的小团体的方式开展故事活动,包括师与幼、幼与幼的园内活动以及家长与幼儿的园外活动等。师与幼、幼与幼的园内活动前文已详细叙述,在此不再赘述。

在园外,应该给幼儿更多独立表达的机会。同时,家长要注意孩子在讲述故事时仪态要自然大方,语言要简洁明了。另外,家长可以让幼儿参与家庭问题讨论。例如,家长在晚餐时间讨论家庭事务时,让幼儿参与其中,通过引导性的问题,让幼儿表述自己的观点,这不仅可以调动幼儿说话的积极性,而且可以提高其叙事能力。

通过园内、园外的相互配合,家长—教师—幼儿相结合的小团体,以及听、讲、演相结合的方式,形成学习的共同体,这对幼儿的叙事能力发展十分有利。当然幼儿的家长也需提高自身的故事引导能力,掌握故事地图单,并合理地运用才能更有效地帮助幼儿提高其叙事能力。

(八)相关问题的讨论

1.如何避免把叙事活动变成谈话活动,从而影响教学目的的达成

谈话活动是一种有目的、有计划的组织幼儿学习语言的教育活动,旨在创

造一个良好的语言环境,帮助幼儿学会倾听别人谈话,围绕一定的话题进行谈话,习得与别人交流的方式与规则,培养与人交往的能力。谈话活动一般是一对一的交流与对话,强调的是帮助幼儿习得与别人交流的方式与规则。叙事是指说话者把一系列现实的或虚构的事件以发生的次序关联起来的话语,强调的是叙事的故事必须有一系列按时间顺序发生的事件。因此,如果只抓住了某个事件的一个瞬间,却看不到任何事件发生的顺序,就不是叙事。叙事活动的开展关注的是故事的连贯性、顺序性和完整性。那么,如何避免把叙事活动变成谈话活动,从而影响教学目的的达成呢?

本研究虽然采用了对话的形式,可是侧重点在于引导幼儿把握故事的时间、地点、人物、起因、经过、结果等要素,重在构建故事的框架,以便更好地叙事,并且在故事活动后期,要求幼儿独立复述故事、独立创编故事等。特别是在故事地图单以及故事结构教学的运用上,家长与学校的配合帮助幼儿完成对故事地图单的掌握,引导幼儿根据故事地图单叙述故事。这些都是让幼儿掌握独立叙事的能力,而不是简单的一对一问答。因此,本研究中采用的故事组织活动形式不同于传统的谈话活动,并没有把叙事活动当成单一的谈话活动,是以提高叙事能力为教学目的的。

2. 强调故事结构的完整性是否会影响幼儿想象力的发挥

本次研究中一直强调故事结构的完整性,这种方式是否会影响幼儿想象力的发挥呢?重视逻辑性、顺序性是否等于扼杀天马行空的想象力?

想象力是智力的构成因素之一,是创造新形象的能力。想象力是智力活动的翅膀,是创造的先导。培养幼儿想象力的方法有:创造有利环境,丰富幼儿的感性知识和经验,多积累表象,为想象提供条件;幼儿的想象必须以感性经验为基础,以表象为条件;利用艺术作品激发幼儿的想象,让幼儿参加艺术活动,发展其创造性能力;多开展游戏,让幼儿以玩具、各种游戏材料代替真实物品,想象故事情节,促进想象发展;提供问题情景,让幼儿想象事物的具体情况及解决问题的方法。

本研究一直是以开放性的提问方式引导幼儿预测故事的发展以及故事情节的设置,通过类似的情节推测出故事的发展动向。例如在《爱吃苹果的鼠小弟》中,每一个动物的出场都有一定的规律可循,鼠小弟的想法也基本一致,想模仿其他动物却还是摘不到苹果。因此,幼儿在观察第一环节流程后,能够通过想象预测之后的情节。想象不是凭空而来的,观察是丰富信息、激发想象的来源。教学过程中的故事动物模仿秀活动可以让幼儿更好地发挥想象力。这种观察能力和预测能力有利于幼儿想象力的发挥。同时,在手偶游戏与故事表演阶段,研究者以游戏材料代替真实的物品,以自我想象为主导,让幼儿更好地进行故事讲述。因此,本研究中一直强调故事结构的完整性,并不会影响幼儿想象力的发挥。

第四章　图画书不同教学关注点及其效果的比较研究

　　阅读是阅读主体对读物的认知、理解、吸收和应用的复杂的心智过程,是现代文明社会人们不可或缺的智能活动,是人们从事学习的最重要的途径和手段之一。早期阅读是开启幼儿智慧的钥匙,是学前语言教育的重要方面。对幼儿进行早期阅读能力的培养,能够增强其理解能力和认知能力,而且在某种程度上能够增强其文学素养。良好的阅读能力是成为一名优秀阅读者的基础。幼儿早期阅读能力的培养以及获得是一个循序渐进的过程。

　　幼儿早期阅读的主要材料是图画书。图画书以图文并茂、色彩明亮等特点备受幼儿青睐。另外,图画书中蕴含丰富的教育价值,越来越多的幼儿园教师将图画书教学作为语言教育活动的主要材料。然而在实施图画书教学时,教师存在这样的困惑:图画书教学应该关注什么? 文献研究发现,教师或研究者关注较多的是图画书的语言价值、道德价值及艺术价值,而较少关注幼儿阅读能力的培养。因此,本研究从阅读兴趣、阅读能力及想象力三个方面,比较关注阅读能力的图画书教学与关注图画、主题认知的图画书教学之间的教学效果。

一、图画书在幼儿早期阅读中的地位及作用

(一)图画书的地位

　　早期阅读对幼儿阅读能力的发展意义重大,重视培养幼儿的阅读能力成为家庭和学校教育的主流趋势之一。而阅读材料作为促进幼儿阅读能力发展的物质载体,其重要性不言而喻。贺红等认为:"凡是摄入儿童眼中的各种动态和静态的、带有文字、符号的视觉信息均可以作为早期阅读的材料"①。例如,儿童启蒙读物、思想品德教育读物、科普读物、插画书、儿童画报、儿童图画书、儿童

---

　　① 贺红,蒋蕙.多元化早期阅读材料的研究[J].学前教育研究,2005(2):33.

文学读物等。

万荃双曾根据阅读材料中图画和文字的比例关系将阅读材料的表现形式分为四种:全部以图画展示,即没有任何文字;以图画为主,即文字只占小部分,若去除文字仍然可以根据图画的前后联系理解故事;图文各半,即图画和文字的比例各占一半;大量的文字,少量的图画,图画之间没有任何关系,删除图画也不影响作品的完整性。研究者对3~4岁、4~5岁、5~6岁三个年龄段幼儿的自主阅读材料的选择进行统计,结果发现大多数幼儿都是选择以图画为主的阅读材料,图文各半的阅读材料受欢迎程度次之,而单纯以图画或以文字为主要表现形式的阅读材料不太受到幼儿的关注[①]。该项研究还发现,针对不同类型的阅读材料,幼儿更喜欢选择文学故事类的阅读材料,其次是科普类、趣味游戏类等阅读材料。总的来说,从幼儿对阅读材料的类型及形式选择来看,幼儿更喜欢图画为主、文字为辅的故事类阅读材料,而图画书的特点正符合了这一标准。因此图画书是幼儿早期阅读的主要材料。

(二)图画书的作用

1.图画书有利于激发幼儿的阅读兴趣

图画书,英文为"Picture Book",台湾和日本称为"绘本"。图画书是用图画和文字共同叙述一个完整的故事,是图文合奏。它是通过图画与文字这两种媒介在两个不同的层面上交织、互动来诉说故事的一门艺术[②]。日本"绘本之父"松居直用公式形象地表示插画书与图画书的区别:文+图=有插画的书,文×图=图画书。图画只是对文章进行补充和说明的书,不能称为图画书。从装订结构来看,图画书包括封面、环衬、扉页、正文与封底五个部分,每一部分都会影响读者对故事的理解。从故事结构来看,图画书的逻辑性比较强,画面与文字共同为读者讲述风趣幽默的故事。

图画书是一门视觉化的综合艺术,画面丰富,具有感染力。图画通常占据较大比例,具有赏心悦目的特点。可以说图画书天然契合幼儿的需要,易激发幼儿的阅读兴趣。

---

①万荃双.3~6岁幼儿在园自主阅读材料选择的研究[D].长沙:湖南师范大学,2011.
②彭懿.世界图画书 阅读与经典[M].南宁:接力出版社,2011:7.

2.图画书有利于提高幼儿的语言理解能力

图画书要用画面来说话，它非常强调画面的连贯性。一本好的图画书，即使孩子不识字，仅是靠"读"画面，应该也可以读出个大意①。具体形象思维是学前儿童最典型的思维方式。图画书的图画生动形象，色彩鲜艳，造型鲜明，这为学前儿童提供了便于理解的基础。同时，图画书不同于带插图的幼儿故事。图画书里的图画，是故事的主体，是故事内容的外在表现形式，具有表情达意的功能。幼儿阅读图画书的过程，实际上是通过阅读这种特殊的绘画语言，大致把握故事情节、明白故事主题的过程。通过翻阅连贯性的画面，幼儿可以在不识字的情况下自己进行图画书的"看读"。

图画书通过图画和文字共同叙述一个连贯完整的故事（也包括无字图画书），画面和文字不是独立的，而是相互依赖，共同讲述具有内在逻辑性的故事。这样的形式使文字具有"可视感"，表达直观生动，易于幼儿理解。

3.图画书有利于培养幼儿的道德情感

陆娟娟在《绘本教学之我见》中指出，绘本教学中渗透的情感教育、道德教育是教育的有效载体。郑慧俐让5～6岁的幼儿集体阅读《爱心树》和《三只小猪的真实故事》两本图画书，以定量和定性相结合的方法来研究幼儿在图画书阅读中的道德判断特点。研究表明，幼儿的道德判断具有表面化、感性化、生活化、归因方式单一化等特点，幼儿之所以形成如此判断，主要是受图画书角色特征和主题特点、阅读过程中的情感体验、个体本身的道德认知发展水平以及性别的影响。这也是幼儿道德判断的真实特征和对图画书阅读的真实反应。因此，图画书可以引导幼儿进行道德判断，培养优良的道德品质。

二、图画书不同的教学关注点

随着图画书的普及和应用，它已成为幼儿园集体教学中幼儿早期阅读的重要载体。但是在教学中，教师的关注点却有很大不同。

（一）强调认知目标的图画书教学

图画书教学中的认知目标包括：句式训练、语言表达、掌握词汇、理解故事

---

① 彭懿.阅读与经典[M].南宁:接力出版社,2012:7.

内容等。大部分教师都会注重语言教学中的认知目标,并为了达到认知目标而仔细研读图画书,精心设计教学活动,将语言技能训练贯穿其中。这是因为图画书在语言表达上有一定的规律可循,如《猜猜我有多爱你》中重要的表达方式是"我的手臂举得有多高,我就有多爱你……";《逃家小兔》中主要的语言句式是"如果你变成……我就变成……"。因此,教师比较容易把语言句式的训练作为重点。例如,制定目标:尝试用"如果你变成……我就变成……"的句式大胆表现,并以此展开想象,创作对话。

为了达到认知目标,在教学过程中,教师会通过逐页解读和提问的方式引导幼儿阅读。例如,在《逃家小兔》语言教学活动中,教师在每读完一页故事内容后就会提问"兔妈妈变成了什么? 小兔子又变成了什么?",让幼儿用"如果你变成……我就变成……"完整地表达。因此,从目标制定和教学过程来看,教师在进行图画书教学活动中有明确的认知目标,即通过优美的语句和精炼的文字对幼儿进行语言训练。

(二)强调兴趣至上的图画书教学

一些研究者和教师认为,幼儿的阅读能力是在阅读体验的基础之上丰富起来的,对幼儿进行阅读策略和技能的教学会降低幼儿的阅读兴趣。支持这类观点的研究者被称为"文学派"。文学派强调,幼儿在图画书阅读中应与温暖、亲密和愉快的感觉相联系,阅读能力的正向感觉也就同时被建立起来。反之,如果阅读带给幼儿的印象是"学习阅读是一件困难和复杂的任务,只会导致繁重的工作",那么幼儿或许会畏惧阅读,表现出对阅读的抗拒,并且不在课外进行任何阅读活动。凯兹定义了幼儿教育发展的四个基础:知识、技能、性格和感觉。文学派认为,阅读的知识和技巧只是幼儿阅读中很少可见的一部分,而性格和感觉才是更加重要的部分。只强调知识和技巧,而排除了性格和感觉,会产生不爱阅读的幼儿。也就是说,它造成了指导如何阅读却拒绝阅读的学习者。这种观点并不否认图画书的阅读价值,他们认为幼儿通过对图画书多次阅读来潜移默化地提高阅读能力。但是,这种观点的重心是强调幼儿在阅读过程中的情感体验,而不是自觉地对阅读过程本身的反思。

持这种观点的教师在实施图画书教学时更多的是将幼儿的阅读兴趣放在首位,忽略教学方式的选择和教学效果的评价。以幼儿喜欢的画面、内容或感兴趣的问题展开教学,教学目标往往不清晰。他们认为只要幼儿的积极性高,互动活跃,活动氛围愉快,教学效果就好,而忽视了乐趣之外的图画书教学效果的思考。

(三)强调阅读技能的图画书教学

《纲要》中指出:"利用图书绘画和其他方式,引发幼儿对书籍、阅读和书写的兴趣,培养前阅读和前书写技能。"因此,许多研究者将发展幼儿读写能力作为早期阅读活动中的一项重要指标。支持这类观点的研究者被称为"读写派"。读写派认为,幼儿在阅读中应具备三种核心能力:口头语言与书面语言对应的能力、书面语言的视觉感知辨别能力、成为流畅阅读者的策略预备能力和写作策略预备能力。他们认为,阅读具有内隐性和自我发展性,其中自我发展性是指幼儿在大量阅读适宜的阅读材料之后,会模仿成人和积累丰富的感性经验,发展其一系列的阅读准备策略,如提问、质疑、假设、总结等。幼儿并不能主动地意识到这些策略对自己阅读理解的帮助,也并不总是能主动运用这些策略去协助自己理解,但丰富的阅读体验可以让他们的这类行为增加,并成为日后进行正式读写学习的基础。在幼儿园中,教师以上课的形式,通过教师示范、幼儿讨论、幼儿练习、教师指导等方法,不仅为幼儿提供丰富的阅读经验,而且向幼儿提供成人和经验丰富的同伴的阅读示范,以便他们逐步发展起内部的阅读动机、阅读准备策略。

从幼儿园教学的实践活动以及相关的图画书教学研究中不难发现,对于图画书教学中的定位或方向,可谓仁者见仁智者见智。有的重视认知方面的发展,强调每一本图画书应能让幼儿获得新知识;有的重视情感方面的引导,强调幼儿在图画书阅读中的情感体验及道德判断;有的重视技能方面的培养,强调幼儿通过教学习得相关的阅读技巧,如观察画面、情节预测等。在这些不同的关注点中,主要的是关注阅读能力与关注阅读兴趣之间的分歧。

三、图画书不同教学关注点及其效果的比较研究

目前,幼儿园教师对图画书教学活动理解的不同造成图画书教学有不同的关注点。单纯强调趣味而忽视幼儿阅读心理的建构有可能错失培养幼儿阅读

能力的教育机会,强调阅读本身的理解过程有可能破坏幼儿的阅读兴趣和长久的阅读动机,强调图画书内在的认知价值和道德灌输有可能妨碍幼儿自身对故事的理解和体验。那么,关注阅读能力的图画书教学与其他关注点下的图画书教学之间的教学效果到底有何差异? 本研究围绕这一问题展开实验研究。

(一)研究目的

已有文献分析得出,研究者和教师对图画书教学的关注点有很多,关注阅读能力的较少,而且,关于关注阅读能力的图画书教学的实践研究明显不足。因此,本研究的目的在于通过实证研究将关注阅读能力的图画书教学与其他关注点下的图画书教学的效果进行比较,探究关注阅读能力的图画书教学的阅读效果。

(二)研究对象及工具

本研究的研究对象为河南省濮阳市一所实验幼儿园大班的幼儿,随机确定实验班和对照班,实验班29人,对照班29人。之所以确定大班幼儿为研究对象是因为5~6岁的幼儿基本上对图画书有了一定的了解,并养成了基本的阅读习惯;幼儿的语言理解能力和表达能力发展较好,能够独立地讲述故事。

本研究的研究工具包括11本图画书、录音笔和拍摄工具。其中9本图画书用于教学,2本图画书用于前、后测。录音笔用来记录幼儿讲述的故事及对家长的访谈。拍摄工具用来记录教师的完整教学,以备后续分析教师的图画书教学特点使用。

(三)图画书的选择标准

内在故事结构清晰的图画书适合教师引导幼儿发现其结构,培养幼儿的阅读能力,然而并非所有的图画书都有较为明显的逻辑关系及清晰的故事结构,因此笔者在实验中选择图画书时遵循以下标准:

1.故事结构或者语言描述有一定的重复性

重复性的故事结构和语言描述因重复性的规律易使大班幼儿把握故事的发展脉络,依据规律对后续的故事进行推测、验证。例如,在《猜猜我有多爱你》中,小栗色兔子用不同的动作来表示自己很爱大栗色兔子,同时大栗色兔子做与小栗色兔子相同的动作来表示自己的爱更多。小栗色兔子不管怎么尝试比较，大栗色兔子的爱都比自己的多。每一次的比较就是这个故事的一个小结构，后续的故事都遵循这个规律，并且故事的语言也有重复性："……多……，我就有多爱你。"幼儿在熟知了这些规律后就会推测后续的故事，《是谁嗯嗯在我的头上》的故事结构也很清晰，小鼹鼠钻出地面的那一刻，一条长长的"嗯嗯"掉在了自己的头上，接着就问不同的动物："是你嗯嗯在我的头上吗？"动物都给出相同的回答："不是我，我的嗯嗯是这样的。"小鼹鼠每次与不同动物之间的对话内容都相同，不同的是动物的嗯嗯是不一样的。《逃家小兔》的故事结构和语言特点与《猜猜我有多爱》相似，小兔子想了很多办法离家出走，大兔子则会用不同的办法去追回小兔子，故事中重复性的语言是"如果你变成……，我就变成……"。

2.故事内容具有预测性

故事内容的预测性是指幼儿通过阅读图画书的前几页，在理解故事情境、掌握故事的发展脉络之后对后续故事的推测。并非所有的图画书都有预测性，一般故事逻辑关系紧密、结构清晰的图画书具有预测性。例如，《一个黑黑，黑黑的故事》以猫的行踪为主线展开故事内容，教师要引导幼儿将关注点放在猫的身上：小猫在荒野→森林→房子→门→厅→楼梯→走廊→帘子→房子→橱柜→角落→盒子→发现了老鼠。整个故事逻辑关系非常紧密，而且后面出现的地点在前一页已有暗示，比如荒野里的森林，森林里的房子等，幼儿就能根据这个特点去推测猫接着要去哪里，直到最后发现了盒子里的老鼠。《小猪变形记》的尾页有一排动物，思考之后，你会发现这其实是小猪要变形的顺序：长颈鹿→斑马→大象→袋鼠→鹦鹉→小猪。

在遵循这两个原则的基础上，本研究选定了11本图画书，即《猜猜我有多爱你》《逃家小兔》《一个黑黑，黑黑的故事》《首先有一个苹果》《换一换》《母鸡萝丝去散步》《是谁嗯嗯在我的头上》《鳄鱼怕怕　牙医怕怕》《小猪变形记》《围巾里的秘密》《动物绝对不应该穿衣服》。其中《小猪变形记》用于前测，《逃家小兔》用于后测。

（四）评价实践效果的指标及评价方法

本研究从阅读兴趣、阅读能力及想象力三个指标进行实践效果评价，即观察两个班幼儿的阅读兴趣、阅读能力和想象力有无明显变化。

阅读兴趣的评价方法。评价阅读兴趣的工具是"幼儿早期阅读兴趣行为表现教师评定问卷"(见书后附录),来源于李鑫的《幼儿早期阅读兴趣的结构及发展特点研究》,问卷由专家(具有教授、副教授职称的教师和经验丰富的幼儿园园长)对问卷中每道题内容的适宜性与科学性等方面进行了评定与检验。总问卷的信度系数为0.878,该问卷涵盖幼儿早期阅读兴趣的四个维度,各维度信度系数为0.645—0.837(参与性为0.812,效能性为0.837,倾向性为0.759,广泛性为0.645)[①]。维度一为参与性:共8题,分别为3、5、10、11、12、16、17、18,是指幼儿是否积极主动地参与阅读活动;维度二为效能性:共5题,分别为4、6、21、22、23,是指阅读兴趣在推动认识深化过程中所起的作用,体现在阅读对幼儿的口语表达能力、观察力及想象力等方面的影响;维度三为倾向性:共6题,分别为1、7、8、13、15、19,是指幼儿的阅读兴趣对着什么内容而发生的指向对象;维度四为广泛性:共4题,分别为2、9、14、20,是指幼儿阅读兴趣的广阔性程度。本研究在实验结束后对家长进行访谈,以了解幼儿在家表现的阅读兴趣是否有变化,访谈内容作为分析兴趣的辅助性材料。

阅读能力的评价方法。阅读能力的基本构成是理解和速度,而核心是理解,阅读理解是反应阅读能力的一个核心指标。本研究根据幼儿对故事的理解程度将其分为三个层次:不能理解故事情境,无法独立表述;讲述的故事内容简单,缺乏逻辑性,即幼儿忽视故事前后文的逻辑关系;能按照所发现的故事结构有逻辑性地讲述故事。研究者根据幼儿讲述故事内容的情况作百分比统计并使用卡方检验进行分析。

想象力的评价方法。随机选取20位幼儿,每位幼儿独立地将图画书中的内容讲述出来,研究者同时进行录音。前测使用的图画书是《小猪变形记》,后测使用的图画书是《逃家小兔》。实验结束后,对录音材料进行转录和编码。这里依据幼儿讲述的故事内容的丰富性对幼儿的想象力情况作百分比统计。根据幼儿的讲述情况,本研究将幼儿的想象力分为两类:一是认知图画,故事内容简单。例如,幼儿讲述《小猪变形记》这本图画书时,这样描述:这里一个向日葵,它(长颈鹿)吃叶子,小猪往上看,它踩高跷,它又把它变成花纹了,还有长鼻子,有树叶……;二是故事内容有图画以外或脱离故事情境的想象描述,包括故

① 李鑫.幼儿早期阅读兴趣的结构及发展特点研究[D].沈阳:沈阳师范大学,2008.

事角色的对话,心情等细节描述。例如幼儿这样描述:这个小猪很难过,它摘了一朵花,靠到树上,看到一只乌鸦,想我能飞就好了。它在踩高跷,踩高跷是飞不起来的……根据此标准,将幼儿前、后测讲述的故事内容作百分比统计。想象力很难用量化的方法进行测量,因此本研究重点对想象力作质性分析。

本研究采用量性分析和质性分析相结合的研究方法。量性研究是一种对事物可以量化的部分进行测量和分析,以检验研究者自己关于该事物的某些理论假设的研究方法,把握事物的"本质",具有客观性和科学性。质性研究是通过研究者和被研究者之间的互动对事物进行深入、细致、长期的体验,然后对事物的"质"得到一个比较全面的解释性理解①。本研究通过量性分析获取最直观的实验结论,同时对案例进行质性分析,发现教学前后幼儿阅读兴趣、阅读能力和想象力的真实表现。

(五)具体的实践过程

本研究的实验班实施关注阅读能力的图画书教学,对照班按照原有的方式实施图画书教学。从阅读兴趣、阅读能力及想象力三个方面对两个班的幼儿进行前后测实验,并采用量性分析和质性分析相结合的方式对两种教学效果作比较。

1.实验班的教学方式

实验班的图画书教学关注幼儿阅读能力的培养,注重幼儿的预测、反思、验证的思维能力。本研究紧紧围绕"故事的发展脉络"按照"情境理解→结构感悟→结构归纳→结构运用"的流程展开图画书教学。

情境理解:理解书名和封面,明白图画书的故事角色;通过前几页的引导大致了解故事的主人公要做什么,事情的起因是什么,激发幼儿的阅读兴趣。以《猜猜我有多爱你》为教学案例,教师的引导过程如下:

师:今天老师给小朋友带来了一个关于爱的故事,叫《猜猜我有多爱你》,仔细观察这个封面,说说看今天这个故事是关于谁的故事呢?

师:想不想知道他们之间究竟发生了什么事情呢? 小栗色兔子该上床睡觉了,可是他紧紧地抓住大栗色兔子的长耳朵不放,他要大兔子好好听他说。"猜

---

① 陈向明.质的研究方法与社会科学研究[M].北京:教育科学出版社,2000:10.

猜我有多爱你"他说。大兔子说："喔,这我可猜不出来。"小朋友们,小兔子要做什么?

师:"这么多。"小兔子说,他把手臂张开,开得不能再开。大兔子的手臂要长得多,"我爱你有这么多,"他说。小兔子为什么张开手臂呢?大兔子为什么也张开手臂呢?

师:那谁的爱更多呢?

在这一环节中,教师首先让幼儿观察前四页画面,并且引导幼儿了解这是关于大兔子和小兔子的故事,培养幼儿由图画书封面的信息把握故事角色的意识。

结构感悟:这一环节发生在情境理解之后,因为幼儿只有在理解了故事情境后,才会进一步思考,以发现故事的内在逻辑及故事结构。教师在这一环节以问题的方式引导幼儿积极思考,培养幼儿预测、推测及反思的思维能力。还是以《猜猜我有多爱你》为例:

师:我们知道了大栗色兔子爱小栗色兔子更多,因为他的手臂比小栗色兔子的手臂长。我们再往后看,大家观察一下,小兔子在做什么?

幼:往上举,说他的手举得有多高他就有多爱他妈妈。

师:那大栗色兔子这个时候会怎么做呢?

生:大兔子也举起手。

师:谁爱谁更多呢?

幼:妈妈。

在这一环节中,教师要让幼儿意识到所读故事的结构是有规律可循的:小兔子做什么动作,大兔子也会做与之相同的动作,并且大兔子的爱总是比小兔子的爱更多。由于图画书的难易程度不同,有些图画书的结构并不容易被幼儿发现,需要教师耐心引导。这一环节所占用的时间也就随着图画书难易程度的不同而不同。

结构归纳:通过前一环节的引导,教师与幼儿一起总结归纳故事结构,包括语言表达规律。如果幼儿在上一环节已经完全领悟到故事结构,可以省略这一环节。如：

　　师：小朋友们，每次小兔子做动作，妈妈接下来会怎么做呢？
　　生：和小兔子做一样的动作。

　　在这一环节中，通过教师有意识的提醒，幼儿对故事结构更清晰、更明确。同时，没有发现故事结构的幼儿在教师的提醒下会在后续的故事中验证故事结构。

　　结构运用：幼儿在熟知了故事结构之后，自己解读后续的故事内容。

　　师：小栗色兔子接下来又会想出什么办法来呢？我们接着往后看。"我跳得有多高，我就有多爱你！"小兔子笑着跳上跳下。
　　幼：我跳得有多高，我就有多爱你！（幼儿主动回答）
　　师：真厉害，你们都能猜到后面的故事了！小栗色兔子又说："我爱你，像这条小路伸到小河那么远。"
　　幼：大兔子也说："我爱你，像这条小路伸到小河那么远。"
　　师：是吗？一起来看看。"我爱你，远到跨过小河，再翻过山丘。"大兔子说。
　　……

　　在这一环节中，幼儿在熟悉了故事结构之后会在教师的引导下利用这一结构规律推测后续的故事，但是猜测的信息与故事内容不同时，比如幼儿猜测大兔子也会说"我爱你，远到跨过小河，再翻过山丘"，教师就会引导幼儿反思大兔子的爱总是比小兔子的爱多，如果他的爱也是"远到跨过小河，再翻过山丘"的话，结果会怎么样呢？当与已有的认知出现冲突时，幼儿对故事结构的认知就会改变：要从"大兔子的爱要比小兔子的爱多"推测大兔子的语言。

2.对照班的教学方式

　　对照班的执教老师有7年的带班经验，但是笔者在与其沟通时了解到，她对如何引导幼儿阅读图画书没有固定的理念、清晰的教学目标及教学重点。通过对其9次的图画书教学观察发现，该老师在完整地讲述故事原文过程中关注的是图画、道德认知或故事主题，即让幼儿观察图画中有什么，人物在干什么，了解故事隐含的主题。例如,《猜猜我有多爱你》让幼儿明白妈妈很辛苦,要心疼自己的妈妈;《鳄鱼怕怕　牙医怕怕》让幼儿明白养成刷牙的习惯才不会像鳄鱼一样去拔牙,牙医和患者要相互信任对方等。同样以《猜猜我有多爱你》教学为例,具体解释其教学流程。

师:有个问题想问小朋友,你的妈妈爱你吗?

幼:爱。

师:爱你有多少? 我请一位小朋友来告诉我。

幼:我妈妈给我买衣服。

幼:妈妈给我买东西来玩,还给我买书。

幼:我妈妈给我买发卡。

师:所以你觉得妈妈很爱你,是吗? 今天老师带来的这个故事呀,也是和妈妈的爱有关系。我们一起来看一看"猜猜妈妈有多爱你"。

(教师翻开环衬那一页)

幼:绿色。

师:什么地方会有绿色呢?

幼:草原。

(指着扉页上的"猜猜我有多爱你")

师:我们来看看两只兔子之间会发生什么事情。小栗色兔子该上床睡觉了,可是他紧紧地抓住大栗色兔子的长耳朵不放,他要大兔子好好听他说。"猜猜我有多爱你。"他说。大兔子说:"喔,这我可猜不出来。""这么多。"小兔子说,他把手臂张开,开得不能再开。小朋友们,你们觉得大栗色兔子会说什么呢?

幼:我也爱你。

师:看一看就知道了。大兔子的手臂要长得多,那现在我作为大栗色兔子,我请一位小栗色兔子出来,看看是小栗色兔子的爱多还是大栗色兔子的爱多(请小朋友上前和教师比较)。谁的爱多呢?

幼:大栗色兔子。

师:我的手举得有多高,我就有多爱你。我再请一个小栗色兔子来,看看小栗色兔子的爱有多少(教师和幼儿比较谁的爱更多)。谁的爱多?

幼:大栗色兔子。

师：这可真高，小兔子想，我要是有那么长的手臂就好了……然后他躺在小兔子的身边，微笑着轻声地说："我爱你一直到月亮那里，再从月亮上回到这里来。"

教师完整地讲述故事，并借助与幼儿的互动让幼儿理解大兔子的爱比小兔子的爱多，这增加了教学的趣味性，激发了幼儿的阅读兴趣。但是，教师的引导性问题很少，也就难以激发幼儿思考。故事讲完之后教师用了大量的时间表达"妈妈很辛苦"，旨在向幼儿传达故事主题，让幼儿明白作为孩子要理解、心疼妈妈。

比较来看，实验班和对照班的教学差异在于两个方面。首先，教学关注点不同。实验班的教学关注的是幼儿在阅读中的预测、推测、反思等思维能力，阅读能力的培养也是以这些思维能力为基础的。幼儿在教师层层问题的引导下以故事的发展为主线，积极思考，理解故事情境，逐渐发现故事的内在逻辑结构。虽然是教师在引导幼儿阅读图画书，实则是以幼儿为主体的自主阅读。实验班的关注阅读能力的教学方式在于培养幼儿阅读中基本的思维能力，避免幼儿漫无目的地翻阅图画书。对照班的不同之处在于，教师将图画书中的故事以声情并茂的方式讲述给幼儿，教师的讲述比较多，引导性问题较少，幼儿在教师的引导下接受故事，缺少思考的机会。其次，教学目标有差异。实验班的教学目标清晰、明确，紧紧围绕"引导幼儿积极思考，理解故事"展开教学，教学重点没有发生偏移。对照班的教学目标会随着幼儿或者教师的即兴问题发生改变，在理解故事的过程中经常会插入与故事理解无关的认知。比如，在《猜猜我有多爱你》教学中，教师针对绿色的环衬那一页，提问："什么地方会有绿色呢？"这样的教学目标不清晰、不明确。

在本研究中，实验班和对照班采用相同的图画书均实施了9次教学，二者教学目标的侧重点和教学方式的差异见表4-1。

表4-1　实验班与对照班的教学差异

书名	实验班	对照班
《首先有一个苹果》	在幼儿简单观察画面之后,引导幼儿思考"首先有一个苹果,接下来会发生什么呢?"(培养幼儿的反思、预测能力);教师通过图画书前三页引导幼儿了解故事的结构:"一个苹果,两只虫子,三只鸟……并且两种东西之间有关系:虫子吃苹果,鸟吃虫子……"接下来让幼儿通过预测、验证的思维阅读后面的故事	观察画面,认识图画中的东西,引导幼儿用完整的一句话来描述,例如:树上结了一个大大的红苹果
《母鸡萝丝去散步》	在幼儿简单观察画面之后,引导幼儿思考:"狐狸和母鸡之间会发生什么事情呢?"(培养幼儿的反思、预测能力);教师通过图画书中母鸡走过院子,绕过池塘两个故事片段引导幼儿了解故事的结构"母鸡悠然地在前面走,狐狸悄悄地跟在母鸡后面,可每次母鸡都能化险为夷,狐狸却狼狈不堪"接下来让幼儿通过预测、验证的思维阅读后面的故事	用1/3的时间介绍图画书的封面。例如,"你看到了什么?""我看了公鸡。""是公鸡吗?"教学过程中同样注重画面的观察,教师讲述故事。教师要求幼儿看到画面后用一句话表述出来
《动物绝不应该穿衣服》	在幼儿简单观察画面之后,引导幼儿思考"你们认为动物应该穿衣服吗?如果动物穿上衣服会出现什么结果呢?"(培养幼儿的反思、预测能力);教师通过图画书前四页引导幼儿了解故事的结构:"一页文字讲述之后会出现一页图画,描绘动物穿衣服的后果。"接下来让幼儿通过预测、验证的思维阅读后面的故事	认识每种小动物独特的特点。例如:"为什么对豪猪来说,穿衣服会是大灾难?骆驼的驼峰是用来干什么的?"
《换一换》	在幼儿简单观察画面之后,引导幼儿思考:"小鸡要换什么呢?他会跟谁换呢?"(培养幼儿的反思、预测能力);教师通过图画书前六个跨页引导幼儿了解故事的结构:"小鸡要和其他小动物换叫声,看到小老鼠后,'叽叽声变成吱吱',看到小猪'吱吱声变成哼哼声……'"接下来让幼儿通过预测、验证的思维阅读后面的故事	观察画面,认识图画中的东西。例如,了解小鸡和小鸭的区别("你从哪里看出是小鸭/小鸡?")。这里有一棵树,你觉得是什么树呢

书名	实验班	对照班
《鳄鱼怕怕　牙医怕怕》	在幼儿简单观察画面之后,引导幼儿思考"鳄鱼和牙医之间会发生什么事情呢?"(培养幼儿的反思、预测能力);教师通过图画书前三个跨页引导幼儿了解故事的结构:"鳄鱼和医生的心理活动和语言完全一样,例如'鳄鱼:我真的不想看到他,但是我非看不可',医生:我真的不想看到他,但是我非看不可。"接下来让幼儿通过预测、验证的思维阅读后面的故事	图画中发生了什么事情?鳄鱼害怕什么?医生害怕什么?教师发挥自己的想象提问,并让幼儿讲述鳄鱼和医生各自的心理活动
《是谁嗯嗯在我的头上》	在幼儿简单观察画面之后,引导幼儿思考:"是谁嗯嗯在小鼹鼠的头上呢?"(培养幼儿的反思、预测能力);教师通过图画书前三个跨页引导幼儿了解故事的结构:"鼹鼠头上有一条嗯嗯,为了弄清楚究竟是谁在自己头上嗯嗯,他询问不同的动物'是你嗯嗯在我的头上吗?'被问的动物用相同的语言说'不是我,我的嗯嗯是这样子的'。"接下来让幼儿通过预测、验证的思维阅读后面的故事	以讲述故事内容为主,同时引导幼儿思考问题。例如:他会去找谁? 他会问他什么问题?他的嗯嗯是什么样子的
《一个黑黑,黑黑的故事》	在幼儿简单观察画面之后,引导幼儿思考:"黑黑的故事会发生什么事情呢?封面中的小猫要干什么呢?"(培养幼儿的反思、预测能力);教师通过图画书前四个跨页引导幼儿了解故事的结构:"小猫在荒野→森林→房子……中出现,'荒野上有一片黑黑、黑黑的森林,树林里有一座黑黑、黑黑的房子',前文已经暗示下文要出现的环境,并且视角不断缩小,小猫的形象越来越清晰。"接下来让幼儿通过预测、验证的思维阅读后面的故事	观察画面,认识图画中的东西,并展开讨论。(幼:我看到一个城堡。幼:这是坏的巫婆盖的城堡。师:他说这是巫婆。)

书名	实验班	对照班
《围巾里的秘密》	在幼儿简单观察画面之后,引导幼儿思考:"围巾里会有什么秘密呢?"(培养幼儿的反思、预测能力);教师通过图画书前四个跨页引导幼儿了解故事的结构:"米莉和茉莉有一样的想法和行为,米莉怎么想、怎么做,茉莉也会怎么想、怎么做。"接下来让幼儿通过预测、验证的思维阅读后面的故事	以讲述故事内容为主,2/3的时间讨论:你送给别人什么礼物?谁亲手做过礼物给别人

(六)研究结果分析

1.量性分析

(1)关于幼儿阅读兴趣的的量性结果及分析

采用配对样本 t 检验考查实验班和对照班幼儿在阅读兴趣各维度前、后测得分是否存在差异。

表4-2　实验班和对照班幼儿阅读兴趣前、后测得分比较

分组	参数	参与性	效能性	倾向性	广泛性
实验班前测	M	4.14	3.14	4.45	3.31
	SD	0.44	0.61	0.42	0.60
实验班后测	M	4.40	3.67	4.81	3.63
	SD	0.48	0.92	0.29	0.99
	t	2.64	3.59	4.83	1.91
	p	0.013*	0.001**	0.000**	0.066
对照班前测	M	3.65	3.41	3.72	3.71
	SD	0.63	0.72	0.58	0.82
对照班后测	M	3.62	3.17	3.80	3.77
	SD	0.64	0.80	0.76	0.85
	t	0.30	1.92	0.67	0.46
	p	0.771	0.065	0.512	0.647

注:*表示 $p<.05$,**表示 $p<.01$ 。

由表4-2可知,在参与性维度上,实验班幼儿前、后测得分差异显著($t=$ 2.64, $df=28$, $p=0.013<0.05$);在效能性维度上,实验班幼儿前、后测得分差异显著

($t=-3.59$, $df=28$, $p=0.001<0.01$),且后测得分($M=3.67$)高于前测得分($M=3.14$);在倾向性维度上,实验班幼儿前、后测得分差异显著($t=-4.83$, $df=28$, $p=0.000<0.01$),且后测得分($M=4.81$)高于前测得分($M=4.45$);在广泛性维度上,实验班幼儿前、后测得分没有差异($t=-1.91$, $df=28$, $p=0.06>0.05$)。对照班幼儿在参与性、效能性、倾向性及广泛性四个维度上前、后测得分差异均不显著。

(2)关于幼儿阅读能力的量性结果及分析

表4-3 实验班和对照班幼儿阅读能力前、后测结果比较

结果 分组	不能理解故事情境, 无法独立表述		能理解故事情境,故事 内容简单,缺乏逻辑性		能按照所发现的故事结 构有逻辑性地讲述故事	
	人数	百分比	人数	百分比	人数	百分比
实验班前测	6	30%	5	25%	9	45%
实验班后测	0	0%	11	55%	9	45%
对照班前测	1	5%	12	60%	7	35%
对照班后测	0	0%	17	85%	3	15%

经 x^2 检验,实验班和对照班的前测没有差异($x^2=7.183$, $p=0.028>0.05$),实验班和对照班后测有差异($x^2=4.435$, $p=0.035<0.05$)。实验班的前测和后测有差异($x^2=10.624$, $p=0.005<0.05$);对照班的前测和后测没有差异($x^2=3.898$, $p=0.142>0.05$)。

(3)关于幼儿想象力的量性结果及分析

表4-4 实验班和对照班幼儿想象力前、后测结果比较

结果 分组	认知图画 故事内容简单		有图画以外或脱离故事情境的 想象描述	
	人数	百分比	人数	百分比
实验班前测	17	85%	3	15%
实验班后测	18	90%	2	10%
对照班前测	15	75%	5	25%
对照班后测	14	70%	6	30%

经 x^2 检验,实验班和对照班的前测($p=0.427>0.05$)和后测($p=0.107>0.05$)均没有差异。实验班的前测和后测没有差异($p=0.632>0.05$);对照班的前测和后

测也没有差异($p=0.723>0.05$)。

2.质性分析

（1）关于幼儿阅读兴趣的质性分析

《一个黑黑,黑黑的故事》教学中幼儿的兴趣表现:

实验班:教学开始,幼儿仔细观察封面,回答教师的问题:"你看到了什么?"幼儿说:"我看到了大城堡、小云……"三宝突然说:"小猫要干嘛?"教师就顺势将这个问题抛给所有的幼儿,"小猫究竟要干什么?"幼儿的回答多种多样,对故事的内容充满了期待。因此教师就开始引导幼儿一起阅读这本图画书。此次教学是以小猫的行踪为线索,通过问题让幼儿进行猜测、验证小猫的行踪。大多数幼儿在教学中的表现很积极,但一些幼儿因为看不到图画书有些失落,偶尔会不在状态。另外,因为这本图画书的画面比较暗,画面中的细节很难观察清楚,幼儿很想知道小猫究竟在哪里,出于好奇争前恐后地上前看,一时教学纪律比较混乱。为了避免这种情况,在之后的教学中教师不再让幼儿自己去探究画面中的细节。

对照班:教师让幼儿闭上眼睛感受黑色,之后抛出问题:"你还在什么时候见过黑色?"幼儿的回答有:晚上睡觉的时候、在枕头底下的时候、照镜子的时候看到头发是黑色的……当幼儿的回答与教师预期的答案不符时,教师就说"行吧,那现在不说这个。今天老师给大家带来了一本绘本。"从封面到绘本的第一页,教师让幼儿认知图画:"你看到了什么?"在这一环节,教师用了将近5分钟的时间。幼儿看到有兔子时,教师和幼儿一起数兔子的数量,幼儿看到猫头鹰时,教师就问:"猫头鹰吃到兔子了吗? 猫头鹰吃什么? 谁吃兔子呢?"教师的焦点迟迟没有关注故事本身。后排的幼儿开始不在状态。整体来看,此次教学中,教师主要让幼儿通过观察画面,发现画面的信息。教师借助幼儿发现的不同信息灌输相应的知识。后排十几个幼儿一直低头小声交流,当猫的镜头不断放大,吸引了这些幼儿的兴趣之后,其积极性也相应提高,并对猫的行踪非常好奇。

《一个黑黑,黑黑的故事》图画书故事的逻辑性很强,容易吸引幼儿的兴趣。但是由于画面较暗,画面中的内容不易被幼儿发现,导致教学效果受到影响。借助一本图画书进行图画书教学确实会影响教学效果和幼儿的阅读兴趣。但是笔者观看实验班的教学录像发现，有的幼儿虽然距离图画书较远，因为对故事有极高的兴趣，会自己寻找合适的角度以便能够看清图画书，比如站起来或者走到前面。与实验班的幼儿相比，对照班的幼儿积极性较低。笔者认为，对照班幼儿兴趣较低的原因在于教师较多地关注画面认知，希望能通过教学让幼儿习得各种知识，例如数数和食物链。教学目标不清晰会导致幼儿有意注意的程度降低，逐渐失去阅读兴趣。

　　笔者在实验结束后分别对实验班和对照班参与讲述故事的幼儿的家长进行了访谈。根据访谈记录分析，实验班参与访谈的家长有20位，反应幼儿阅读兴趣提高的有6位，占30%；对照班参与访谈的家长有18位，反应幼儿阅读兴趣提高的有2位，占11%。比较而言，实验班的图画书教学方式对幼儿阅读兴趣的影响较大。家长关于幼儿阅读兴趣的描述如下：

　　"要求买书，越来越喜欢读书。"（实验班，小轩爷爷）

　　"主动提出看书要求的次数多了，对书的记忆能力提高了。"（实验班，小涵妈妈）

　　"这两个月，阅读的兴趣比较大，自己主动看书，要求讲故事。与原来相比，能把简单的故事讲述下来。"（实验班，童童妈妈）

　　"然然这段时间一直说：'妈妈你为什么还不办绘本馆的卡？我想看，我喜欢看。你给我办吧。'这段时间回到家之后，他就在沙发上拿起一本书，说：'妈妈，我以后每天放学之后第一件事情就是先看一本书。'这个学期看书比较积极主动。"（实验班，然然妈妈）

　　"现在看书的时间长一点，注意力比原来集中一些。"（实验班，小宇妈妈）

　　"阅读的习惯变化还不太明显。讲故事的兴趣提高了，但是看书的兴趣没有改变。"（实验班，彤彤妈妈）

　　"兴趣提高了，这两次带他去图画馆，选一本他自己喜欢的书就能坚持看一会儿。原来会来回不停地换书看，现在爱问问题了。"（对照班，小雪妈妈）

　　"阅读的兴趣提高了，自己读书的时间变长了。"（对照班，坤坤妈妈）

　　笔者发现，幼儿阅读兴趣的变化体现在参与性这一维度，家长反映较多的是幼儿阅读的积极性和注意力提高了，尤其是实验班的幼儿变化较为明显，他们不再仅仅是快速地浏览色彩鲜艳的画面，也开始尝试解读有趣的故事内容。幼儿之所以会主动要求看书，是因为经过教学之后他们有了自主阅读的意识和能力,能根据自己的反思、推测寻找画面之间的逻辑关系,建构意义,从中寻找阅读的乐趣。

(2)关于幼儿阅读能力的质性分析

阅读能力是指在识字的基础上进一步发展理解与运用知识的能力,其中的关键在于能从外在走马观花式的"看"书,进入感受与思维的内在交互激荡,从而生发出所感所得。关注阅读能力的图画书教学就是以故事理解为主线,以问题为依托,培养幼儿对故事的反思、预测、假设、验证等思维能力,旨在让幼儿能够通过反思、提问、预测及假设从阅读过程中解读信息、建构意义。

在开展研究之前,笔者曾观察过幼儿的阅读情况,许多幼儿快速翻看图画书,被问故事内容时,闭口不说。个别幼儿将书倒立或者纵放,只翻看其中的几页。由此可见,个别幼儿将图画书当作图画欣赏或者当作玩具,没有自主阅读的意识和能力。实验班前测中有6位幼儿不能独立讲述故事,需要在教师不断的引导下理解故事。后测结果显示所有幼儿都能慢慢逐页翻看并独立讲述故事。这一变化在某种程度上反映了幼儿有了一定的自主阅读能力,不是"走马观花"式地快速翻阅,而是有了自己的思考,有思考才有理解,进而将所理解的故事讲述出来。笔者还发现,在前测中,有的幼儿有往回翻书的习惯,这一行为体现了幼儿在进行推测与验证;有的幼儿在看书时会自言自语:是变成小鸟吗?(这时幼儿往回翻书,看到小猪上页遇到的是袋鼠)不是,是袋鼠。也就是说,个别幼儿有一定的自主阅读能力。

在讲述《小猪变形记》时,很多幼儿在看到小猪踩高跷时并不理解小猪变成了斑马,看到小猪腿上绑着弹簧认为是变成了小鸟。幼儿因为对这两幅画面的理解出现偏差,不能将前后故事联系在一起。经过引导,幼儿会用所发现的故事结构——小猪遇到谁,接着就会变成谁——重新讲述理解有误之处,例如,小猪绑上弹簧是为了变成袋鼠。因为《小猪变形记》故事结构较简单,故事情境容易理解,实验班和对照班分别有9位和7位幼儿能够按照所发现的故事结构有逻辑性地讲述故事。

他在伤心,他想飞到天空去,他就想了一个办法,他就踩在高跷上走,不小心摔倒了。他一喷水把小猪身上涂的颜色喷掉了。他装了一个象鼻子,他自己一喘气把他做的大象鼻子弄掉了。他又想了一个办法,把弹簧装到身上弹上去,不小心挂到树枝上了。他又装了个小鹦鹉飞上天。(他踩上弹簧想变成什么呢? 小鸟。因为他没有穿袋鼠的衣服)最后他不小掉进泥巴里了。他说救命啊,救命啊,他忘记自己喜欢泥巴了,他就躺在泥巴里玩。(对照班小雪讲述《小猪变形记》)

他坐到这里,没有朋友玩,很无聊。长颈鹿在吃树叶,然后小猪想变成长颈鹿。斑马就来了,给他两个棍子让他上去。他在上面跑,然后摔倒了,太高了。小猪想变成斑马,大象看见他抹了白色和黑色漆就变成斑马了。然后大象看一看有没有冲掉。冲掉了,他想当大象。袋鼠叫他拿一个(树叶和管子),把树叶弄到耳朵上,把管子弄到鼻子上。然后他打了一个喷嚏,把树叶也给打飞了。他想变成袋鼠,小鸟弄了两个东西,一跳被绑到树干上了。他想变成小鸟,小猴子让他把羽毛弄到头上,把尾巴弄到屁股上,手上还弄了两个翅膀。然后他飞不起来,掉进泥巴里。他还是想做回自己。(实验班锦宁讲述《小猪变形记》)

从上述两位幼儿讲述的故事来看,小雪的故事内容缺乏一定的逻辑性,例如,"他就踩在高跷上走,不小心摔倒了"和"把小猪身上涂的颜料喷掉了"前后之间没有逻辑性。并且故事开头提到既然小猪想飞上天,那为什么要装大象鼻子呢? 因此,小雪在讲述故事的时候缺乏思考,更多的是图画认知,没有意识到小猪在不停地变成各种动物。从"他就想了一个办法"和"他又想了一个办法"可以看出,小雪能够意识到故事的连续性,但由于思维和经验的限制,对故事的理解程度较低。锦宁讲述的故事逻辑性比较强,他所讲述的故事结构是:每次他要变成什么动物,接下来小猪要遇到的动物就会给他提供工具帮助他变形。例如,小猪想变成长颈鹿,斑马给他两个棍子;小猪要变成斑马,大象给他涂油漆。虽然锦宁所理解的故事与原文有偏差,但是他的故事具有整体性,前后内容是有逻辑关系的。幼儿能够按照这种逻辑关系讲述出来,一定是需要反思、推理和验证的能力的。反思体现在对故事情境的把握上,比如《小猪变形记》的故事情境是:小猪觉得无聊,想变成长颈鹿;推理反映在对故事情节和故事结构的把握上;验证反映在用后续故事检验自己所理解的情节和结构。

经过两个月的图画书教学,实验班和对照班幼儿的阅读能力就有了差异。能够有逻辑性地讲述故事的幼儿人数分别为9人和3人。对照班后测的这3位幼儿在前测中也能有逻辑性地讲述故事,故事理解能力较强。也就是说,对照班的图画书教学对幼儿的阅读能力没有影响。实验班前、后测比较来看,幼儿的阅读能力确实有提高,不能独立讲述故事的6位幼儿有了明显进步,虽然故事缺乏一定的逻辑性,但能大概讲述故事的主要内容。例如,实验班的子墨所讲的《逃家小兔》故事如下:

小兔子藏到花里,那妈妈就变成浇水的人。(我)看到妈妈提着篮子、拿着棍子。那小兔子就变成一个蝴蝶,妈妈变成小草。小兔子坐船,让妈妈追不上它,妈妈就变成海浪,海浪把船弄倒。(子墨:这是一个什么地方? 师:马戏团)他要进去躲着让妈妈找不到他,妈妈又去找他。妈妈在走着线,小兔子在玩荡秋千,让妈妈抓不到他。小兔子躲到一个地方,妈妈生气了。妈妈又抓到他了,说:"不要乱跑。"小兔子趁妈妈不注意跑出去了。小兔子躲到树下面妈妈又抓到他了,然后给他萝卜吃。

另外,笔者对比实验班幼儿前、后测讲述的故事可以发现,个别幼儿的阅读能力提高了。例如以下是珩宇小朋友前、后测分别讲述的《小猪变形记》故事。

他看着长颈鹿吃树叶呢,他变成了长颈鹿。他摔成了泥巴团,他又想变成斑马,身上的还没干呢,他又碰见了大象,他又想变成袋鼠,结果掉进了泥巴里。(前测)

然后他又变成花了,她妈妈又给他的小兔子浇水,把他给浇出来。那我就变成老鹰,飞在天上,高高的,妈妈就变成一个兔子树,在这里接住他。然后他又准备变成一只船,妈妈就变成鳄鱼来抓他。他在玩呢,兔妈妈还没看见,妈妈在走钢丝,为了抓小兔子。然后他又偷偷摸摸回家了,妈妈抱住他。妈妈不让他离家出走,他就没有离家出走。感觉结束了。不知道了。小兔子变成小老鼠了吧,妈妈又变成树了,小老鼠就爱在树底下,结果就抓住他了。(后测)

珩宇的变化比较大,在前测的时候,笔者发现,珩宇翻书的速度比较快,缺乏对故事的深入理解和思考,因此他对故事的理解比较简单,没有逻辑性,讲述的内容也比较少。而在后测的时候,他能够边看边思考,有时候还会问教师"小兔子在干吗?"在缺文字说明时,幼儿确实很难理解绘本,但幼儿只要有一定的反思、推理等阅读能力,就能够建构故事意义,形成有一定逻辑性的故事。

实验班实施的关注阅读能力的图画书教学确实有利于提高幼儿的阅读能力,这一研究也与以往的研究结果一致。例如,叶克坚在《借助图画书发展幼儿故事图式建构能力的行动研究》中的研究结果表示,建构故事图式可以作为一种阅读技能被幼儿习得,故事发现式教学能够有效地帮助幼儿习得故事图式的建构能力,有利于提高幼儿独立自主的阅读能力,帮助幼儿形成整体的、连贯的阅读思维。保罗·哈里斯在提到利韦尔斯、哈里斯的实验研究时指出,经过分析性的引导干预的儿童在面对问题时会采取分析取向策略,而且这一干预的影响会持续两到三周;而未经干预的儿童采取经验取向的策略①。这就是说,幼儿的阅读能力和分析能力离不开成人的关注和引导,这会对幼儿的思维产生持久影响,从而提高其对故事的理解能力。

(3)关于幼儿想象力的质性分析

幼儿对图画书的解读离不开想象力。想象是对头脑中已有的表象进行加工、改造,形成新想象的过程,想象力与幼儿的生活经验和阅读经验有关。关注幼儿阅读能力的图画书教学会不会限制幼儿想象力的发展呢? 这是本研究不可回避的问题。因此,本研究通过对幼儿解读的故事进行质性分析,更真实详细地反映实验前后幼儿想象力的表现情况。例如,在《小猪变形记》中,幼儿能够想象出小猪通过不同的装扮变成各种动物,但是对于对话语言、故事发展等细节方面的想象很少。笔者就结合具体案例作分析。

小猪在树下乘凉,看见了一只长颈鹿,他也想变成长颈鹿,就用树枝弄成了一个高跷。斑马看见了,小猪也想变成斑马,他买了一个油漆,把它涂上身子。大象见到了,吸了一肚子水,把小猪给变成了原来的小猪。看见大象,他也变成了大象。碰见袋鼠,袋鼠很高兴,最后他吸了满满一肚子水,鼻子掉啦,耳朵掉啦。他想变成鹦鹉,用了个弹簧,一跳跳得好高,跳不下来了。他见到了鸟,他也想变成鸟,最后买了一些羽毛,拿了沙子,最后把上面弄上去,跳下去,飞不起来了,掉进了水泥里面。最后他很高兴。讲完了。(航航《小猪变形记》,实验班前测)

我要变成一朵小花,兔妈妈说,要是你变成一朵小花,我就给你浇水,让你变得很大很大,要是你成熟了,我就把你挖走。那我就躲到小草里,变成一只鸟

①保罗·哈里斯.想象的世界[M].王宇琛,刘晓玲,译.上海:华东师范大学,2014:84.

飞走,那我就会变成一棵树抓住你。小兔子说,要是你追我的话我就会坐船走,那我就会像鱼儿一样飞快地冲到海里。那我就去马戏团里表演,那我就会从那个桥上接住你。妈妈,我回来了,我不要离家出走了,我要一直永远跟着你。(航航《逃家小兔》,实验班后测)

《小猪变形记》的画面形象生动,幼儿大多能想象出小猪要变成什么。理解故事情境之后,幼儿倾向于围绕画面进行描述,即画面中有什么,在干什么,结果怎么样。例如,航航这样描述"小猪在树下乘凉,看见了一个长颈鹿,他也想变成长颈鹿,就用树枝弄成了一个高跷……"讲述的内容不脱离故事本意。但关于故事中小猪为什么坐在树下乘凉,小猪在想什么,小猪和长颈鹿之间会说什么以及小猪踩着高跷要去哪里等这些细节方面的内容,航航没有自己的想象和推测。笔者发现大部分幼儿都是同航航一样进行图画描述,不能发挥想象对画图进行更丰富的想象。

《逃家小兔》画面的特点是黑白交互出现,画面没有《小猪变形记》形象生动。幼儿有时候不能根据画面想象出兔子在哪里,要变成什么,做什么事情。很多幼儿直接忽略一些故事内容,原因是"我看不懂"或者"我认为故事已经结束了"。分析航航所讲述的《逃家小兔》的故事内容,可以发现航航想象力的丰富性基本没有变化,仍然是以描述画面的方式讲述故事。航航原本是按着"如果你变成……我就变成……"的方式讲述故事,但因为看不懂小兔子要变成什么,后来就按照"小兔子想出一个逃离妈妈的办法,妈妈就想出另外一个追它的办法"的逻辑结构进行讲述。但航航没有脱离画面,始终在描述画面呈现的直观内容。例如"小兔子说,要是你追我的话我就会坐船走,那我就会像鱼儿一样飞快地冲到海里。那我就去马戏团里表演,那我就会从那个桥上接住你。"而且航航直接忽略图画书的最后六页内容,对于不理解的内容,航航没有超越故事本身进行想象描述。也就是说,航航在理解故事时,会按照故事结构讲述;不理解故事时也不会天马行空地想象,关注阅读能力的图画书教学对航航想象力的丰富性没有影响。

（七）研究结论及反思

1.关注阅读能力的图画书教学更能提高幼儿的阅读兴趣及阅读能力

从量性分析结果得出，实验班的幼儿在阅读兴趣的参与性、倾向性及效能性三个维度上的得分有所提高，前、后测差异显著。也就是说，关注阅读能力的图画书教学能提高幼儿的阅读兴趣。从而质性分析结果得出，实验班的幼儿在教学过程中的专注力和积极性较高，家长反映幼儿有主动读书的要求和愿望，并且读书持续的时间变长。实验结束半个月后，实验班的一位老师与笔者聊天中提到，孩子越来越爱讲故事了，读书的兴趣确实提高了。在阅读能力方面，经过两个月的图画书教学，实验班幼儿的阅读能力得到了提高。在实验班实施前测时，很多幼儿看完图画书后不说话，或者需要在教师不断的引导下，才能说出只言片语，而进行后测时所有的幼儿都能独立地讲述故事，故事逻辑性较好的幼儿比对照班多了6人。在家长访谈时，一位幼儿的妈妈就提到自己的一个疑惑：孩子为什么最近爱问问题呢？当了解到本研究的图画书教学方法后豁然开朗。

研究还发现，当教师与幼儿之间围绕故事以"问题→答案→问题"的形式进行积极互动时，问题的关联性越强，幼儿的注意力越集中，兴趣越高，对故事的发展越是充满好奇心。对照班教学中，教师以问题的形式与幼儿进行互动时，幼儿的兴趣同样较高，而教师独自描述故事内容或者所提问题与故事内容不相关时，幼儿的兴趣就逐渐降低。

2.关注阅读能力的图画书教学和关注图画、主题认知的图画书教学对幼儿想象力均无影响

研究发现，幼儿的想象力表现水平一方面与幼儿自身的经验或者阅读习惯有关，另一方面与图画书的特点有关。对于故事情境简单、画面形象生动的图画书，幼儿倾向于直观描述；而对于画面抽象、故事情境不易理解的图画书，幼儿倾向于发挥想象力，建构自己的故事。经过两个月的图画书教学，两种不同关注点下的图画书教学都不会影响幼儿的想象力。如果将实验研究的时间延长，是否会影响幼儿的想象力还有待进一步的研究。王淑娟在《儿童图画书创造思考教学提升学童创造力之行动研究》中指出，实施的图画书创造思考教学，即在透过图画书的文字与丰富插画，引导学童作发散性思考，想象与推测，能提

高儿童的创造力,而想象力是创造力的核心。由此来看,幼儿的想象力在教师的引导和培养下是可以得到提高的,而本研究中所比较的两种图画书教学并没有关注到幼儿的发散性思维。也就是说,在图画书教学过程中没有让幼儿对故事内容展开丰富的想象,这或许是造成幼儿想象力没有变化的原因之一。

3.关注阅读能力的图画书教学更适合选用故事逻辑性较强的图画书

实验班的图画书教学过程中,幼儿对每本图画书表现出的兴趣并不相同。幼儿最喜欢的是《鳄鱼怕怕　牙医怕怕》《一个黑黑,黑黑的故事》和《是谁嗯嗯在我的头上》,而对《猜猜我有多爱你》并不感兴趣。许多幼儿在讲完《鳄鱼怕怕　牙医怕怕》和《一个黑黑,黑黑的故事》的故事后,要求再看一遍图画书,并一再说"我非常喜欢这个故事"。《鳄鱼怕怕　牙医怕怕》《一个黑黑,黑黑的故事》和《是谁嗯嗯在我的头上》受到幼儿的喜欢,一方面是因为故事内容丰富生动、图画风趣幽默,另一方面是因为这些图画书的故事逻辑性非常强,故事的发展脉络是直线型的,教师通过层层的问题引导幼儿进行预测、验证、反思,从而将幼儿的注意力紧紧集中在故事之中。关注阅读能力的图画书教学是以故事为主线,以提问的方式引导幼儿进行反思、推测、验证,除了一本有趣味的图画书以外,没有其他丰富的教学内容设计,因此对图画书的逻辑性和趣味性要求比较高。笔者认为,这种教学方式也可考虑从故事呈现方式或故事引导上作改进,以提高教学的趣味性。

与关注图画、主题认知的图画书教学相比,关注阅读能力的图画书教学效果更好,这种图画书教学不仅能提高幼儿的阅读兴趣和阅读能力,也不会影响幼儿想象力的发挥。而研究结果表明,实验班的幼儿在前、后测故事讲述中,想象力的发挥没有差异,在前测中想象力较丰富的幼儿在后测表现依然较好。总之,关注阅读能力的图画书教学相比较其他教学方式来说更有利于幼儿早期阅读能力的培养。

总之,教师应选取趣味性、故事逻辑性较强的图画书,在关注幼儿阅读能力教学中提高幼儿的阅读兴趣。同时,教师尤其要注意发展幼儿的故事图示建构能力。本文将在下一章就此展开论述。

第五章 为培养幼儿自主阅读的
意识和初步能力而教

相比较其他教学方式来说,关注阅读能力的图画书教学不仅更有利于培养幼儿的早期阅读能力,而且能够更好维持地幼儿的阅读兴趣。因此,图画书教学中培养幼儿的阅读能力是图画书教学的主要目标。

培养幼儿的早期阅读能力,目的是帮助幼儿具备自主阅读的意识和能力,即幼儿能够反思故事情节的关联性、能够预测后续故事的发展,能够质疑故事中不合理或者漏洞之处,能够合理地创编新的故事情节等。而幼儿能否反思、预测、质疑等,关键在于是否具备了基本的故事图式建构能力。因此,发展幼儿自主阅读的意识和初步能力,需要从发展幼儿的故事图式建构能力入手。

一、故事图式建构能力是自主阅读能力的主要表现

(一)故事图式的含义和特点

1.故事图式的含义

故事图式一词与图式有关。心理学家皮亚杰认为,图式是动作的结构或者组织,这种结构或者组织具有概括性的特点,可以从一种情境迁移到另一种相同或类似的情境。故事图式是一种心理结构和加工机制,它是由反映故事内部结构的期待构成的。故事图式是整个故事的主干或框架,其他的内容都是围绕这根主干发展和衍变而来。例如,幼儿在阅读图画书之后会续编新的故事,究其原因是,幼儿意识到图画书中的某种规律和结构,这种规律可能表现在画面中,也有可能体现在文字中,甚至暗藏在故事情节中,幼儿依照这种图式来创造新的内容。因此,幼儿在图画书阅读的过程中记住的不仅是故事的内容,而且包括图画书的故事图式;掌握图画书中的故事结构的图式,能有效地帮助幼儿在阅读中进行预测和理解。

2.故事图式的特点

（1）故事图式按照故事的结构顺序来存贮

一般来说，故事有开始部分、发展部分和结尾部分，并按照层级组织起来。开始部分主要交代故事发展的背景；发展部分主要叙述多个事件的展开，不同事件的展开方式和事件的推进方式往往具有内在的一致性；而结尾部分预示着故事的结束。换言之，故事结构往往是有规律可循的，因此，阅读故事时，读者才可能预期故事的结构。然而，故事的结构有规律可循，并不意味着读者可以自发地形成故事图式，因为故事图式是一种心理结构和加工机制，需要环境提供充足的经验才能建立起来。可以说，故事图式反映了故事结构的规则，但不能认为这些规则必须直接转变成读者心理上的结构。

（2）故事图式受到年龄、知识、经验等因素的影响

幼儿历经长期的故事听读和故事阅读之后，有讲诉故事和表达想法的欲望。在幼儿复述故事或者讲述新故事的过程中，教师可以发现幼儿把握故事结构、理解故事图式的特点。年龄较小的幼儿在复述故事时容易产生更多的错误，较大的幼儿理解水平较高，错误量少，这也与幼儿的知识背景有关。学前阶段的幼儿已经具有故事图式，只是故事图式的水平存在差异。低龄幼儿故事图式建构水平较低，只能围绕角色做简单的、无序的描述；高龄幼儿会围绕某一故事情节详细描述，甚至构建一个结构完整的故事。故此，在看图画的过程中，单幅图片更适合年龄较小的幼儿，连续图画比单幅图画更能帮助大龄幼儿构建完整的故事图式。

成人给幼儿讲述的故事越完整，幼儿越能够更好地理解故事的发展线索，搭建完整的故事结构。幼儿对故事的理解以及故事结构的把握依赖幼儿的知识背景和知识经验，越是熟悉的情节，幼儿越能够快速准确地理解故事内容。幼儿的故事概括能力可以在成人的引导下，通过学习一些基本方法和技能来提高概括能力。

（二）故事图式建构能力对幼儿阅读能力发展的意义

故事图式会影响幼儿对故事内容的理解和记忆。幼儿听故事活动对语言的理解过程涉及智力的许多方面或者说需要诸多的智力参与，包括辨词、断义、按语法分割意群、将意群组合成句、推测各段陈述间的联系、在处理后面的内容

时依旧记着前面的内容、推测作者或演讲者的意图、总结出段落故事的基本结构。幼儿对所叙述的情景和情节构建出一种思维的表象,倾向于记住他们构建的有关故事的结构模式,而不是故事本身,至于幼儿故事复述、故事讲述以及故事续编等活动更会涉及许多与智力有关的认知过程。如,对对象基本结构的把握,对故事中人物、地点以及故事发展中逻辑关系的安排、判断和推理等。

研究表明,如果故事的层次结构不易识别或者故事的结构被破坏,那么,读者事后就很难很好地回忆和理解所读的内容。研究也证明,读者没有合适的图式,没有关于所要理解的题目的足够的知识,他们就不能给予所读课文以某种解释;同样,即使读者具有合适的图式,但是作者在课文中并没有能够提供足够的线索,没有能够足够清楚地表达出他的思想,那么,读者所具有的合适的图式不能活动起来①。可见,故事图式影响读者对故事内容的理解和记忆。当读者形成较好的故事图式之后,就能很容易联系故事的各个部分,很好地运用已有经验,把握故事结构,形成更好的阅读能力。这对幼儿来说同样如此。

目前的多数研究关注的是:故事图式对故事理解及回忆的影响;年龄影响故事图式建构能力的形成;故事发展情节的图式,包括故事的人物、情节、开始、高潮、结束等。然而,仅有少数的研究提及:将故事图式作为一种阅读策略,幼儿能够应用这种阅读策略来帮助自己理解故事的内容。这种观点出现在孙莉莉的《早期阅读与幼儿教育》中,但缺乏科学性的研究。教育者或研究者是否深究或疑惑过:幼儿在图画书阅读之后是如何获得其故事图式的? 故事图式是否能够作为一项技能被幼儿习得呢? 图画书中的故事图式是否会被幼儿迁移到日后的阅读活动中呢? 故此,本研究将围绕以上几个问题进行实践性的探讨。

二、运用图画书发展幼儿故事图式建构能力的实践研究

(一)研究目的

不同于传统图画书教学的目标,本研究旨在通过图画书教学发展幼儿在阅读中的故事图式建构能力。即对幼儿进行集体的图画书教学过程中,引导幼儿关注潜藏在图画书中的故事结构,帮助幼儿习得故事的图式或者规律,并鼓励

---

① 张必隐.阅读心理学[M].北京:北京师范大学出版社.1992:311.

幼儿将习得的故事规律或者结构迁移到后文的解读中，对后续的内容进行推理、预测和反思。与此同时，观察幼儿在习得、使用故事结构的过程中发生的一系列的思考活动，即幼儿的思维过程。

（二）研究设计

1.研究对象

本研究的研究对象为安徽省芜湖市一所双语艺术幼儿园的大班幼儿。实验班为大一班的幼儿，共22人；对照班为大三班的幼儿，共26人。因为该园非常重视幼儿的阅读能力发展，特意安排了幼儿阅读的教学课程，此外，笔者对两个班级的语言教学活动进行多次听课，观察发现实验班和对照班幼儿在理解能力、表达能力上的水平相似。鉴于此，本研究未对幼儿的阅读能力进行前测。

实验分为两个阶段，在前一个测验阶段中，两个班级的所有幼儿均参与；在后一个测验阶段中，部分幼儿由于个人或者特殊原因未能参与。参与实验的还有该园中语言组的一位教师，该教师具有7年的教龄，教学经验丰富。

2.教学实验过程

为了更好地突出故事图示建构能力的教学对幼儿自主阅读能力的重要作用，本研究沿用上一章的教学实验过程，按照"情境理解→结构感悟→结构归纳→结构运用"的流程展开图画书教学。选取的图画书标准与上一章一致，即：图画书的故事结构或者语言描述有一定的重复性；故事内容具有预测性。本研究选取了8本图画书：《猜猜我有多爱你》《逃家小兔》《一个黑黑，黑黑的故事》《小猪变形计》《鳄鱼怕怕　牙医怕怕》《围巾里的秘密》《换一换》《数字的挑战》。其中，前8本用于实验教学，《换一换》《数字的挑战》用于检测。

3.实践结果的评价方法

当幼儿沉浸于故事图式建构式教学一段时间后，其对图画书中的结构或者规律较为敏感，在阅读的过程中能够识别图画书中的故事图式。因此，本研究以独立的故事讲述为检测方式，考察幼儿在故事讲述的过程中能否发现图画书中的故事图式（故事结构中的规律或者语言上的规律），能否利用故事图式对图画书后文进行预测或者续编。

（三）具体的实践过程

1.实验阶段：教学过程

在进行实验之前，通对实验班和对照班幼儿的阅读情况以及阅读教学情况进行观察，笔者了解到两个班级幼儿的语言表达能力大致相同，两个班级均有单独的阅读活动时间段。本研究在不影响两个班级正常教学的情况下，均将实验的时间安排在班级原有的阅读活动环节，每周2次，采用集体教学的方式。

（1）教学一：《猜猜我有多爱你》

这本图画书讲诉的是大兔子和小兔子各自用自己的方式来表达对彼此的爱，相互比较谁更爱对方一些。不论是对话还是动作，在图画书的前几页都形成了一个固定的结构，后文都是围绕已知的结构发展下来，这便于幼儿预测语言表达方式及故事的发展情节。这本图画中不仅有重复性的句式让幼儿发展语言表达能力，同时大兔子和小兔子的每一个动作都包含深意，可以让幼儿体验其中的母子情深。最重要的是，这本书含有一个内在的结构，可以发展幼儿把握故事结构的能力，真正地理解该图画书的内容。

教学分析：

针对实验班的幼儿，研究者作为教师，着重以提问的方式引导幼儿发现图画书前4幅图中所暗含的语言句式以及内在的故事结构，让他们领悟到本书典型的语言句式是："我手举得有多高我就有多爱你""路有多长，我就有多爱你"等；同时让他们意识到本书的故事结构是：小兔子有什么动作，大兔子就会有什么样相应的动作，而且他们的动作所表示的含义一致。从第5幅图开始，就鼓励幼儿根据所发现的"规律"自行解读故事内容。

而对照班的授课老师是幼儿园原有的带班教师，相比之下，教师比较多地鼓励幼儿从模仿动作→模仿语言→分享表达爱的方式去阅读本图画书。教学的主线随着教师的需要不断转移，所以幼儿的思维也常常没有方向，也不能真正理解图画书的内容。

（2）教学二：《逃家小兔》

这是一本非常经典的图画书，主要是两只兔子的对话。对话的内容围绕着小兔子想象着各种方式来逃离大兔子，与此同时，大兔子针对小兔子的每一次逃跑，都想到各种方法来找回小兔子，全书洋溢着浓浓的母爱。这本图画书和

《猜猜我有多爱你》类似,在内容和语言上都有一定的规律。譬如,书中从头到尾的一个经典句式是:"如果你变成……,我就变成……"而故事的结构也根据这个句式发生变化,这有助于幼儿预测故事情节的发展。

教学分析:

实验班在进行《逃家小兔》教学之前,先回顾了《猜猜我有多爱你》的故事内容和结构。在该本图画书教学中,教师先和幼儿共同欣赏前5页,引导幼儿观察画面的内容,并将画面中的英文翻译给幼儿听,让幼儿理解图画中小兔子变身的原因和母亲变身的原因。在随后的几页中,以提问的方式来检验幼儿是否理解前文中的内容,让幼儿对比前几幅图画中的语言和结构,引导幼儿发现图画书的内在结构,根据前文所获得的结构,推测和理解整个图画书的内容。

"If you become a fisherman," said the little bunny, "I will become a rock on the mountain, high above you."

"If you become a rock on the mountain high above me," said his mother, "I will be a mountain climber, and I will climb to where you are."

师:小兔子为什么要去爬山? 他变成了什么? 再看一看大兔子在干什么?

135

（引导幼儿正确理解画面含义和其中的语言句式）

师：现在请小朋友来自己说一说这两幅图画中的小兔子和妈妈在干什么啦！（翻到小兔子变成小花朵的那一页）

"If you become a mountain climber," said the little bunny, "I will be a crocus in a hidden garden."

"If you become a crocus in a hidden garden," said his mother, "I will be a gardener. And I will find you."

幼：小兔子跑到花园里，变成了一朵小花，他妈妈来了，在给花浇水。

师：小兔子会对妈妈说什么？

幼：如果你做一个登山的人，我就变成小花。

师：大兔子听到小兔子所说之后，会说点什么呢？

幼：如果你变成小花，我就变成浇花的人。

在教学中，幼儿理解了小兔子一次一次的变身是为了离开妈妈，大兔子一次一次的变身是为了找回小兔子。当幼儿理解了图画书之后，笔者试图让幼儿对后面图画的内容进行自由解读。在解读的过程中，幼儿的思维始终围绕着小兔子想办法离家出走、大兔子想办法抓回小兔子而展开。

而在对照班的教学过程中,教师更多地强调完整句式的学习和训练。从第2页开始,教师不断提示,让幼儿学习"如果你变成……,我就变成……"这一语言句式。

师:我们知道了这只小兔子有要逃走的想法,但是他的妈妈会去追它。这时小兔有另外一个想法了,他想干嘛? 他妈妈怎么说的?

幼:他想变成小鳟鱼。他妈妈说:"如果你变成小鳟鱼,我就变成渔夫去抓你。"

师:请说完整。

幼:如果你要抓我,我就变成小鳟鱼,游得远远的。妈妈说:"如果你变成小鳟鱼,我就变成渔夫去抓你。"(在老师的提示下完成)

……

师:小兔又有了什么奇怪的想法? 他会怎么说?

幼:变成石头。

师:请小朋友完整地表述。

幼:如果你变成渔夫,我就变成高山上的大石头,让你抓不到我。(在教师的提示下完成)

整节课中,教师多次提到"用完整的句式来表达",幼儿的每一次回答,教师都会在旁边不断地提示和打断。不难发现,其教学目标明显地指向语言句式的训练。幼儿在课堂上只是反复地训练句式,所思考的是如何将图画的内容转换成完整的句子。幼儿能否真正理解图画书中的内在结构就无从可知了。

(3)教学三:《一个黑黑,黑黑的故事》

这是一个有点恐怖,但最后又会使你哈哈大笑的幽默故事。全书以摄像的方式将内容分隔成一个个连续的画面,从荒野到森林、到城堡、到大门等,连续的两个画面间依靠两个共同的事物来连接。换言之,书中的每一个画面都为下一页的故事做好了铺垫,每一页的故事都在前一页的基础上发生,关联性极强,但是这种不经意的关联需要幼儿在内容丰富的画面中仔细地发现和寻找。这本图画书的特点体现在:一是语言上,语言具有重复性和韵律感;一是内容上,前一页内容为后一页内容做铺垫。因此,这本图画书既可以锻炼幼儿的画面观察能力,进行句式训练,又可以提高幼儿发现故事结构的能力。

教学分析:

实验班用了2个课时才完成该图画书的教学。第一次教学中,幼儿对语言规律和故事的内在结构完全不感兴趣,他们的关注点聚焦在每一个画面上,热衷于发现隐藏在画面中的小动物、小情节和环境。在幼儿的眼中,每一个画面可以形成一个短小的故事。所以,在图画书的前8页,幼儿并没有发现画面之间的关联。在第9页中,当小黑猫在镜头下放大之后,幼儿的思路才慢慢地聚焦在小黑猫身上,逐步跟着小黑猫的脚步来观看故事的发展。

第二次教学中,教师试图引导幼儿发现前后画面之间的关联。如:

师:很久以前,有一个黑黑、黑黑的荒野。在荒野上,有一片黑黑、黑黑的树林……

师:这个城堡在哪里呢?

幼:在荒野上。

幼:荒野的旁边。

师:在城堡的边上有什么?

幼:树林。

幼:树林旁边,有一个黑黑、黑黑的城堡。(老师示范)

……

师:走廊是在什么东西的上面?

幼:楼梯。

师:是的,在楼梯的上面,有一条黑黑、黑黑的走廊。走廊的那头有什么?

幼:窗帘。

师:走廊的尽头有一块黑黑、黑黑的窗帘。(鼓励幼儿一起表达)

……

师:小猫现在在看着什么?

幼:橱柜。

师:橱柜在哪里?

幼:房间里。

师:房间里,有一个黑黑、黑黑的橱柜。(幼儿开始和老师一起说)

前9个跨页中,教师在引导幼儿发现画面关联的同时,以一个完整的句式总结幼儿的发现,没有对幼儿提任何语言上的要求。在第10个跨页中,幼儿开始模仿教师的句式,在随后的两个跨页中,一些幼儿对画面进行了创造性的解读。整节课中,教师紧紧围绕着"画面之前的关联"和"语言上的规律"而展开。

从对照班的教学过程中可以发现,其主要目标是让幼儿对每一幅画面进行仔细的观察,并形成单幅图叙事结构。同时,教师重在引导幼儿使用"黑黑 黑黑的……"的句式。

师:你们看到了什么?

幼:天空中有一只猫头鹰、草丛里有小兔子、地下有一片草地、黑黑的天空。

师:请你用一句话来表达一下想法。

幼:黑黑、黑黑的天空好像要下雨、老鹰飞过了去抓小兔子、猫头鹰来了、小兔子正在找地方躲起来。

师:老师现在来总结一下你们的发现。从前,有一片黑黑、黑黑的荒野,在黑黑、黑黑的天空中,快要下起倾盆大雨。天空中飞来一只巨大的老鹰,在抓小兔子,小兔子立马躲进了草丛里。

……

幼:这是一片大树林,有雾和蘑菇、没雾的地方有个城堡。

幼:有黑色的蝙蝠。

幼:黑黑、黑黑的蘑菇。

师:总结一下,在这片荒野上,有一个黑黑、黑黑的森林,森林里,有一个黑黑、黑黑的城堡,森林里弥漫着雾,还有一只只黑黑、黑黑的蝙蝠和蘑菇。

对照班的前半段教学中,教师主要考察了幼儿观察画面的能力,没有引导幼儿观察画面与画面之间的关联,从而出现了单幅图叙事的结构。图画书是一个前后连接、相互关联的整体,单幅图讲述不仅将故事的内容切割成零散的片段,还使幼儿的思维碎片化,完全忽略了故事的整体性和连贯性。

(4)教学四:《小猪变形计》

这本图画书讲述的是,一只极其无聊的小猪为了寻找生活的刺激和乐趣,做出一系列让人啼笑皆非的举动,如扮成长颈鹿、斑马、大象、袋鼠、鹦鹉等。当它每遇到一位小动物,总能发现别人的优势,并且渴望自己也能变成他人,因此不停地变形。可是每一次变形之后,总会被别人识破或嘲笑,这使他放弃刚刚获得的乐趣。该本图画书中有一个明显的结构和规律——小猪遇到了谁,它就想变成谁,并且想尽各种办法来扮成他人。故此,本图画书可以让幼儿快速地发现其故事的结构,形成明确的思维过程。

教学分析:

实验班教学中,教师首先让幼儿欣赏图画书的扉页,认识各种小动物,并让幼儿描述出场的各种小动物的特征。认识小动物的特征是为了帮助幼儿在后续的文章中对小猪的换装提出有效的意见,引导幼儿在合乎常理的基础上发挥想象,而不是天马行空的猜测。此外,扉页上暗含了各种小动物出场的顺序,也就是小猪变形的顺序,有利于幼儿对后文的内容做出合理的推理和预测。

师:请小朋友们观察一下扉页上有哪些动物?

幼:有大象、长颈鹿、斑马、小鸟和两只小猪。

师:你们先来说一说长颈鹿有什么样的特征。

幼:长颈鹿有长长的脖子。

幼:斑马有条纹。

幼:大象有长长的鼻子。

幼:袋鼠用他的腿跳得高高的。

幼:小猪有圆圆的肚子和大大的鼻子。

幼:小鸟会飞。

幼:小猪希望自己有这些本领。

在教学中,教师不仅引导幼儿关注小猪的变形对象和变形过程,重点让幼儿解决"小猪为什么要选择变成长颈鹿,而不是其他的动物"的问题,引导幼儿发现其真正的原因是"小猪在变成长颈鹿之前,是因为它遇见了长颈鹿"。

小猪哼哼地跑回去做了一对高跷，然后踩着高跷散步去了。

师：为什么小猪要当长颈鹿啊？

幼：因为他觉得当长颈鹿很好玩。

师：他会不会一直做长颈鹿呀？

幼：不会。

师：她又变成了什么样？

幼：斑马。

师：他也可以变成别的动物，一定要做斑马吗？他在变成长颈鹿的时候遇到谁了呀？

幼：斑马。

师：是的，因为他遇到了斑马，他觉得斑马的生活肯定有意思。

在整个教学过程中，幼儿的思维围绕着"小猪遇到了谁？如何变身？变身之后又发生了什么事情？"这几个问题来阅读整本图画书。这几个问题也是该图画的主要结构，后续的内容都是围绕着这个框架发展而来。因此，教师着重引导幼儿在前8页中获得该故事的结构，鼓励幼儿试用已习得的故事的结构来推测后文的发展。

对照班中的教学主要围绕着一个问题，即"小猪如何装扮成其他小动物"，鼓励幼儿进行发散性思考。

师：小猪碰到吃树叶的长颈鹿之后，他此时在想什么？

幼：小猪想使自己的脖子也变得很长。

141

师:如果你是小猪,你会用什么方法来变成长颈鹿?

幼:站在树枝上。

幼:站在高山上。

幼:踩在牛奶盒。

幼:可以踩高跷。

(引导幼儿思考小猪怎样才能变成长颈鹿)

……

师:小猪觉得当斑马也不开心,还不如变成大象吧? 那他怎样才能变成大象呢?

幼:做一个长长的鼻子。

幼:用一个水管做鼻子。

幼:用蓝颜色的颜料把身上涂成蓝色。

幼:还有牙齿呢?

(引导幼儿思考小猪是如何变成大象的)

在故事的结尾之处,小猪还是觉得当小猪最开心了,教师将教学目标转向说教,让幼儿明白"做自己才是最开心的事情"。

师:故事的开始,小猪觉得当小猪不好玩,于是不停地寻找,变成各种各样的动物,学习别人的优点。他变身之后,才发现在泥潭里打滚才是最开心的事情。所以,小朋友们,你们应该也要知道做自己才是最快乐的事情。

教学目标随着图画书情节的发展而发生变化,前部分是引导幼儿大胆想象小猪如何变身,后部分转向道德说教,告诉幼儿一个道理。整节课中,幼儿的表现非常活跃积极,教学貌似非常成功。细看之下,教师并未将图画书中明显而清晰的结构作为教学中的关注点,只是一带而过地告诉幼儿下一位出场的动物是谁,这样幼儿不会去思考下一位出场的到底是哪个小动物。因此,图画书本身的结构和作者想要表达的内容在教学中没有得到体现。

(5)教学五:《鳄鱼怕怕 牙医怕怕》

这本图画书文字较少,画面简洁,主要围绕着一只牙痛的小鳄鱼和牙医之间的故事展开情节。从去看牙医到治疗结束,鳄鱼和牙医的心情进行着一系列的变化,并且两人的心理、神情和动作变化都是一致的。本书的结构和规律体现在两个方面：一是语言文字上具有重复性，鳄鱼和牙医的对话和想法是一致的；二是每个片段中鳄鱼和牙医的神情、动作是一致的。这本图画书对于幼儿来说，非常有吸引力。因为，首先画面容易读懂；其次画面留给幼儿很大的想象空间；最后图画书的故事性较强且贴近幼儿的日常生活。

教学分析：

实验班在进行该本图画书教学时，教师从一开始就让幼儿关注鳄鱼和牙医的对话内容和对话方式，让幼儿认识到两者的对话内容和方式、心情及动作都具有重复性，这也是存在于该图画书中的规律或故事的图式。教师通过前4个跨页的教学，让幼儿习得这个规律。在后续的教学中，通过表演的方式，教师充当鳄鱼，引导对话的发生和故事的进行，让幼儿集体来扮演鳄鱼，尝试将前面获得的规律应用到后文的理解和感知中，在表演中进行图式迁移。

　　师：小朋友们，我们再来看看鳄鱼来时的心理。"我真的不想看到他，但是我又非看不可。"那牙医心理在想什么？

　　幼：不想看到鳄鱼。

　　幼：我也非看不可。

　　师：小朋友们，你们有没有发现鳄鱼和牙医他们说的话是一样的呀？

　　幼：发现了。

　　师：鳄鱼进门后，他们的表情是什么样的？

　　幼：啊！（纷纷模仿牙医和鳄鱼的动作）

　　师：鳄鱼都在小树的背后，他心里想"我一定得看吗？"你们找找看牙医在哪里？

　　幼：在椅子后面。

　　师：此时他心里是怎么想的？

　　幼：我一定得看吗？

　　师：我一定得给鳄鱼看牙齿吗？我一定得去吗？

　　幼：一定。

　　师：你们有发现他们俩的想法又是一样的吗？

　　……

　　师：鳄鱼现在是什么样的感觉？

143

幼：害怕（集体发出惊叫声）。

师：鳄鱼说"我好害怕呀！"那牙医呢？

幼：我也好害怕呀！

师：好，现在开始，老师来扮演鳄鱼，小朋友们来扮演牙医，我们来一起表演。

……

师：鳄鱼坐在椅子等待牙医的时候，他是怎样安慰自己的？

幼：我要勇敢！

师：牙医会说什么呢？

幼：我也要勇敢！

师：为什么牙医也一定要勇敢呀？

幼：因为他们都很怕！

……

在后半段的教学中，主要由幼儿来主导故事的发展，他们自己既扮演鳄鱼又扮演牙医，条理清晰地展开鳄鱼和牙医的对话。幼儿之所以能自行解读故事的后半段，是因为幼儿在故事前半部分的教学中已经获得了故事的结构，能够按照已习得的故事的结构理解后面的内容。

对照班的教学目的是故事欣赏和生活习惯教育。从标题处开始，教师让幼儿说一说各自害怕的事情，初步感知"怕怕"的感觉。在后续欣赏的过程中，教师带领幼儿从人物的表情和动作来体会鳄鱼和牙医两人从害怕、紧张到放松、释然的心情。总之，该堂图画书教学中，情感目标的比例较重。最后，教师从图画书中总结出一个道理，即告诉幼儿要做到早晚刷牙、保护牙齿。

师：你们最怕什么？

（让幼儿说一说最怕什么，引出他们体验害怕时的感觉）

……

师：牙医打开门之后，与鳄鱼见面了。他们俩此时此刻的样子很惊恐。谁来模仿一下他们的动作。

……

师:此时牙医的心情是既害怕又犹豫。

师:大家来学一学他们的动作。

……

师:牙齿补好了,鳄鱼终于松了一口气。小朋友你们现在正处在换牙的阶段,所以你们一定要早晚刷牙……如果牙齿坏了,一定要学习鳄鱼勇敢地去补牙。

整节课中的教学目标不断发生转移,教师对图画书的主旨把握不准,从而使幼儿的思维片段化。

(6)教学六:《围巾里的秘密》

这本图画书主要讲述的是两个不同种族之间的友谊的故事。黑人小女孩米莉和白人小女孩茉莉是一对很要好的朋友,他们在圣诞前夕秘密地为对方准备礼物。在准备礼物的过程中,她们的所想、所做和语言都表现出惊人的一致性。这本书的结构和《鳄鱼怕怕　牙医怕怕》相同:语言的一致性和图画内容的一致性。但是该本图画书中的文字较多,画面较为细腻,并且带有很强的文化色彩。对于幼儿来说,发现其结构、理解其故事内容可能有一定的难度。

教学分析:

实验班教学中,为了让幼儿发现存在于故事中的结构,教师先与幼儿共同阅读图画书前9页中的内容,欣赏完毕后,让幼儿复述两个主角在做什么、想什么,并对比两人之间的行为方式。幼儿在此过程中并未识别故事的结构。后续的内容依然由教师与幼儿共同阅读,直至故事结束。整个教学过程显示,幼儿只有在个别的地方能意识到故事的结构,如第10页和第11页中,两个画面并列在一起,米莉和茉莉的行为方式是完全一样的。

师：米莉的围巾织得越来越长了。右边的茉莉呢？

幼：也织得更长了。

幼：越织越长。

在进行第二次阅读教学时，教师先描述米莉的故事，并鼓励幼儿解读茉莉的故事。幼儿在解读的过程中，并不能快速地发现并利用故事的结构。总体来说，这一次图画书教学并未实现"引导幼儿发现故事的结构"这一目标。

对照班教学中，教师先引导幼儿观察封面，通过暗示让幼儿意识到封面上的两个人穿着相同的衣服和鞋子，戴着相同的围巾。教师以叙述的方式讲述前5页的故事内容，从第6页开始，引导幼儿模仿前5页的叙述方式。

师：再过一个月就是圣诞节了，米莉说："我想给茉莉织一条围巾。"妈妈说："真是个好主意！自己做的礼物总是最特别的。"米莉想："茉莉应该喜欢有条纹的围巾。"妈妈从箱子里帮她找到毛线和织毛线用的棒针。妈妈一针一针地仔细教米莉怎样织围巾。米莉坐在咪咪旁边，开始慢慢地织围巾，她不停地织啊织啊织啊，不看电视也不出去玩。而且，她没有告诉茉莉这个小秘密。

师：我们看了米莉的想法，我们再来看看茉莉有什么想法？

幼：茉莉也想织一个围巾给她！

师：茉莉也想着圣诞节，她告诉妈妈想织一条围巾给米莉，妈妈拍着她的头说什么？

幼：真是个好主意！

师：自己做的礼物总是最好的。茉莉说米莉喜欢有条纹的，妈妈帮她找出

146

毛线和棒针,茉莉一针一针地织。

幼:她也不看电视也不出去玩。

师:米莉的围巾越织越长。茉莉呢?

幼:茉莉的围巾也越织越漂亮。

……

师:米莉认为她的围巾足够长了,她请妈妈帮忙打个结。妈妈说这还不够长,所以米莉一直织到晚上,到了圣诞节的早上,米莉还在织围巾。妈妈说:"你一定很喜欢茉莉吧?"

师:茉莉也觉得她的围巾足够长,她请妈妈帮忙打结,妈妈会怎么说?

幼:这还不够长。

师:到了圣诞节的早上,茉莉还在织围巾,妈妈会说什么?

幼:你肯定很喜欢米莉吧?

在每一个段落中,先由教师讲述米莉的故事,幼儿再模仿教师描述茉莉的故事。这样一唱一和中,幼儿似乎慢慢地理解了故事的内容和结构。因此,在对照班的教学中较为明显地体现了"引导幼儿发现故事的结构"这一目标。

2.分析阶段:教学总体分析

(1)两组教学的活动目标有明显差异

实验班的教学紧紧围绕着同一个目标,即"引导幼儿发现故事的结构并将所习得的结构应用到后文的解读中"。在图画书的开始部分采用师幼共读的方式,由教师引导幼儿识别故事的结构。在图画书的后半部分,教师鼓励幼儿使用已获得的故事的结构自己来解读故事内容。在该教学目标的要求下,教师的教学思路清晰,幼儿的思维也非常明确。幼儿在这种教学方式之下,多数情况下(除《围巾里的秘密》)能发现故事的结构,并能依照故事的结构对后文进行创造性的解读。通过分析发现,对照班的6本图画书教学中只有1次教学体现了"引导幼儿发现故事的结构",其余5次教学的目标多为句式训练、观察图片、发展幼儿想象力、道德说教等。

(2)两组教学所激发的幼儿思维程度不同

通过整理视频发现,实验班的教学始终围绕着既定的目标而展开,阅读目标明确,幼儿的思维也跟随着教学者的主线,很少发生偏移。对照班的6次教学中,教学重点经常发生转移,幼儿的思维因此而出现断层或发生偏移。即使前面的目标是"观察画面""句式模仿""鼓励创造性的想象",最终都会转向"揭示图画书更深层次的教育意义";教师的教学重点不断发生转移,目标不明确,幼儿的思维也跟随教师不断地转变。

3.检测阶段

经过为期一个多月的故事图式发现式教学,幼儿在教学中是否掌握建构故事图式的能力,是否能将已习得的故事图式建构能力迁移到其他的阅读活动中来,这也是实施本次检测的目的。该阶段同样以故事结构较为明显的图画书作为检测工具——《换一换》《数字的挑战》,采用幼儿单独的故事讲述方式进行检测。

表5-1　两本图画书的检验结果对比

书名	规律/故事结构	实验班（15人）	百分比	对照班（17人）	百分比
《换一换》	小鸡遇到一种动物之后,它就会与其交换叫声,叫声持续到遇见下一位小动物	14	93.3%	8	47.1%
	小鸡在遇到每一个小动物时,它的叫声会突然转换成"叽叽"声	1	0.67%	7	41.1%
	没有发现小鸡换叫声的规律	0	0%	2	11.8%
《数字的挑战》	发现画面中事物的数量从少到多的规律	2	13.3%	5	29.4%
	发现图画中事物的数量从少到多,然后又从多到少的规律	7	46.7%	5	29.4%
	没有发现任何数字规律	6	40%	7	41.2%

对以上实验班的数据和对照班的数据进行卡方检测,结果显示:《换一换》的故事讲述测验结果中 x^2=8.043(p=0.018<0.05),说明对照班和实验班差异显著;《数字的挑战》的故事讲述测验结果中 x^2=1.577(p=0.454>0.05),说明对照班和实验班差异不显著。之所以出现这种状况,是因为《换一换》的故事性较强,

故事本身的结构明显,然而《数字的挑战》相对较难。

4.结果分析

(1)故事图式发现式教学有利于促进幼儿建构故事图式能力的发展

卡方检测结果显示了两组之间的差异,数据表明实验班的幼儿建构故事图式能力明显优于对照班的幼儿,而这种优势在具体的故事讲述中表现得更加明显。譬如,在图画书《换一换》的检测结果中,幼儿自主讲述该图画书时主要有以下几种状况:

①小鸡与每一个小动物都交换了声音,其他小动物也交换了不同的声音,于是所有的小动物的叫声都不一样。其过程如下:

小鸡(叽叽)　遇到老鼠（吱吱 → 叽叽）

　↓

小鸡(吱吱)　遇到小猪（哼哼 → 吱吱）

　↓

小鸡(哼哼)　遇到青蛙（呱呱 → 哼哼）

　↓

小鸡(呱呱)　遇到小狗（汪汪 → 呱呱）

　↓

小鸡(汪汪)　遇到小猫

　↓

小鸡(喵喵)　遇到乌龟（嗯 → 喵喵）

　↓

小鸡(嗯)

故事讲述中出现该种模式的幼儿占绝大多数,实验班有14人,占参与实验总人数的93.3%,对照班有8人,占参与实验总人数的47.1%,实验班明显地优于对照班。实验班的幼儿都意识到小鸡不仅与其他小动物交换声音,而且交换后所得的声音会持续到遇见下一位小动物,并且以新习得的声音再次与其他小动物交换。因此,在整个过程中,实验班的大多数幼儿都意识到不仅小鸡换了不同的声音,并且其他的小动物都变换成不同于自己也不同于他人的声音。这是该图画书的正确的规律或者结构。

②小鸡与每一个小动物交换声音后,在遇到下一位小动物时,它又变成了原来的"叽叽"声,结果所有的小动物变成了"叽叽"声。其过程如下:

小鸡(叽叽)　　遇到老鼠（吱吱 → 叽叽）

↓

小鸡(吱吱→叽叽) 遇到小猪（哼哼 → 叽叽）

↓

小鸡(哼哼→叽叽) 遇到青蛙（呱呱 → 叽叽）

↓

小鸡(呱呱→叽叽) 遇到小狗（汪汪 → 叽叽）

↓

小鸡(汪汪→叽叽) 遇到小猫

↓

小鸡(喵喵→叽叽) 遇到乌龟（嗯 → 叽叽）

↓

小鸡(嗯)

故事讲述中出现该种模式的幼儿为数不少,在对照班中出现该种故事讲述模式的幼儿占41.1%,17位实验幼儿中就有7名幼儿以这种模式讲述整本图画书,然而实验班参与实验的幼儿中仅有1名以该种图式讲述整本图画书。可见,对照班中的幼儿从图画书中发现了小鸡与其他动物交换声音这个主题,但是忽略了小鸡的声音会一直发生变化,从而会影响后续交换声音的小动物。

③没有发现交换声音的规律。在对照班的故事讲述中,有2位幼儿认为小鸡是出去游玩,相继遇到了不同的小动物,一场短暂的旅行后小鸡回家了。

在图画书《数字的挑战》中,幼儿讲述的过程中同样出现了三种情况:

①幼儿能识别正数和倒数的规律。实验班有7人,占参与实验总人数的46.7%。对照班有5人,占参与实验总人数的29.4%。两个班级的差异较为明显。

②幼儿只能识别数字从小到大的规律。实验班有2人,占参与实验总人数

的13.3%。对照班有5人，占参与实验总人数的29.4%。

③幼儿没有发现任何数字变化规律。实验班有6人，占参与实验总人数的40%。对照班有7人，占参与实验总人数的41.2%。

对比两种教学方式，幼儿发现和掌握故事的结构的能力是有区别的。实验班的幼儿能够抓住图画书中的结构，形成更加清晰的思路。

(2)故事图式发现式教学更有利于提高幼儿的自主阅读能力

当幼儿形成寻找图画书中的结构的意识后，他会将这种习惯或者能力迁移到后续的图画书阅读中，从而有效地提高图画书自主阅读能力。自主阅读，是指教师帮助幼儿确立阅读目标，由幼儿自我监控实施阅读活动并自我进行阅读评价的阅读过程。例如在实验班中，实验阶段中采用的都是以发现图画书故事的结构的教学方式，检测阶段中采用的是幼儿自主地阅读图画书并讲述图画书的故事内容。检测的结果显示，实验班中幼儿更能准确地理解和掌握《换一换》这本图画书完整的结构，在掌握了该图画书的内在结构的前提下，能准确地预测后文的发展。

譬如，面对《换一换》图画书的最后一页，实验班的王语馨小朋友继续对故事进行创编："小鸡'嗯……'地叫着，这时它遇到了母鸡，对母鸡说，'我们换个声音吧！'于是小鸡又变成了'咯咯'的声音，母鸡变成了'嗯……'声"。从中不难看出，幼儿对前面的故事的结构已经完全掌握，并尝试续编故事的内容。

除此之外，对照班中有41.1%的幼儿认为"小鸡在遇到其他小动物时会突然转换成'叽叽 叽叽'的叫声"。其中有4位小朋友在老师的暗示下，依然没有发现图画书的规律。

以下是笔者和其中一位小朋友的对话：

幼：小鸡遇到了小猪，他想和小猪换声音，小猪答应了。于是，小鸡变成了"哼哼 哼哼"，小猪变成了"叽叽 叽叽"。

师：小猪为什么变成"叽叽 叽叽"声？

幼：因为他和小鸡换声音了。

师：小鸡和小猪换声音之前，小鸡是"叽叽 叽叽"声吗？

幼：是的。

可以看出,发现故事的结构更有利于幼儿进行自主阅读。幼儿在获得图画书中的内在结构之后,会将其迁移到后续的阅读理解中。

(3)幼儿已有的经验和知识影响图画书结构的感知

图画书的阅读中,幼儿是否能感知隐含在图画书中的结构或者规律,不仅取决于幼儿所习得的阅读技巧和阅读能力,还受到图画书的难易程度、是否贴近幼儿的实际生活、是否为幼儿感兴趣等因素的影响。这些因素在幼儿讲述图画书《数字的挑战》的过程中体现得尤为明显。

首先,《数字的挑战》故事的连贯性不强、想象的空间极大,对于幼儿来说,进行完整地讲述并发现其结构格外困难。

其次,很多幼儿都认为该图画书中包含了很多故事,如三只小猪、丑小鸭、灰姑娘、青蛙王子、姜饼人、小红帽等,这些故事是较为经典和常见的童话故事。通过与幼儿交流发现,他们在日常阅读中或者家庭亲子阅读中接触过这些故事,故此,在没有发现该图画书的结构的幼儿群体中,他们更多的是意识到了书中所包含的自己熟悉的故事,其关注点也在这些熟悉的情节和画面上。

最后,能快速地发现图画书中的数字规律的幼儿对数字的感知能力强。例如,在《数字的挑战》的故事讲述中,实验班和对照班各有两名幼儿表现得格外突出。他们四人在教师没有任何提示的情况下,都发现了该图画书的结构和规律。实验班的这两位幼儿一翻阅完这本书,就对教师说:"老师,我发现一开始是越来越多,从1、2、3数到10。后面是越来越少,这一页有9只狗、树上是9个水果、还有9朵花,后面只有8只穿衣服的老鼠……。""一开始是前一页比后一页少,后面是后一页比前一页少。"而对照班的一位小朋友翻完这本书之后,说:"这就是正数和倒数,前面从1到10,后面从10到1"。另一位幼儿乐呵呵地说:"我发现了数字的规律,一开始越来越大,然后又变成倒数了!"这几位幼儿在数学方面的表现都比其他幼儿更好,尤其是对照班的两位小朋友。然而,在《换一换》的故事讲述中,他们故事里的所有小动物都变成了"叽叽 叽叽"的叫声。可见,即使是图式建构能力较强的幼儿,同样需要教师的引导和提示,才能更好地理解故事内容。

(4)故事图式发现式教学更有利于幼儿形成清晰的、整体的阅读思维

在整理和分析实验阶段的教学视频中发现,传统图画书教学中,教师的教学重点经常会发生转移或变动,同时,幼儿的思维会随之变得无方向性。以发

现故事的结构的教学中,教学的主线清晰,幼儿的思维紧紧围绕着故事的结构,明确而具体。

如前文所述,《鳄鱼怕怕　牙医怕怕》的教学中,对照班的教师的教学思路有一个明显的中断和转换过程,如下:"小朋友说一说自己害怕的事情"→"模仿鳄鱼和牙医的动作及表情"→"讨论如何保护牙齿"。因此,幼儿思维的重点也不断地从上一个话题转向下一个话题,所以直到最后幼儿也没能真正理解本图画书的内容。而在实验班教学中,教师只做了两件事情:第一,让幼儿关注鳄鱼及牙医的对话内容和方式;第二,让幼儿尝试角色表演。第一件事情的目的是为了让幼儿识别图画书中的故事结构、建构图画书的故事图式,第二件事情的目的是鼓励幼儿应用故事图式。因此,在整个教学过程中,幼儿的阅读思维紧紧围绕着图画书的故事结构而展开。

(5)幼儿发现故事图式的能力具有持久性

本研究分两个阶段在幼儿园实施,中间间隔半个月。半个月后,研究者再次对幼儿进行测试。结果显示:在《换一换》的故事讲述中,实验班的效果明显优于对照班,实验班的幼儿绝大部分都能发现故事的结构,在潜移默化中将故事的结构应用于后续故事的解读。在《数字的挑战》的故事讲述中,有一半的幼儿发现了故事的内在结构,并通过所获得的图式来预推后文中的内容。这说明发现故事的内在结构的能力被幼儿真正地习得之后将会持久地保持下来。

三、本研究给予我们的启示

从教学实验的过程和结果分析来看,在教学中注重图画书的结构及内在逻辑有利于幼儿形成整体的、清晰的阅读思维,尤其是帮助幼儿在阅读中建构图画书的故事图式,使幼儿对整个故事图式有更深刻的理解,以便在后续的阅读中方便幼儿的推理、预测和验证,最终提高幼儿初步的自主阅读能力。对本研究的结果进行思考后,可以得出以下启示:

(一)以直观化的方式呈现故事的结构有利于幼儿构建图画书的故事图式

当图画中的画面不连贯、故事情节不明显时,教师如何让幼儿准确地理解故事内容、把握故事结构呢? 例如,图画书《一个黑黑,黑黑的故事》中,上一页的画面对下一页的内容进行了暗示,成人很容易发现这个图式。然而,图画书每一页的画面非常生动且饱满,幼儿在阅读过程中,更倾向于欣赏和发现画面中的各种小动物、植物和其他事物,在描述每一个画面时,都将其孤立地讲述成了一个小故事,不能很好地把握画面之间的关联,更谈不上发现这本图画书中的故事结构。对于这种类型的图画书,如何让幼儿发现故事的结构,理解图画书的内在含义呢?

思维发展具有阶段性和连续性,幼儿的思维发展还处于具体形象期,即使是大班幼儿,他们多数还处在依靠表象进行思维的阶段,抽象思维才刚刚开始萌芽,他们对于处理复杂的、抽象概括的能力还是比较弱。所以,在图画书教学的过程中,尽量创设符合幼儿思维能力的活动或方式,有效地帮助幼儿识别故事的结构,真正地理解图画书中的内容,同时提高幼儿的理解能力、推理能力和逻辑能力。

故此,本研究在图画书《小猪变形记》的教学中,进行了一个巧妙的过渡,即在教学之前让幼儿仔细阅读了该图画书的扉页。

这张图画传达了很多的消息。首先,教师告诉幼儿这本图画书中可能会出现以下几种动物,如小猪、长颈鹿、斑马、大象、袋鼠、小鸟。其次,教师提问:"图画中为什么会有两只小猪呢?"这也同样给幼儿留下了想象的空间。最后,教师暗示,所有的小动物都井然有序地往同一个方向前行,这意味着动物是按一定的顺序出场的,要求幼儿更加细心地加以识别。

再如,《一个黑黑,黑黑的故事》图画书本身的结构不明显,教师在第一次教学中未使用其他教具来展示图画书的发展线索,因此,教学过程中幼儿对图画书的语言结构和故事图式没有觉察。参考《小猪变形记》的教学经验,将这本图画书的故事结构以某种直观的形式展现出来。例如,将书中的每一件事物以简笔画的形式将其具体化、形象化,并将图片按图画书原有的故事图式排列开来,这种清晰明了的结构图可以展示图画书中不易被幼儿发现的结构,能够帮助幼儿构建故事图式。因此,以直观的方式呈现故事的结构,更容易使幼儿获得图画书的规律,也更容易使幼儿深刻地理解图画书的内容。

(二)教师重复故事主线有利于幼儿建构故事的结构并推测后续内容

心理学和生理学的研究表明,幼儿的注意力时间有限、注意范围不够广,即使是大班幼儿,他们持续关注于某一个事物的注意力不足15分钟。不仅如此,幼儿的思维在故事的阅读中还不够完整和成熟,对整个故事的线索或者结构的把握都有所欠缺,尤其是对上下文、前后文之间的联系理解不到位。

譬如,在《小猪变形计》教学过程中,教师在图画书阅读完毕后提问幼儿:"为什么小猪要装扮成长颈鹿、斑马、大象、袋鼠等动物?"幼儿在回答的过程中需要教师经常将图画书翻到前页,暗示幼儿"小猪在变形之前遇到了谁"。除此之外,幼儿在阅读《换一换》的过程中,有一部分幼儿会出现如下状况:小鸡在与老鼠交换声音后,变成了"吱吱"声,当小鸡又遇到狗狗后,它的"吱吱"声又变回了"叽叽"声。因此在整本图画书中,除了小鸡换了不同的声音外,其他小动物都换成了"叽叽"声。在幼儿出现此状况时,教师会对幼儿做适当的提醒和暗示,有些幼儿能够及时地改变思维方向,慢慢地摸索出全书的内在结构。

幼儿必须具备一定的推理能力、概括能力和抽象能力才能顺利地进行自主阅读。因此,教师在带领幼儿进行图画书阅读中,要观察幼儿的思维过程,当幼儿的思维出现短暂性的停顿或者思路不清晰时,教师应当及时地提供帮助,以口头的形式或者返回前文的方法来提醒幼儿。

(三)教师要科学合理地引导幼儿建构故事图式

在阅读过程中,教师有效的引导对幼儿来说就如一盏指明灯,将幼儿的故事解读牵引至合理的方向。在实验的过程中发现,教师经常会让幼儿自行地解读故事,即使幼儿对图画书的解读完全偏离了作者的本意,教师依然采取不干预的态度,反而鼓励幼儿继续诠释。这种图画书的解读方式在很大程度上激发了幼儿的表达欲望和积极性,培养了幼儿的想象力和阅读能力。但是,这种阅读方式任幼儿的想象驰骋,犹如脱缰的野马,毫无目的性,完全忽视了图画书本身的结构和作者所要传达的意义。

在不违背图画书本身意义的情况下,教师如何有效地引导幼儿建构图画书的故事图式,并激发其进行正确的故事解读呢? 首先教师在图画书的开始部分引导幼儿理解图画书的基本线索,了解图画书中的主要的人物形象和感情基调,帮助幼儿在脑海中搭建故事结构的基本框架。这种引导可以从图画书的标题开始。例如《小猪变形记》中,教师在标题中引导幼儿意识到图画书的主角是"小猪",主要事件是"小猪要变形",接下来的6页中,引导幼儿掌握"小猪为什么要变形,它怎样变形?"这个是教师引导的主要部分,在这个环节中幼儿大致地理解了故事的主要内容。其次,教师应鼓励幼儿在根据文学作品提供的线索,扩充想象,进行创造性的表述①。幼儿在教师提供的图画书线索或者结构之下,根据画面内容,联系个人已有经验,自行地解读后文的内容。例如,幼儿看到"小猪踩着高跷摔倒之后",所有的幼儿都大声说"小猪想当斑马",接着幼儿开始相互讨论"小猪怎样才能变成斑马?"各抒己见。

因此,在图画书阅读中,幼儿阅读方式的差异会影响幼儿故事图式的建构。教师应引导幼儿先理解故事的大致内容,建构故事的基本框架,在此基础上,鼓励幼儿通过画面观察、个人经验自主进行故事的诠释。

(四)丰富幼儿自身已有的知识和经验

在教学的过程中发现,幼儿对故事的解读有着不同的观点和意见,尤其是对图画书故事结构的敏感度不同。越是贴近幼儿的知识和经验的故事,幼儿所表现出来的故事理解水平越高。幼儿在对故事进行解读时,往往参杂着自己的生活经验和熟悉的情节。这种状况在幼儿自行解读《数字的挑战》的过程中尤为明显。大多数幼儿告诉教师,图画书中有很多自己读过的故事,譬如小红帽和狼外婆、白雪公主、灰姑娘、青蛙王子等,这些故事都是幼儿熟悉的、已经听过的。除此之外,在《数字的挑战》中,对数字敏感的幼儿,他们更容易发现该本图画书的规律,正如很多幼儿小声私语"怎么越来越多啦""咦,怎么又变少了""原来是先变大,然后再倒数"……可见,幼儿已有的知识和经验影响其对故事结构和内容的把握。因此,丰富幼儿自身已有的知识和经验,可以促进其故事图式的建构。

总之,幼儿掌握故事的结构的过程是一个动态的、持续的思考过程,也是质

---

① 王海澜.怎样对待幼儿的故事"诠释"[J].上海教育科研,2008(1):94.

疑、反思、推理和预测的过程。识别故事的结构，就是在不断地进行推理、反思、预测等思维活动下实现的。在教学过程中，教师应该经常提出"如果是你，你会怎么办？""你觉得那是什么？""你为什么这么认为？"等一系列的问题，引导幼儿在图画书阅读中一步一步地进行思考，不停地回答问题，不停地进行思维活动，不停地探索解决问题的方法。在此过程中，幼儿在不断地发现、不断地探索、不断地解决问题，从而使思维得到充分发展。

本研究也进一步证实了：关注图画书故事结构、培养幼儿阅读能力的教学并没有降低幼儿的阅读兴趣。这种教学模式并不是以唯一的故事发展情节为宗旨，而是在鼓励幼儿质疑和创编新情节的过程中，让故事情境符合逻辑，让故事的发展线索完整清晰，也更将幼儿的思维条理化。

第六章 以"读"启发"写"，以"写"促进"读"

——借助图画书提高幼儿早期书写能力的实践研究

长久以来，作为书面语言能力的一部分，幼儿的阅读能力获得了教育研究者和实践者较多的关注。然而，书写作为幼儿书面语言习得的重要部分却在很长一段时间内没有得到应有的重视。学前阶段被普遍认为是幼儿口头语言习得和发展的关键时期，事实上，这一阶段也是书面语言习得和发展的关键时期。

《指南》中明确了关于早期书写的目标：具有书面表达的愿望和初步技能，让幼儿在写写画画的过程中体验文字符号的功能，培养书写兴趣；在绘画和游戏中做必要的书写准备。随着人们对幼儿早期书写的关注度不断提高，人们愈来愈意识到早期书写的重要性。但在具体的实践过程中还是出现了许多问题和误区，如把早期书写与早期阅读割裂开来或者把早期书写窄化为写字等。本文的探索有助于纠正目前存在的一些错误观点，并为一线教师提供有参考价值的实践案例。

一、幼儿早期书写的含义与意义

（一）幼儿早期书写的含义

幼儿的早期书写也被称为前书写，即幼儿在接受正式的书写教育之前所进行的书写活动。按照幼儿书写活动的特点，幼儿的早期书写是"指学龄前儿童以笔墨纸张以及其他书写替代物为工具，通过画图和涂写，运用图画、图形、文字及其符号，表达信息、传递信息，与周围的同伴和成人分享、交流其思想、情感和经验的游戏和学习活动。"[1]

由此可见，不同于传统的、正规的书写，幼儿的早期书写是幼儿用来向他人传递信息、交流书写经验情感的一种非正式的书写活动，其本质不在于让幼儿

---

① 王纬虹，申毅，庞青.幼儿前书写活动的研究与实践[J].学前教育研究，2004(5)：40.

有意识地学会写字或者画图技能,而在于意义的表达和传递,即孩子表达自己的所思所想、所见所感,其目的在于满足自己表达的欲望,也通过这种表达方式与其他人分享和交流思想、情感和经验。对于幼儿来说,这既是一种游戏活动,也是一种学习活动。

但是,幼儿在表达和传递信息的过程中,要学习如何写字和如何通过绘画表达自己的情感、意见,即认识汉字的独特书写风格,知道汉字的基本间架结构,了解由上至下、由左至右的运笔技能,学会用正确的书写姿势写字和图画等。因此,幼儿的早期书写涵盖了写字这一内容。

总之,幼儿的早期书写既指幼儿创意地进行书面表达的能力,也指写字、涂涂画画的基本技能。

(二)幼儿早期书写的意义

近30年来,国外学者对幼儿早期书写能力的发展进行了诸多研究,这些研究从根本上改变了一些传统的先阅读、后书写等错误观点,并证实了培养幼儿早期书写能力的重要性:满足学龄前儿童的好奇心并激发其书写兴趣,培养学龄前儿童的书写技能和习惯,促进正式读写教育中读写技巧的习得和发展。

1.早期书写能够促进幼儿获得早期阅读经验

读写萌发理论认为,在建构读写的过程中,幼儿是主动积极的参与者,对于读写知识的获得,是通过持续的使用语言及与环境中文字的互动,是先注意到文字的功能性,再注意到文字的形式。即幼儿的语言功能知觉的发展,早于语言形式的掌握,在这个过程中,幼儿的早期阅读和早期书写活动是相互交叉进行的。幼儿在阅读中学习书写,也在表达自己和某种意义的书写中,明白了各种书写符号和文字的意义。培养幼儿的早期书写能力,可以帮助幼儿读懂图书的内容,懂得画面中的图画和文字和口语的对应关系等。

因此,前书写活动的开展不但丰富了幼儿的日常生活经验,而且开阔了幼儿的视野,为前阅读活动提供了广阔、丰富的环境,使幼儿的前阅读活动与幼儿日常的生活经验紧密地联系在一起。所以幼儿前书写活动的开展可以提升和促进幼儿前图书阅读经验的获得。

2.早期书写有助于提高幼儿的交流技能

书写不仅仅是幼儿表达自己对周围环境的某种认识的活动,也是幼儿借助书写的作品进行交流的活动。研究表明,幼儿对自己书写作品的介绍,不仅大大丰富了幼儿交流的内容和题材,也为幼儿有条理地组织自己的语言进行表述提供了良好的机会,从而有助于提高幼儿的交流技能。

3.早期书写能够激发幼儿的创造潜能

对幼儿而言,任何形式的书写都不是简单的,尤其是创作性的故事书写或者图画制作,它需要幼儿具有一定的想象力。同时,这些活动给幼儿提供了丰富的想象空间,让幼儿在书写中可以充分发挥自己的想象力和创造力,用自己的想法来表达事物。例如在图画课上,老师让幼儿画一座小屋子,一名幼儿将整个画面选择了黑色,老师问幼儿:"你为什么用这个颜色来画图呢?"幼儿回答,"这是晚上的房子呀。"因此,培养幼儿的前书写能力,能够激发幼儿的想象力和创造潜能。

二、幼儿早期书写能力发展的特征

(一)幼儿书写能力的发展呈现明显的"从图像到文字"的发展轨迹

研究发现,无论何种语言情境下,幼儿的早期书写都是从涂鸦开始、之后是有意义的线条、然后以图画或者以其他简单的字替代目标汉字或者单词(如,用kr表示car、用"云"的图画表示汉字的"云"等)、最后再过渡到正确的文字和单词拼写。因此,这清晰地呈现出"从图像到文字"的发展轨迹。

(二)幼儿不断地创造出新的书写形式

在尝试书写的过程中,幼儿不断地创造出新的书写形式。即使新的书写形式出现,幼儿也不会马上抛弃旧的形式,但旧形式出现的频率会越来越少。另外,幼儿早期书写能力的发展不存在性别上的显著差异[①]。与此同时,幼儿开始用文字和图画夹杂的方式,进行"图书故事创作"。

总体而言,幼儿的书写形式有以下几种:

①用图示来表示某个事物。在生活中,幼儿逐渐了解到可以用图示来表示某个事物,例如用M表示麦当劳速食店、用心形的图代表"爱"这个字等。这种

---

① 陈思.汉语儿童前书写发展研究[D].上海:华东师范大学,2010.

方式也大大扩展了幼儿书写的范围。

②用自创的文字或者符号表示某种讯息。例如，幼儿有可能用ＩＯＵ三个字母来表达 I love you 这句话。幼儿通过学习这些有意义的讯息概念，进而对传统文字有更进一步的了解。

③用自创的标点符号来区分文字之间的间隔。自创的标点符号有助于幼儿更清楚地表达书写的意义。幼儿会使用一些符号作为字与字的间隔，这些符号或者是规范的标点符号，或者是自创的标点符号。

④用图、文夹杂的方式来书写。在阅读过程中，幼儿逐渐意识到图画书中的图画与文字是有内在关联的，二者共同叙说一件事，因此，幼儿也开始用图、文夹杂的方式来书写。

另外，在成人的启发下，幼儿会逐渐明白图书的组成部分，图书里文字阅读的方向，以及书本中图画和文字之间的关系。幼儿在"创作"自己的图书时，会有意识地写上作者（即自己的姓名）、书名，会自己创作封面和封底，甚至会写上创作的日期。

三、幼儿早期书写能力的培养目标

《纲要》中对幼儿早期书写能力的要求体现在阅读活动之中，强调利用图书、绘画和其他多种方式，引发幼儿对书籍、阅读和书写的兴趣，培养前阅读和前书写技能。因此，幼儿语言教育教材中也把书写作为早期阅读活动的目标之一。

但学者们渐渐认识到，早期书写活动与早期阅读活动既相互联系，又相互的独立。比如，鼓励幼儿对生活中常见符号感兴趣，并尝试书写；每日签到活动；认识衣服上的标签等。由此，《指南》在坚持《纲要》基本精神的基础上，明确提出了"阅读与书写准备"的要求。

"阅读与书写准备"目标：目标1：喜欢听故事，看图书；目标2：具有初步的阅读理解能力；目标3：具有书面表达的愿望和初步技能。其中，"目标3：具有书面表达的愿望和初步技能"即是对早期书写的要求。

目标3:具有书面表达的愿望和初步技能

3～4岁	4～5岁	5～6岁
1.喜欢用涂涂画画表达一定的意思	1.愿意用图画和符号表达自己的愿望和想法 2.在成人提醒下,写写画画时姿势正确	1.愿意用图画和符号表现事物或故事 2.会正确地写自己的名字 3.写画时姿势正确

教育建议:

1.让幼儿在写写画画的过程中体验文字符号的功能,培养书写兴趣。如:

(1)准备供幼儿随时取放的纸、笔等材料,也可利用沙地、树枝等自然材料,满足幼儿自由涂画的需要。

(2)鼓励幼儿将自己感兴趣的事情或故事画下来并讲给别人听,让幼儿体会写写画画的方式可以表达自己的想法和情感。

(3)把幼儿讲过的事情用文字记录下来,并念给他听,使幼儿知道说的话可以用文字记录下来,从中体会文字的用途。

2.在绘画和游戏中做必要的书写准备,如:

(1)通过把虚线画出的图形轮廓连成实线等游戏,促进手眼协调,同时帮助幼儿学习由上至下、由左至右的运笔技能。

(2)鼓励幼儿学习书写自己的名字。

(3)提醒幼儿写画时保持正确姿势。

为了明确早期书写的教学目标,我国幼儿语言教育研究专家周兢教授所领导的团队提出,幼儿在早期书写方面要获得三方面的核心经验[①]:一是建立书写行为习惯的经验,指幼儿能够非正式地涂画、模仿与书面文字相关的符号,如简单的汉字字形、笔画、图形等。二是感知理解汉字结构的经验,指幼儿慢慢积累对汉字结构的认知和理解,并在实践中加以运用。如,感知汉字"方块字"的视觉特点,并区别于图画;发现汉字一字一音的特点;理解汉字之间的间隔,书写时能逐步统一字的大小。三是学习创意书写表达的经验。如用图画来表达自己的想法等。

这些目标为一线教师的教学实践提供了明确的方向和指导。

---

① 周兢.学前儿童语言学习与发展核心经验[M].南京:南京师范大学出版社,2014:299.

四、图画书对提高幼儿早期书写能力的作用

教学活动中，教师可以采取积极的策略，把幼儿的早期书写活动常态化，以培养幼儿的书写兴趣，提高幼儿的书写能力。如：在活动室里设置图书角、为建筑物添注标签、开展区角识字游戏等营造文字材料丰富的环境；鼓励幼儿签名、填写借书证、写图文夹杂的心情日记等，让幼儿体验文字和图画的技能；在自然角放置记录卡，使幼儿能用自己的方式结合文字与图形记录下新的发现；支持幼儿以图文结合的方式表达自己的生活经历或者阅读后的感受等。总之，在这些策略中，图画书的作用不可替代。

（一）幼儿最初的书写总是从涂涂画画活动开始的

大多数幼儿在18个月左右就能拿起笔在纸上乱写、乱画、乱涂。幼儿最初书写的东西具有随机性，水平也参差不齐。但随着年龄的增长，幼儿所画的线条会出现从左到右、有方向性的书写顺序，同时出现有意义的绘画。渐渐地，幼儿的早期书写经验主要集中在绘画上，这是因为绘画比书写更得心应手，更容易控制。

（二）幼儿的早期书写与早期阅读是相互支持与促进的

幼儿的早期阅读活动是指学前教育机构（幼儿园、托儿所）、家庭通过对婴幼儿提供与视觉刺激有关的材料（图书、图片、标志、文字、电视、录像、碟片、计算机多媒体等），让婴幼儿接受有关材料的信息，在观察、思维、想象等基础上对材料内容进行初步理解和语言表达，发表自己的观点、见解，倾听成人讲述的一种认知过程[①]。幼儿的早期阅读活动不仅包括文字的阅读也包括图画的阅读，不仅包括学习与阅读有关的知识也包括学习与图书有关的知识。幼儿在阅读时运用先前所学、所经历过的信息，去建构自己的意义，去理解文章的意义。而幼儿的书写是幼儿用笔或者其他书写替代物，通过感知、涂画、模拟运用文字或符号等形式，与周围的人传递信息、表达感情的学习活动，强调的是意义的表

---

① 黄娟娟.认字、识字就等于早期阅读吗：2~6岁婴幼儿早期阅读教育方案新探[M].广州：中山大学出版社，2006:4.

达。幼儿的阅读能力与书写能力的发展是相互联系的。当幼儿在进行阅读行为时,有意义的输入,也有意义的输出。

幼儿园里大量开展的图书阅读活动为前书写的发展起到一定的铺垫作用。同时,幼儿前书写活动的开展也能促进幼儿图书阅读经验的获得。正如学者余珍有在《论早期书写的习得性》一书中所言,幼儿的书写包含在具体的活动中,而早期阅读为这种具体的书写活动提供了一个具体情境,故事中的文字和图画都成了解决"画故事"这一需求的有意义的符号,而幼儿书写的过程更能够促进他们有意义地、更深入地理解所要阅读的内容。

鉴于此,我国幼儿语言教育的教材把幼儿早期书写的要求作为幼儿早期阅读的教学目标之一。"从幼儿园早期阅读活动的目标出发,我们需要为幼儿提供的早期阅读内容包含三个方面的经验,即前图书阅读经验、前识字经验和前书写经验。冠以'前'字的这三个方面内容,与那种正式的、大量的、系统的书面语言学习有根本的区别。"[1]其中,前图书阅读经验包括"图书制作的经验。知道图书上的所说的故事是作家用文字写出来的,画家又用图画表现出来,最后印刷装订成书。幼儿也可以自己尝试做小作家、小画家,把自己想说的事画成一页一页的故事,再订成一本图书。"[2]前识字经验包括:"知道文字有具体的意义,可以念出声来,可以把文字、口语与概念对应起来。""理解文字功能的经验"、"粗晓文字来源的经验"、"知道文字是一种符号并与其他符号系统可转换的经验"、"知道文字和语言的多样性经验"、"了解识字规律的经验"[3]。前书写经验,则主要让幼儿了解汉字构成知识和书写的学习机会及技巧,如,"认识汉字的独特书写风格""知道汉字的基本间架结构""了解书写的最初步规则""知道书写汉字的工具""学会用正确的书写姿势写字"[4]。

换言之,在专门的早期阅读活动中,前图书阅读、前识字和前书写这三种形式是一个统一的整体,是相互支持与促进的,"大体上,任何有写作形式的学习,结果都比只有读而完全没有写作要好。"[5]

---

① 周兢,余珍有.幼儿园语言教育[M].北京:人民教育出版社,2004:212.
② 周兢,余珍有.幼儿园语言教育[M].北京:人民教育出版社,2004:212.
③ 周兢,余珍有.幼儿园语言教育[M].北京:人民教育出版社,2004:213.
④ 周兢,余珍有.幼儿园语言教育[M].北京:人民教育出版社,2004:214.
⑤ 斯蒂芬·克拉生.阅读的力量[M].李玉梅,译.乌鲁木齐:新疆青少年出版社,2012:138.

（三）图画书是激发幼儿创意表达及创作的重要源泉

目前，图画书是幼儿早期阅读的主要材料。前阅读、前识字和前书写等技能的培养都可以融入到图画书阅读中。

图画书不是带插图的书，而是用图画和文字共同叙述一个完整故事的复合文本，是一种依靠文字语言和视觉图片的相互关系起到共同叙述故事情节的图书，是图文的合奏。其中，图画不再是文字的附庸，而是图书的生命，用来说明、补充文字中没有具体体现出来的内容。图画书就是以表达力强的插图来达到让幼儿了解故事、获取某种知识的目的。

与此同时，图画书的情景为前书写教育活动提供了有意义的环境。图画书中的情节，也是很好的刺激材料，可以激发幼儿改编或者续编故事情节，并通过画图的方式书写出来；同时，图画书中的图画也吻合了幼儿用图画来书写的天性，给幼儿用图画书写提供了良好的示范，有利于激发幼儿书写的兴趣，初步掌握书写的技能。

五、借助图画书提高幼儿早期书写能力的实践研究

（一）研究缘起

我国对于幼儿早期书写活动的研究起步较晚，关于此方面的研究较为笼统且较多集中在理论研究上，即使有相关的实践研究，所提出的策略也未能在实践中得到有效的利用。具体说来，本研究基于三方面的缘由：

1.一线教师对早期书写缺乏正确的理解

相对于早期阅读活动，很多幼儿教师对早期书写一词比较陌生，对其缺乏科学性的理解，在实践中也存在教学误区。其主要表现如下：

（1）对早期书写与写字的区别混淆不清

如前所述，幼儿的早期书写与"真正的书写"不同，它经常掺杂着潦草的笔迹、奇怪的线条和随意安排的可识别的字形。而小学的写字教育是以识字、写字以及培养良好的书写习惯和掌握正确的笔顺为重点，两者的目的和手段不尽相同。然而，许多教师认为早期书写只是为正式的小学教育奠定基础的，结果是识字、写字成了幼儿园教育的重中之重，也因此出现了一批高识字幼儿群。

研究表明,这些幼儿虽然识字较多,但正因受文字的局限,对于人物对话及心理活动的想象能力较差。这样的早期书写背离了其初衷并且恰恰成了阻碍幼儿全面发展的元凶。常态化的早期书写有助于幼儿更好地适应小学的生活和学习。幼儿早期书写的真正意义,是让幼儿有机会且有能力表达、表现自己的内心世界和情感以及对周围世界的认识。若把幼儿早期书写的目的限定在为入小学做准备之上,必然会忽略幼儿真正想表达的内容,而走向书写格式正确等误区。另外,幼儿早期书写的形式丰富多样,涂鸦和绘画才是幼儿早期书写的主要形式,它为幼儿以后的正规书写积累了丰富的经验。

(2)对阅读活动与书写活动的内在联系缺乏正确认识

调查发现,部分教师无法弄清幼儿早期书写与早期阅读间的内在联系,对于培养幼儿早期书写能力的有效策略也无所适从。调查结果显示,50%的教师认为早期书写与早期阅读之间为平行关系。不少教师忽略了多种形式的早期书写,也未曾考虑到早期阅读之于早期书写的长远影响。

在访谈中,一级园和二级园的两位教师对于培养幼儿早期书写能力的策略与内容较为模糊,培养目标不明确。尽管她们对于幼儿早期书写有自己的想法,也提及了早期书写要注意教学内容的选择和幼儿的年龄差别,但在具体实施过程中,缺乏科学的理论指导,无法制订详细的实施方案。两位教师都认为幼儿早期书写"是为入学后的书写教育做准备",并提及"不应过早进行"。

而以早期阅读为特色的示范园教师则认为,早期书写是早期阅读的一部分,是幼儿运用图像、简单文字等视觉符号来表达想法的能力,在具体实施过程中应"以培养孩子的兴趣为主"。首先,她意识到了早期书写的意义不仅在于为书写教育做准备,而且丰富了幼儿表达自我的形式;其次,她强调了兴趣培养的重要性,这说明她对于培养的目标和方法都有自己清晰的观点。笔者认为,教师只有在明确认识自身任务的基础上,才能更有效地开展幼儿早期书写能力的培养。

另外,有的幼儿园教师对于早期书写都有自己的意见和想法,但这些观点大都过于空泛而无法在实践中有效运用。例如,在笔者的调查中,一级园和二级园的两位教师在访谈中提到早期书写能力的培养应"符合幼儿的年龄特点、创设适当的书写环境、重视内容的选择",要"以幼儿的快乐为主,有系统地开展"。

然而,怎样的培养方式才是符合幼儿年龄特点的? 如何创设既让幼儿喜欢又能使他们获得书写经验的环境? 早期书写的培养内容是什么? 当笔者深入询问这些问题时,一级园和二级园两位教师表示应让幼儿对文字符号有初步的认识,以帮助他们初步积累经验,在教学过程中,无须制订详细的方法和目标。

总体上看,虽然一些示范幼儿园尤其是以早期阅读为特色的幼儿园教师对早期书写有了正确的认识且能够在实践中很好地实施,但大多数幼儿教师仍是不得要领。

2、教师认识上的误区导致对幼儿的书写活动指导不力

(1)教育的重点在于强调书写是否整洁以及笔顺、画图等技巧上

幼儿的早期书写涉及写字和画图的技能,是否强调笔顺和笔画的问题就不可避免。幼儿园教师对此不知所措,小学教师也担心幼儿错误的笔顺问题,同时,许多家长无法接受幼儿错误的书写姿势和不良的书写习惯,也担心弯腰驼背和错误的握笔姿势会影响幼儿的生长发育。因此,在实际教学中笔顺、笔画、书写姿势等就成了一些幼儿园教师对幼儿进行早期书写引导的重点。

调查中发现,一位幼儿园教师针对不同年龄阶段的学龄前儿童设置了不同的书写教育的目标和策略,其中涉及幼儿的不良坐姿和握笔姿势的问题,以及如何引导幼儿接触汉字、书写汉字并掌握正确的笔顺。学龄前儿童是否需要掌握书写笔顺,是否需要进行书写姿势的校正呢? 如果上述策略是可行的,这也不是书写活动教育的重点。再如,另一位老师教幼儿写"天"时,先教幼儿笔顺,再教"天"字的含义,并让幼儿组词。这种枯燥的模仿会导致幼儿产生厌恶书写的情绪,从而既背离了早期书写的初衷,又会使幼儿对书写产生惧怕、反感的心理,降低了幼儿表达自己所见所感、所思所想的积极性。

调查中还发现,部分教师为了完成课业而组织幼儿书写。如,在一次美术活动中,教师一边用形象生动的语言讲解,一边认真细致地画画,幼儿在教师的提示和示范下,的确画出了蝴蝶的轮廓。但是这与其说是绘画不如说是临摹,相似有余,创造不足。这种一味追求技能的获得和作品的展示扼杀了幼儿的创造力和想象力,不利于调动幼儿积极性。

(2)教师在指导书写活动时干预过多或不参与

在调查中发现,一位大班教师非常重视书写活动,因此,在午餐前让幼儿自由进行书写活动,内容不限,可以是拿出描红本涂写文字,也可以画喜欢的图

案,还可以以角色游戏的形式模仿教师为3个学生上课,课程领域不限。这个活动方案设计得很好,然而教师全程没有加入幼儿的互动中,只是坐在一旁偶尔观察活动情况。如果教师也参与幼儿的游戏,幼儿的积极性会大大提高,教师还可以在幼儿遇到问题时适当给予提示或示范,这样的书写活动才是有教育意义的。

如前所述,图画书是加强幼儿读、写之间的联系,促进读、写能力的重要抓手。因此,从图画书入手,加强幼儿读、写之间的联系,促进幼儿进行创意书写,是一种有效的书写策略。本研究有助于提供实践性和操作性很强的教学案例。

(二)研究目的

图画书是用图画和文字共同叙述完整故事,是图文并茂、相得益彰的一种特殊的幼儿文学样式。现如今,图画书已经成为了幼儿园的重要课程资源。本研究旨在让幼儿了解图画书的故事情节,并且绘画图画书故事以促进幼儿书写能力的发展。

(三)研究方案

1.研究对象

本研究的研究对象为上海市一所示范性幼儿园大班的幼儿。该班幼儿年龄均在5~6岁,幼儿能力发展水平较一致。但某些幼儿对涂涂画画的方式比较感兴趣,他们就成为我们主要的研究对象。所配备的两位教师具有本科学历,教龄分别为10年和18年,其中一名为骨干教师。幼儿的家长都具有良好的教育背景,对研究者的教育理念持赞同和鼓励的态度。

为了考查利用图画书对幼儿进行早期书写教育是否可以从小班幼儿开始,2014年初,我们在该幼儿园的中班和小班进行了相应的行动研究。该幼儿园开办于2012年9月,虽刚经历完2013年的分等定级,被评为二级幼儿园,但师资力量较好。研究者所选取的小班配备有两位教师,均为学前教育专业的本科生。该班幼儿多为4~5岁,都很喜欢画画,但绘画能力存在一定的差异。

本研究分两个阶段实施,每个阶段持续三个月的时间。

2.研究步骤

本研究以实践研究法为主,访谈法、观察法、文献法等为辅。本研究设计了三种使用图画书的方式：

方式一：鼓励幼儿创意书写，即选择一本具有想象力的图画书为教材供幼儿阅读，开发幼儿潜在的想象力，试着让幼儿在理解的基础上创作自己心中的作品，进行创意书写。

方式二：引导幼儿续画图画书故事或者重新改写故事原有的情节或者结局。即与幼儿一起分享所选择的图画书，重点分析图画书的内容及幼儿自己的想法，然后鼓励幼儿把自己所理解的内容用图画画出来。或者让幼儿看了一本图画书后根据故事情节画故事，不要求有精确的人事物形象，主要以传递信息、表达故事情节和内容为主。

方式三：以图画书的故事创作方式为线索，重新创作新的图画书。在整个过程中，幼儿可以用文字或者非文字的涂涂画画的方式来书写。

3.图画书的选择标准

图画书的选择是教学成功的有效保证。图画书的选择不仅与语言教学活动目标有关，还与图画书本身的特色和幼儿的发展水平有关。显然，绘画技巧过于复杂、故事情节过于复杂、不利于幼儿回忆的图画书不是最好的选择。

（1）选择图文简单、贴近幼儿已有认知经验的图画书

图文简单且与幼儿已有认知经验相关的图画书易于幼儿着手创作，也便于幼儿对图画内容的理解和学习。比如，《阿罗系列》是20世纪最具影响力的作品之一，作者克罗格特·约翰逊用孩子的逻辑和语言真切地描绘出孩子自由想象的历程。本套书简洁生动，充满奇异幻想，有益于拓展儿童的想象力和创造力。书中的主人公阿罗用一支彩色笔带领幼儿进入不同的图画王国，将绘画想象展现得淋漓尽致，图与图之间也具有良好的连贯性。这是一套想象力丰富的图画书，画中出现的场景变幻莫测，带给幼儿新奇感。此套图画书共有七册：《阿罗有支彩色笔》《阿罗房间要挂画》《阿罗在北极》《阿罗在马戏团》《阿罗的童话王国》《阿罗漫游太空》《阿罗的ABC》。以《阿罗的ABC》为例：

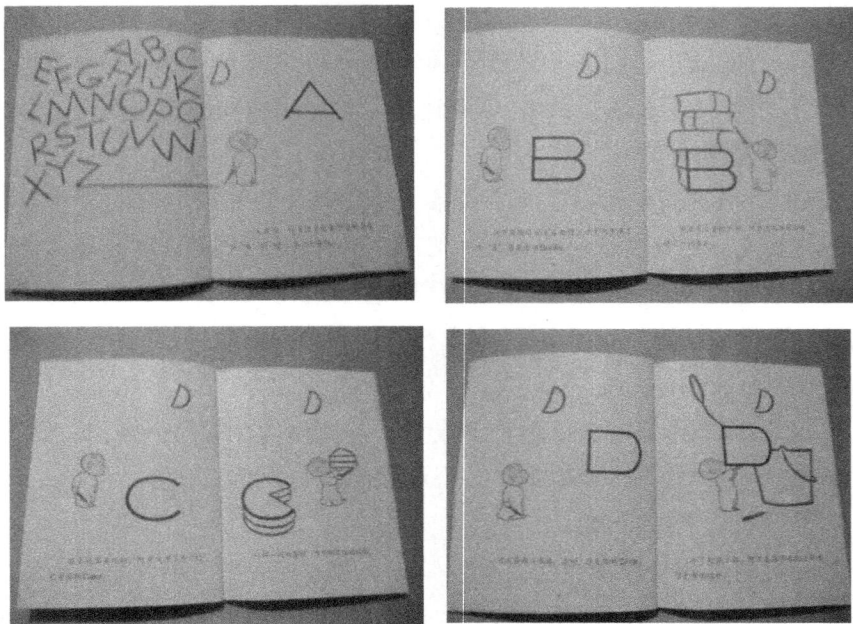

　　书中根据字母的特征,将枯燥的英文字母变成生动有趣的图形,有房子、书、蛋糕、水杯、墙、旗帜、风筝、马等。这种简单、独特的表现手法可以启发幼儿的想象力,让幼儿进行创造性书写。

　　(2)选择故事情节鲜明、语言精练、易于幼儿回忆的图画书

　　结合语言教育活动选择的图画书应具有鲜明的故事情节,精炼的语言表达,利于幼儿阅读记忆。如《想吃苹果的鼠小弟》一书即是如此。

《想吃苹果的鼠小弟》讲述的是,高高的树上长着可爱的红苹果,鼠小弟好想吃,要是像鸟儿一样能飞,像猴子一样会爬树,像大象一样有长长的鼻子,像……多好啊,看到其他的动物一个个使出自己的本领摘走苹果,鼠小弟羡慕地想。它学着袋鼠的样子跳,可是跳不高,学着犀牛的样子去撞树,结果碰了个鼻青脸肿。海狮虽然也没有其他动物那样的本领,可是,当它用顶球的绝活把鼠小弟抛到树上时,两人就合作摘到了苹果。故事的结果是出人意料的,又是令人愉快的。

鼠小弟的故事简单明了,文字描写很少,但趣味性极强。书中出现的几个小动物,分别通过摘苹果的方式,向幼儿展现了各自的本领。这种叙述方式很容易让幼儿记住故事情节。幼儿可以凭借已有的认知经验进行前书写活动,这符合他们的年龄特点和经验储备。

(四)实践的具体过程

本研究采用向幼儿展示图画书并与幼儿进行阅读分享的方式展开实验。阅读过程中,针对不同年龄段的幼儿,本研究所采取的引导方式不同。对大班幼儿,本研究侧重于引导幼儿从中获得某种启发,然后有创意地表达自己的设想;对小班幼儿,本研究侧重于对细节进行更具体的引导,以便幼儿能够涂画出故事的大致轮廓。

1.方式一:引导幼儿在阅读图画书的基础上进行创意书写

(1)针对大班幼儿的实践研究

本研究对上海市的一所示范性幼儿园大班的一半幼儿进行实验研究。在实验研究前,笔者观察到,这些幼儿对涂画书写有着极浓厚的兴趣。以下是图画书《阿罗的ABC》的实践研究过程。

师:今天我带了一支很神奇的彩色笔给大家,你们想看吗?

老师拿出一支神奇的彩色笔。"虽然这看上去是一支普普通通的笔,然而它能画出许许多多神奇、有趣的事物。"说着教师拿出《阿罗的ABC》这本图画书。

师:看,这个小朋友叫阿罗,他手上拿着一支和我今天带给大家看的一模一样的彩色笔。我们一起来看看他手上的彩色笔究竟有多神奇好吗?

教师和幼儿一起欣赏图画书。

翻开第一页,幼儿就纷纷说:"这是A。"随后有幼儿惊奇地发现字母A在隔页的图画中变成了一幢房子的房顶。坐在前排的几个兴奋的幼儿直接跑了上来指着图画书说:"A到房顶上去了。"

教师继续翻动图画书,幼儿:"B。""它变成了一本书。"

师:有小朋友能猜到接下来的字母会变成什么东西吗?

幼:C,能变成一个大饼。月亮、脸……

教师将图画书翻到下一页,发现C居然变成了一个被咬掉了一口的蛋糕。

师:你们也拿起阿罗的这支神奇的彩笔画画自己的字母好吗?教师拿出事先准备的一桶笔,请幼儿每人拿一支。

于是,幼儿兴奋地拿起神笔进行书写绘画。以下是幼儿的部分创意书写作品:

字母Q:带帽医生的脸

字母R:电视机的天线

字母S:一条弯弯扭扭的蛇

字母T:风筝的部分支架

172

字母U:花朵的花心

字母W:大海的海浪

字母Z:小鸟的身体

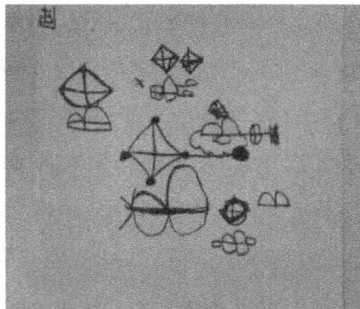

字母B:人的身体和头的一半

　　孩子们的想象力丰富极了,他们的思想没有受到任何限制。在阅读图画书时,笔者发现,孩子们都迫不及待地想知道自己的字母在书中被阿罗变成了什么,他们的眼睛炯炯有神,散发出惊奇的光芒。阅读了《阿罗的ABC》后,进入到实践操作环节,他们大受启示,知道应该把自己的字母变成什么样子。孩子们个个都很认真,积极参与其中。这样的课堂气氛非常活跃,孩子们都乐于表达自己的想法,展示自己的作品。

　　(2)针对中班幼儿的实践研究

　　相对于大班幼儿,中班幼儿理解故事的能力也不强,他们用符号书写的内容,有时很难被成人理解其中所表达的含义。因此,本研究首先指导他们理解故事的主要内容及各种符号的意义,随后让他们明白可以用涂涂画画的方式来表达自己的想法。

　　为了加强图画书与幼儿生活的联系,本研究选择了故事内容易引起幼儿共鸣的图画书《我的连衣裙》进行实践研究:

师：今天老师带来了一块布，想一想，我们可以用它来做什么？

幼：手帕，衣服，裙子。

师：原来布可以做成这么多的东西呀，我们来看看故事里的小兔子用这块白布做了什么东西？

（边播放图画书PPT边与幼儿讨论）

师：在花田里发生了一件神奇的事。哎呀！小兔子的连衣裙变成花朵的样子了。

师：咦，下雨了！你们猜猜看，会发生什么神奇的事呢？

幼：哇，小兔子的裙子变成了雨点的样子。

师：接着呀，小兔子来到了草籽地里。这下，会发生什么奇妙的事情呢？

幼儿：小兔子的裙子会变成草籽的样子！

（接着讨论小兔子连衣裙的其他花样）

师：第二天，太阳出来了，小兔子穿着带有星星图案的连衣裙又开始了一天的旅程。小朋友们，你们觉得小兔子第二天会去哪里？

幼：会去游乐园玩。

幼：会去买棒棒糖吃。

师：现在请你们带领小兔子去好玩的地方玩一玩，也帮小兔子变一条好看的连衣裙，好吗？

一开始幼儿对连衣裙在不同的环境会产生不同的花纹并不理解，但是在图画书无声的说教里，在教师的指导下，幼儿慢慢理解了这种规律，并根据自己的理解画出自己的想法。以下是幼儿的部分书写作品：

小兔子的棒棒糖裙子

小兔子的七星瓢虫裙子

小兔子的高尔夫裙子　　　　　小兔子的太阳裙子

从作品可以看出,幼儿的想象力十分丰富,充满了奇思妙想。幼儿不仅欣赏了美,也通过自己的设计创造了美。此次教学活动以图画书为载体激发了幼儿的学习兴趣与创造兴趣,也提升了他们创造性书写的能力。

2.方式之二:引导幼儿重新改写故事情节或者结局

对图画书的情节进行改编,并把改编的内容书写出来,也是幼儿锻炼书写能力的重要途径。对于大班幼儿,本研究先让他们阅读图画书《想吃苹果的鼠小弟》,再请幼儿将刚才阅读的故事根据自己的记忆画在纸上。这一环节中,本研究提高了对幼儿的要求,鼓励幼儿"写出"自己的感想,或者帮助鼠小弟想出其他摘苹果的理想办法。

幼儿呈现出来的作品表明,这一活动不仅加深了他们对故事的理解,而且大大激发了他们书写的积极性。以下是部分幼儿的书写作品:

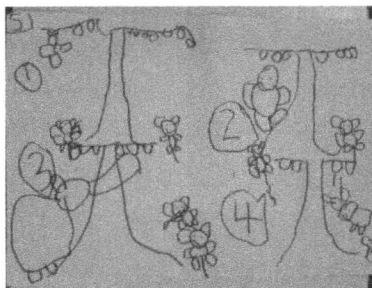

这是一位幼儿绘画的两幅作品,他将故事情节分成了七个画面。图中①是小老鼠看见小鸟衔走苹果;②是猴子来了;③是大象用鼻子卷走苹果;④是犀牛撞苹果树;⑤是来了一只比他大的小老鼠摘苹果;⑥是一个小姑娘摘苹果;⑦是一群老鼠叠罗汉摘苹果。

这位幼儿用了三面画纸把故事画了出来,故事创作画面较大。三幅图分别表示:小鸟来了,猴子来了,大象来了,小犀牛来了,长颈鹿来了。很明显,故事还没有结束。从树上的苹果数量可以看出,幼儿已经有了数量减少的概念,然而数字表达还不够准确。

上面这两幅画作十分有创意。左边的这幅作品中,幼儿创造性地给树干挖了一个洞,一个小朋友就从这个洞里往上爬去摘苹果。右边的这幅作品中,幼儿将场景安排得很有趣,他所画的圈圈一个比一个小,每个圈代表故事的一部分。第一个圈里画的是一只长鼻子小老鼠,也许幼儿想表达的是一头大象;第二个圈里画的是一只小猴子;第三个圈里画的是一只长颈鹿;右上角的圈里画的是一只小鸟；右下角的圈里画的是一只袋鼠。

在这两幅作品中，幼儿将故事再现得清楚明了。画作都分为两部分，画纸的上部分都是故事中出现的小动物，画纸的下部分都是树和小老鼠，而且可以看出，树上的苹果数量在减少。从这两幅作品中可以看出，幼儿在创作时，思路非常清晰。

这是班中一位年龄较大的幼儿绘画的两幅作品。从画中可以看出，她注意到了随着故事的发展树上的苹果数量在逐渐减少。图中①是小鸟飞来了，②是小老鼠学小鸟飞，③是猴子来了，④是小老鼠学猴子爬树，⑤是长颈鹿来了，⑥是小老鼠学习长颈鹿伸长脖子，⑦是大象来了，⑧是小老鼠想像大象那样有一个长长的鼻子，⑨是小老鼠还在想办法摘苹果。

这幅画作尤其与众不同。这位幼儿创作的是一颗火龙果树,她还特意在画框上画上了花纹,就像一本自制的图画书。左边这幅画中依次出现了小鸟、猴子、大象、长颈鹿、犀牛、人;右边是小老鼠学小鸟飞;学小猴子爬树;小老鼠在想吃到苹果的其他方法。

当然,本研究目的不是要让幼儿机械地记住图画书中的故事情节,并且画出来,而是充分地激发幼儿的想象力,让幼儿通过书写的方式表达自己的所思所想、所见所感。事实上,有的幼儿也正是根据自己的意愿而不是完全根据故事情节去书写的,如下面这幅作品即是如此。这幅作品中,幼儿并没有画出故事的主角小老鼠及如何摘苹果之事,而是展示了小鸟、猴子、大象、海狮、袋鼠、长颈鹿、小刺猬等小动物和一位小朋友的聚会场景。这位幼儿在创作的过程中非常开心,所以他画的动物和人物表情也都非常愉悦。

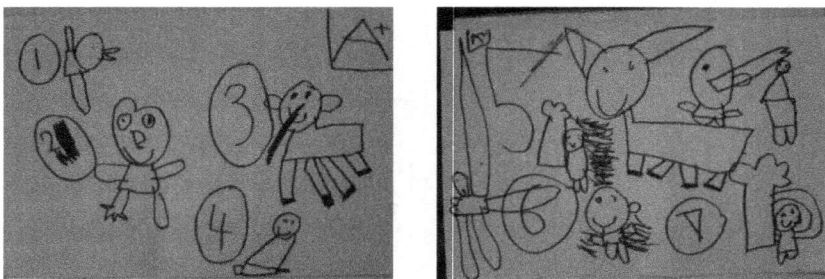

从幼儿的这些作品中可以发现,每个幼儿都在用自己喜欢的方式进行表达。同时,不难发现幼儿的书写水平还是存在一定的差异。虽然大家都是第一次阅读这本图画书,但是一部分幼儿已能独立完整地回忆故事内容,一部分幼儿无法完整回忆故事的情节,还有一部分幼儿不能准确地进行顺序排列。在动物的形象绘画上也有很大差别,有的幼儿画得很逼真,有的幼儿在形象表达上略差。然而,大家对于书写绘画的态度都是很认真的,表现出了很高的积极性和参与性,大部分幼儿都能理解教师的要求。

此外,这个活动也锻炼了幼儿的观察能力。因为,《想吃苹果的鼠小弟》这本图画书中还存在一个数学问题,就是当一个个小动物拿走苹果后,树上的苹果会逐个减少。刚开始书写时,不少幼儿都忽略了故事中的这个数学问题,即当一个小动物取走苹果后,画上的苹果数量并没有减少,有的反而增加了。教师提醒他们"为什么鼠小弟越来越着急呀?"于是他们认真观察起来,很快发现了苹果数目的变化，并认真修改自己的作品。由此可见，图画的教学实践不但提高了幼儿对书写绘画的兴趣，而且锻炼了幼儿的观察能力。这也证明，任何有写作形式的学习，结果都比只有读而完全没有写作要好。幼儿的书写活动即是写作活动。

从课后与幼儿有趣的交谈中发现，他们的想法非常独特，也很乐意将故事讲述给教师听，而且他们讲述的故事内容完整，结构清晰。因此，书写活动也有助于锻炼幼儿的语言表达能力。笔者还惊奇地发现，幼儿会主动发挥想象力和创造力，想到了不同的方法帮助鼠小弟摘到树上的苹果。

S小朋友说："最后小老鼠是挖洞自己爬上去的。"

W小朋友说："小老鼠又请来了好几个老鼠伙伴，大家叠罗汉爬了上去；小老鼠也可以爬到树洞里去吃苹果。"

C小朋友说："小老鼠吃的不是苹果树，而是火龙果树。"

Q小朋友说："鼠小弟名叫奇奇，最后来了一位小姑娘踮起了脚尖帮小老鼠摘下了苹果。"

U小朋友说："小蛇也来吃苹果了，它身体一扭一扭地爬上了树。"

Z小朋友说："蛇盘着树爬了上去，松鼠也来挖洞吃苹果了。"

很多幼儿意犹未尽，也非常有想法。于是，笔者又请幼儿回家看一本自己喜欢的图画书，或者选择他们以前看过的图画书，在课堂上凭记忆再现故事。孩子们对这项任务十分感兴趣。刚开始，笔者有些不放心，怕他们会遗忘或者不愿意去完成，但就结果来看，他们表现得都很好。以下是一位大班幼儿的作品：

这位幼儿是这样描述自己作品中的故事的：

这个图画故事的名字叫《不听话的儿子》。从前有一个家人，他们生了一个很不听话的儿子。有一天小儿子带着一头马想到外面的森林里去瞧瞧有什么东西。这时他看见了一位很漂亮的女孩坐在小板凳上很孤独。他问："你怎么了？"女孩说："这是因为我的女儿曾经碰到了一个巫婆，就成了巫婆的女儿，我非常不高兴，只剩我一个人。原来这个男孩子是一位王子，后来他的爸爸听说王子要跟这个女孩结婚，他的爸爸很不高兴，国王就一直哭一直哭，王子的妈妈听到了就问是什么事情，爸爸告诉妈妈说："他要和一个很不好的女孩结婚了。"妈妈没过几年就老死了，王子和那个女孩举行了盛大的婚礼。有一天，王子说："我要回家，我要去看我的妈妈和爸爸。"可是家里什么东西也没有，只有爸爸在，他这才明白他错了。

鉴于中班和大班幼儿在书写活动中的表现出乎我们研究者的意料，我们也希望能够激发小班幼儿的书写欲望。于是，我们对一个小班幼儿进行了一定的引导，希望他们可以把自己感兴趣的图画书中的形象，以书写的方式表达出来。以下是一位小班幼儿的作品：

这位幼儿是这样描述自己作品中的故事的：

　　故事的名字叫《白雪公主》。王后生了一个小公主，雪白柔嫩的皮肤，小嘴，白雪公主。白雪公主长大了，王后问魔镜说："世界上谁最美？"魔镜说："白雪公主比你美一千倍。"王后就派了侍卫（因为王后嫉妒）到森林里把白雪公主杀掉。好心的侍卫把她放了。侍卫杀了猪心放到宝盒里给王后看。王后知道了后很嫉妒，王后化妆成老巫婆到小木屋看白雪公主，先尝苹果再买。白雪公主吃了王后的毒苹果，小矮人把白雪公主放到水晶棺材里面，王子看到水晶棺材里的白雪公主，爱上了她。王子亲了口白雪公主，白雪公主嘴里的毒苹果掉下来了。

　　从这幅画作可以看出，这位幼儿主要依靠记忆讲述故事，他的书写能力还比较弱，只能画出图画书中人物的大致轮廓。不过，笔者发现，幼儿对书写活动很感兴趣。因此，教师和家长也可以尝试利用幼儿感兴趣的图画书，激发他们的书写能力。当然，教师在评价标准上不应以作品的好坏来衡量，而应观察幼儿故事叙述情况及参与度情况等。

3.方式三：寻找图画书中的线索，自制图画书

教师可以让幼儿续写或者改编出图画书里没有的内容，还可以启发和引导幼儿发现和理解图画书中隐藏的线索，并创作出自己的图画书。无论是大班幼儿还是小班幼儿，只要给予鼓励和提醒的机会，他们都具备这种能力。

（1）针对大班幼儿的实践研究

我们在另一所以阅读为特色的示范幼儿园进行了《想吃苹果的鼠小弟》教学尝试。首先，研究者与幼儿一起阅读图画书，引导幼儿明白每个动物是如何利用自己的本领拿到苹果的，同时提醒幼儿苹果的数量是逐渐减少的。随后，对幼儿提出要求，希望他们创编一个故事。另外，研究者和幼儿又一起阅读了与数字、形状有关的故事——《好饿的毛毛虫》《好饿的小蛇》，以鼓励幼儿可以根据其中的思路创作自己的作品。

事实证明，有些幼儿的想象力非常惊人，以下《小云的故事》即是例证。

因课堂时间有限，幼儿大部分时间是在家里创作的。虽然故事创作得并不完整，但云朵数量逐渐减少这一思路，显然受到了《想吃苹果的鼠小弟》一书中苹果数量逐渐减少的启发。

不可否认的是，任何有书写的活动，都比单纯的阅读活动和口语表达活动所要耗费的时间长。因此，仅仅在幼儿园的语言教育活动中，幼儿是很难一次性地完成书写任务的，尤其是耗时费力的创意性的故事创作，此时就离不开家长在家里对幼儿的鼓励和帮助。

（2）针对小班幼儿的实践研究

因为小班幼儿的书写能力较弱，本研究后期主要针对小班幼儿进行实践研

究。这次的研究对象是上海市一家二级幼儿园的小班幼儿。正在本园实习的本科生巢莹参与了部分教学实践。研究期限为两个半月,每周一次开展专门的读、写结合活动。所使用的绘本主要有:《我爸爸》《我妈妈》《大卫不可以》等。此处以《我爸爸》为例说明具体的教学过程:

师:今天老师带来了一本关于爸爸的书。爸爸做了个什么动作?(扮鬼脸)看了这个动作让你觉得这是一个什么样的爸爸?

幼:好玩的爸爸。

师:我们一起来看一看。

(带领幼儿共同阅读图画书,感受爸爸的本领)

师:这张图你能看懂吗?谁变成了马?你怎么知道这是爸爸?为什么要把爸爸画成马?

幼:因为爸爸属马。我爸爸就是属马的。

幼:因为爸爸像马一样跑得很快。

师:现在爸爸又变成了什么?

幼:变成了鱼!像鱼一样在游泳。(播放图画书PPT,继续讨论爸爸像什么)

师:原来爸爸有这么多的本领。那你爸爸有什么特别的本领?请你来画一画。

(幼儿进行操作)

师:最后,爸爸还有一句悄悄话要告诉我们,但需要大家安安静静地去听。这就是我爸爸,我爱他,而且你知道吗,他也爱我!永远爱我!

"等会请你来画一画。"就是要鼓励幼儿进行书写活动。在课堂上,幼儿首先在小书的封面上贴上自己的照片,接着完成第一页的绘画。因为课堂时间有限,而且对小班幼儿来说,完整地自制图画书还是有一定难度的,因此教师要求剩余的部分由幼儿带回家与父母共同完成。

以下是一名幼儿的自制图画书成品《我的爸爸》:

(1)封面　　　　　　　　　(2)爱穿绿色衣服的爸爸

(3)和爸爸妈妈一起晒太阳　　　　　(4)大手印小手

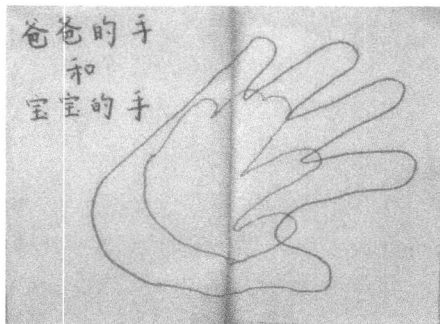

因为涉及幼儿和家长的照片,故此处省略幼儿和爸爸、妈妈的合影。

可见,小班幼儿有能力通过"创作"这种书面的方式来表达自己的想法,虽然他们的表达还不够具体,内容不够丰富,但这有益于提高幼儿的语言表达能力。

研究者在幼儿园教室的阅读区投放了很多材料,幼儿可以根据自己的想法进行"我的××"的自制小书创作。如"我的妈妈""我的爷爷"等。

（五）实践分析结果

通过半年的实践研究发现,图画书与书写相结合是促进幼儿书写能力发展的一个有效措施。

1.图画书与书写整合教学提升了幼儿的书写兴趣和专注度

研究发现,用图画书作为教材能启发幼儿的思路,使教学方式更生动、更活泼。幼儿上课的兴趣与参与度比之前提高了很多,一些上课经常调皮捣蛋的孩子也安静了不少。还有幼儿要求教师在课后让他们继续看书,继续画画。从孩子们的眼神、作画的表现来看,他们非常乐意尝试,体验这样一个全新的书写表达过程。

2.图画书与书写整合教学丰富了幼儿的书写经验

阅读的过程是幼儿感知字形、修订自己书写规则的过程。实践证明,幼儿通过故事的阅读,发现了新的书写规则并把它运用到"画故事"中。在这个过程中,幼儿不仅获得了关于书写字符、图画和文字的经验,而且掌握了学习书写的方法。

研究发现,以前幼儿的画画作品中的动物形象缺少生气,人物表情刻板僵化,将图画书运用于书写教学课堂之后,可以发现幼儿的作品变化明显。幼儿所画的动物形象活灵活现,人物表情千姿百态,内容和表现手法都丰富了许多,这有利于丰富幼儿书写表达的经验。

3.图画书与书写整合教学提高了幼儿的表达沟通能力

在图画书结合书写的活动里,幼儿越来越愿意与同伴、老师交谈。以往的创意书写活动中,幼儿根据教师的要求独自完成创作,很少与同伴、老师进行交流。而在图画书的教学活动中,幼儿会互相了解对方的创作内容,还会不时地向教师请教,课堂气势很活跃,这大大打开了幼儿表达的欲望。同时,教师不以优劣衡量幼儿的绘画作品,幼儿可以畅所欲言,这样增强了幼儿的自信心。整合的课程形式给幼儿提供了表达、展现自我的机会。

4.图画书与书写整合教学锻炼了幼儿的逻辑思维能力

图画书与书写整合的教学活动与以往纯美术的教学活动最大的区别就在于:新思路下的课程需要幼儿具备创造性思维能力。教师讲述完故事后,幼儿需要用图画、符号等书写方式表达自己对故事内容的理解,在此过程中,幼儿需要充分发挥想象力和创造力对图画书所传递的主旨和含义进行思考。因此,图画书不仅可以激发幼儿对阅读和书写的兴趣,而且可以培养幼儿的书写技能,提升幼儿的逻辑思维能力。

（六）促进幼儿书写能力发展的有效措施

实践表明,仅仅依赖于幼儿在园内集体学习活动中进行书写活动,幼儿的进步是不明显的,一方面,幼儿园的集体学习活动时间有限,另一方面,用各种符号而非口语清晰地表达某种意义,对幼儿来说,还是颇有难度的。因此,还需要采取多种措施,来提高幼儿的书写兴趣,促进其书写能力的发展。

1.为幼儿创设良好的书写环境

全语言教育的主要倡导者古德曼教授认为,儿童能够自己创造语言,为了满足他们的需求,他们自己会说、会听、会写、会读,因此不需要"教"幼儿学习读写。他认为,"教"幼儿读写不利于"学","教"主要以教育者传授为主,而"学"则以幼儿的自身愿望为主,教师想教的不一定就是幼儿想学的,因此,在被教未能满足自身需要的内容时,幼儿的"学"很难达成。当然,这里不主张的"教"并非不需要引导,而是主张教师要提供材料,并在观察活动进行中适时地启发。英国学者怀特黑德也指出,幼儿应该"处于一个能够反映他们社会身份和文化身份的环境,处于一个有丰富文字材料的环境"。[1]这个环境可以是具体的环境布置,也可以是某个具体的情景。幼儿在这充满文字材料的氛围中,接触与生活实际相关的事物,主观产生了想要记下来、想要认识的信念,这也引发幼儿进一步主动独立探索的兴趣。例如就"我是中国人"这一主题设计的书写活动,教师不仅要为专门的书写活动准备材料,也要为日常的书写活动创设与之相符的文化环境。而这日常的书写活动的环境往往才是至关重要的。因此,在创设环境时,教师不能只考虑自己认为的关于"中国人"的元素,而应从幼儿的角度思考什么才是最接近幼儿生活并为幼儿接受的。换言之,幼儿读写能力的发展至少需要如下环境:

"纸和笔都已经准备好让孩子取用。德金解释:'几乎没有任何例外,孩子开始有兴趣在纸上涂鸦,也就是他们开始对书写的文字产生好奇心的时候,这个好奇心再进一步发展成画画或写字的兴趣。'""和孩子一起相处的人,会用以下各种方式去刺激孩子对阅读和写作的兴趣:回答孩子无止境的问题,当孩子阅读或写东西时给予赞美,经常带孩子去图书馆、购买书籍,将孩子说的故事写

---

[1]玛丽安·怀特黑德.早期语言与读写能力的培养[M].何敏,郭良菁,译.上海:上海远东出版社,2002:136.

下来,以及将孩子的作品陈列在家中明显的地方。"①

2.家长要经常与幼儿共同进行书写活动

家庭读写环境对幼儿早期书写技能的发展有着不可忽视的作用。如家长多陪孩子看看书,读读新闻,然后鼓励幼儿在阅读完后进行涂涂写写,在幼儿需要帮助时,给予适时的引导,以加深幼儿书写经验的积累。家长可以帮助幼儿把日常生活中的事件通过文字或非文字符号的方式记录下来。

同时,家长应该为孩子树立读写的榜样,共同进步。众所周知,幼儿喜欢模仿家长的言行举止。家长的生活习惯、书写坐姿和握笔姿势,更易被孩子看在眼里,记在心里,表现在行为中。因此,家长还要有书写的习惯,并在书写中保持良好的姿势,以便充分地发挥自己在书写活动中的积极作用。

3.采取多种书写形式,激发幼儿的书写兴趣

在对幼儿进行书写教育时,要采用灵活多样的形式以保持孩子的书写兴趣。王纬虹、申毅、庞青在研究中指出,采取多种方式开展前书写活动,可以提供丰富、生动、有趣的书写材料,要以幼儿感兴趣的活动方法组织前书写活动,并与其他教育活动相结合②。一个好的教育活动中,幼儿应该有大量的游戏和交谈的机会。比如,在幼儿创意书写作品的相互交流评价环节,鼓励幼儿把自己画的作品展示出来并介绍给大家,满足幼儿表达的愿望。除了说的形式之外,还可采用其他的书写形式。比如,可采用独立写、分享写、交流写等方式,使幼儿的读写经验与幼儿生活实际联系起来,使幼儿觉得书写有意义,以满足其认知和情感的需要。这样,在活动交谈中,幼儿发展了口头语言表达能力;在书写中积累了读写经验,发展了口头语言和书面语言的对应能力;在游戏中,幼儿因获得了与生活相关的经验,满足了认知和情感的需求而感到满足和愉快。

4.针对不同年龄段的幼儿制定不同的书写目标

幼儿的年龄不同,书写过程中肌肉控制力以及表达能力也有较大差异,因此不同年龄段幼儿引导的重点也不相同。

小班幼儿由于肌肉力量和耐力较差,因此以游戏的方式教他们学会握笔的正确姿势(避免手与笔尖离得太近)未免有些勉强;而且他们往往缺乏书写的经验,也难以很清晰地书写出自己想表达的内容。鉴于此,我们要让小班幼儿意

① 吉姆·崔利斯.朗读手册[M].沙永玲,麦奇美,麦倩宜,译.海口:南海出版社.2009:61.
② 王纬虹,申毅,庞青.幼儿前书写活动的研究与实践[J].学前教育研究,2004(5):42.

识到正确的坐姿及正确的书写姿势的重要性;以培养他们的书写兴趣为主,鼓励幼儿大胆涂鸦,并喜欢这种方式的表述;对不能通过书面符号表达出自己想法的幼儿给予技巧上的适当指导。

在阅读材料丰富的环境中,中班幼儿已经掌握了不少汉字,并会进行书写。因此,可以继续培养良好的书写姿势和坐姿,并且鼓励他们多进行书写活动,如绘制身高图表、制作出游的流程图、把图画书上自己感兴趣的角色或情节书写出来等。

大班幼儿的肌肉控制能力和协调能力大大提高,而且他们的想象力、书写能力等都有了很大的提高。为此,书写教育的重点可以从以下方面入手:把书写变成一种生活的常态;通过涂写感知文字的架构和笔顺;改编或者续编图画书;把自己经历的事件以绘画书写的方式表达出来;制作自己的图画书等。

与此同时,我们也必须意识到:在同一班级中,不同幼儿的生活经验和家长的教育理念不同,幼儿的语言能力发展水平以及接受能力都有很大的差异。笔者发现,有的大班幼儿已经学会了以画代字、自创符号、有逻辑性地制作图画书等,而有些很少有机会涂涂画画的中、大班幼儿,则连基本的涂涂画画的技巧(如不知如何表达哭泣、生气等)都没有掌握,更难以制作出有一定逻辑性的图画书了。为此,老师和家长应该通力合作,共同重视幼儿的书写活动,帮助他们以画代字、自创符号等来进行书写活动,以保护和激发幼儿的创作兴趣。

最后,值得一提的是:无论是哪个年龄段幼儿的书写活动,我们首先要关注的是书写的内容,而不是拼写知识、书写的整洁度以及标点符号的正确使用等方面的书写知识。

第七章 整合课程背景下
开发幼儿语言运用能力的方案探索

近30年来,幼儿园的课程在批判和否定分科课程的基础上,发展起以综合课程为主的课程模式。到了20世纪90年代中期,随着幼儿园课程研究的深入,在幼儿园综合课程的基础上出现了领域课程。2001年教育部颁布的《纲要》确立了幼儿园教育的五大领域,反映了幼儿园课程整合的理念。其中提到幼儿园教育内容要注重"全面性""启蒙性",各个领域的内容要"有机联系、相互渗透"。幼儿园教育实践应该关注教育内容、教学环境、教育方式以及教育资源之间的综合运用,从而使各种教育因素成为一个有机整体,共同促进幼儿的全面和谐发展。由此,我国教育学者提出整合课程的理念。整合课程对分科课程予以了否定,将分科或是分领域的知识进行有机整合,关注儿童作为知识主体的地位,使儿童对自己、自然和社会形成和谐统一的看法并得到各方面健全的发展。整合课程更加强调领域之间的横向联系,是一个更合理、更具有操作性的课程模式。

然而完全"整合"的思想还只是一种理想的状态,整合课程在一定程度上是一种理想的课程,目前幼儿园在进行整合的实践中出现了许多问题。比如对知识内在逻辑的把握不确切,很多领域和主题的整合只停留在简单的拼凑上;对不同主题的过分追求,忽视了主题与主题之间的衔接以及它们之间的联系……在这样的整合课程中,幼儿的学习过程违背了循序渐进以及全面性、启蒙性的原则,他们获得的知识和经验在某种程度上仍然是表面的综合,课程设置存在借整合之名行分科之实的现象。

因此,在整合课程背景下实施幼儿园课程的有机整合是十分有必要的。本章就如何在整合课程背景下促进幼儿语言运用能力的开发做了实践探索。

一、整合课程概说

（一）整合课程的含义

布莱德坎普与罗斯格兰将课程整合定义为：在儿童经验范围内提供一个组织的主题或概念，让儿童能探索、解释和从事涉及多学科目标的学习活动[①]。学界关于"整合课程"出现了其他一些内涵有所不同的名词，如：多学科课程（Multidisciplinary Curriculum）、科际课程（Interdisciplinary Curriculum）、跨学科课程（Crossdisciplinary Curriculum）、贯学科课程（Transdisciplinary Curriculum）、融合式课程（Fussed Curriculum）等。本章采用"整合课程"这一说法。

"整合"从哲学意义角度来看，是指"由系统的整体性及其系统核心的统摄、凝聚作用而导致的使若干相关部分或因素合成为一个新的统一整体的建构、序化过程。"[②]具体来说，整合是指各组成部分或部分的一体化过程，也指把各个分离部分组成一个更和谐、更完整的整体。整合就是把不同类型、不同性质的事物组合在一起，使它们成为一个整体。因此，整合是整体形成的环节和过程，其核心是建立联系，形成有机的统一体。有机联系的建立是良好的、系统的整体形成的关键。强调幼儿教育整体观，就是要对幼儿教育的各要素进行多样化、多层次的整合。

关于整合课程，我国不同学者对此有不同理解。黄甫全在《整合课程与课程整合论》中指出，整合课程是采用各种有机整合的形式，使学校系统中分化了的各要素及其各成分之间形成有机联系的一种课程形态。陶亚萍在《浅谈幼儿园渗透式领域课程》中指出，渗透式领域课程要加强调领域之间的横向联系，认为整合课程要强调课程内容的有机联系，要整合教育内容和教育策略。韦瑞菊在《幼儿园课程整合实践机制》中指出，所谓整合课程就是把课程中有内在联系的不同学科、不同领域的内容或问题统整起来，使教学系统中分化了的各要素及其各成分之间形成有机联系的幼儿园课程形态。王春燕在《对当前幼儿园整合课程的思考》中指出，整合课程是以内在的价值整合观念，如人文、自然、社会学科的整合，儿童与文化的整合，认知、情感、需要、体验的整合，使教学系统中

---

①周淑惠.幼儿教材教法：整合性课程取向[M].南京：南京师范大学出版社，2006：3.
②黄宏伟.整合概念及其哲学意蕴[J].学术月刊，1995（9）：16.

分化了的各要素及其各成分之间有机联系的课程形态。在幼儿园课程整合中，既要考虑幼儿的特点，也要考虑学科知识的性质；既要注重幼儿的认知，也要注重幼儿的情感、态度，强调知、情、意、行的统摄及幼儿、知识、社会的统一。它不只是教材的单因素整合，而是教师、幼儿、教材、环境的整合，以整合促幼儿的整体发展。

由此可见，整合课程是一种将分化了的要素及其各成分有机联系起来的新的课程形态。学者们对此持较为开放的课程观，即将学校系统中的所有要素都置于整合的范围之内，为了达到整合的目的，课程不仅仅指"学科"，而且指一个包括学科设置、教师教学、学生学习、学校各种资源乃至家长、社区等要素的大系统。在"整合观"的看法上，学者们坚持了"整合"一词的最初含义。将融合、使之成为一个整体等含义贯穿在"整合课程"的概念中。

综上所述，本书将幼儿园整合课程的概念定义为：整合课程是指在目标制定与实施时关注本活动的核心领域目标，既考虑整合又关注领域目标；在内容整合上既关注同一领域活动内容之间的前后衔接，又关注不同领域活动内容之间相互联系的课程模式。

（二）整合课程的意义

1.整合课程符合幼儿身心发展规律

幼儿的身心发展规律和学习特点决定了幼儿教育必须是整体性的教育，需要高度的整合。幼儿心理发展水平决定了幼儿对事物的理解往往是粗浅的、表面的，他们的概括能力还很弱，因此对幼儿进行的教育不能过于分化。幼儿主要是通过生活活动及其他活动来学习，这些活动往往是综合性的，涉及多方面的学习内容，能促进幼儿多方面发展。因此，整合课程尽可能地加强了教育的整体性，这是符合幼儿身心发展规律和学习特点的。

2.整合课程有利于幼儿建构学习经验

人们对自我与周围世界的看法和信念是从他个人经验中建构与反思而来的，经验的建构与反思成为我们处理未来所遭遇的个人或社会问题的一种重要资源，对幼儿来说更是如此。整合性课程可以整合幼儿的学习经验，使幼儿进行有意义的学习。因为当知识附着于情境中，就有了脉络意义可寻，而且与文化、背景、个人经验相关时，越是被精心地探求着，就越可能被理解、学习和记忆。整合性学习所涉及的学习经验是幼儿所无法忘怀的经验,这样的学习涉及两种方式的整合,一种是将经验整合在幼儿现有的意义基模中,一种是组织或整合过去的旧经验以帮助幼儿自处并运用于新问题的情境之中①。

3.整合课程有利于幼儿灵活地运用知识解决问题

课程整合背后所隐含的深层含义之一,就是将知识当作解决真实问题的工具。它让幼儿探讨生活中涉及各领域知识的议题,在探讨或解决问题过程中,幼儿会自然萌发运用知识与追求知识的技能。知识即力量,可以控制自我生活,并用来解决问题,但是当知识被视为分科组织下的片段信息与技能时,它的力量则受限于科目界限而消失。因为当我们遭遇问题或陷入困惑情境时,我们并不会停下来去问哪一部分的问题属于语文,哪一部分的问题属于音乐或属于数学,而是会整体性地去思考,什么样的知识对解决问题来说才是最合适、最相关的,或者是寻求现阶段我们还未拥有的解决问题所必要的知识。越来越多的研究显示,知识是寓于情境系统中的,情境与学生的生活经验联系越紧密,知识就越是可能贴近学生,学习就越是容易。当幼儿掌握的知识是整体性的,幼儿就能弹性地、有如真实生活般地自由判定问题,并能运用广泛的知识去解决问题②。

4.整合课程有利于学科之间建立联系

当代,许多学科是无法孤立于其他学科之外而被学习或是运用的,例如:科学探究需要依靠数学知识,文学欣赏需要熟悉历史知识,环境污染议题涉及环境学、社会学、心理学等,建筑科学涉及工程学、力学、美学、人文历史、社会学等。21世纪是科技高度发展、科际间需要密切整合的时代,通过整合性主题的探讨,不但可以促进幼儿有意义的学习,而且可以让幼儿理解科际整合的必要性,为未来做准备。

5.整合课程减少转换时间的次数,弱化转换的突然性

年龄越小,在不同科目学习活动间进行身心转换就越困难。例如,上一节语言课,再上一节体育课,再上一节数学课,这样的分科免不了科目间的转换与时间的浪费。但让幼儿从事主题式的课程,时间是整段的,学习是连贯整合的,就可以减少转换时间的次数,弱化转换的突然性。

---

①周淑惠.幼儿教材教法:整合性取向[M].南京:南京师范大学出版社,2006:5.
②周淑惠.幼儿教材教法:整合性取向[M].南京:南京师范大学出版社,2006:6.

6.实施整合性课程可以达到培养完整幼儿的目的

幼儿整合性课程的核心目标就是培养完整幼儿。实施整合性课程无论是从"个体发展"的角度,还是从"教材组织"的角度,或从"幼儿教育趋势"来看,都是十分必要的。幼儿园整合课程关注"整体的人"的培养,"整体的人"的培养不是各学科知识简单相加的结果,只有建立起各种事物联接在一起的世界,才能发展充分完整的人格①。整合课程强调在课程中全面整合各学科领域与幼儿发展领域,把幼儿需要学习的内容、需要获得的经验回归到幼儿生活之中,以各种整合的形式促进幼儿身心和谐发展,最终实现培养"完整的人"的目标。

(三)整合课程背景下语言教育的地位

1.整合课程背景下,语言教育与其他领域的联系更为密切

整合的语言教育观,意味着把幼儿语言学习看成一个有机交融的系统,将幼儿语言发展和智能、情感等方面的发展整合为一体。因此,在开展幼儿语言教育时,要加强幼儿语言教育与其他方面教育之间的联系。整合背景下的语言教育必然会渗透到其他领域的内容之中,与其他领域的内容相互联系。幼儿通过语言来学习其他方面的内容,在运用语言这种中介符号获得其他方面知识和能力的同时,也促进了语言交流能力的发展。整合课程中,教育者需要将成人的预期转化为幼儿的童心,引导幼儿来探索世界,使之获得有价值的学习;需要依据幼儿的兴趣、经验来安排、延伸与幼儿生活有关联意义的情景学习内容,使幼儿的探索成为有连续意义的情景连接过程;需要将原有的教学"课"转化为融学习、生活、游戏为一体的活动。

在整合课程背景下,语言教育的内容已经脱离了原有的独立状态,与课程单元整体内容相互支撑而形成情境性的连接,以利于幼儿在学习过程中建立具有关联意义的经验。如周兢在《幼儿园活动整合课程》中提到,在"来来来,来上幼儿园"这个课程单元里,选择童话故事《小乌龟上学》和儿歌《第一天上学》与之配套;在"商店"这个课程单元里,选择童话故事《鹅妈妈买鞋》和儿歌《开店》作为语言学习的部分内容②。每一课程单元的语言教育内容成为整合课程内容的有机组成部分,也是与这个课程单元大情景有机连接的小情景。在整合课程

---

①杜威.我们怎样思维:体验与教育[M].姜文闵,译.北京:人民教育出版社,1999:268.
②周兢,余珍有.幼儿园语言教育[M].北京:人民教育出版社,2004:102.

背景下,语言领域的目标表述方式发生了变化,这些目标不再以独立系统的方式呈现,而是隐含在每个整合的主题单元教育要求内。具体来说,幼儿在学习这些故事和儿歌时,不再需要教育者单独地组织活动帮助他们理解故事和儿歌中出现的认知和社会内容的难点,因为在单元学习过程中积累的各方面经验是相关的,这些相关经验为他们提供了相应的支持。与此同时,幼儿学习这些故事儿歌中获得的认知也有利于他们学习整合课程的其他领域内容。

2.整合课程背景下,专门的语言教育有其自有体系及目标的独立性

渗透的语言教育强调语言教育与其他领域的融合,但整合课程背景下专门的语言教育也必不可少。因为幼儿处于语言发展的关键期,需要通过学习获得语言,即通过与人交往,在互动中形成基本的语言能力,这就需要教师组织专门的语言教育活动,将语言作为对象进行学习。专门的语言教育是指遵循语言教育规律来组织的学习活动,侧重提供幼儿以语言为对象的学习机会,是实现语言教育目标的有效途径[①]。语言教育活动不同于一般的语言环境,它是有目的地促进幼儿语言发展的语言环境,有明确的目的性。这种目的性体现在各层各类目标中,通过各项目标的实现,使幼儿的语言都能得到同等的发展。比如,《指南》中,语言领域中的"阅读与书写准备"目标中,目标2要求如下:

目标2　具有初步的阅读理解能力

3~4岁	4~5岁	5~6岁
1.能听懂短小的儿歌或故事 2.会看画面,能根据画面说出图中有什么,发生了什么事等 3.能理解图书上的文字是和画面对应的,是用来表达画面意义的	1.能大体讲出所听故事的主要内容 2.能根据连续画面提供的信息,大致说出故事的情节 3.能随着作品的展开产生喜悦、担忧等相应的情绪反应,体会作品所表达的情绪情感	1.能说出所阅读的幼儿文学作品的主要内容 2.能根据故事的部分情节或图书画面的线索猜想故事情节的发展,或续编、创编故事 3.对看过的图书、听过的故事能说出自己的看法 4.能初步感受文学语言的美

从目标2可以看出,根据不同年龄阶段幼儿的语言发展特点,幼儿要达到

---

① 严虹焰.整合的幼儿园语言教育活动[M].成都:四川大学出版社,2011:78.

的目标不同。这一目标的达成需要教师组织有计划的语言教学活动,选择合适的教育内容。在这一过程中,教师需要注意幼儿已有的语言经验,并在此基础上,为幼儿提供新的语言经验,使幼儿通过学习再次将新的语言经验转化为已有的语言经验,由此循序渐进,使幼儿的语言不断得到发展。幼儿园的谈话活动、讲述活动、听说游戏、文学活动、早期阅读等都包含了不同的语言教育内容,为幼儿创设了不同性质的语言交流环境。这些活动各具特色,对幼儿语言运用能力的发展具有特殊价值。

总的来说,专门的语言教育横向上与主题课程的其他内容互相联系,纵向上又保持自有体系和目标的独立性。但当前幼儿园语言教育中,关于如何在整合课程背景下更好地关注幼儿的内在体验和兴趣的研究甚少,因此笔者对幼儿园整合课程背景下语言领域的实施现状进行了调查研究,并根据调查结果,就如何在整合课程背景下实施语言教育进行了有效的探索。

二、幼儿园整合课程背景下
语言领域实施现状的调查研究

(一)资料搜集过程

笔者通过中国知识资料总库CNKI中的中国期刊全文数据库、中国优秀硕士学位论文全文数据库、中国博士学位论文全文数据库、EBSCO等中外文数据库以及谷歌、百度等搜索引擎收集了相关的资料文献,并且收集了上海市徐汇区、黄浦区、闵行区的一级园和二级园共六所幼儿园教师语言领域活动的教案175篇,同时还收集了《全国优秀幼儿语言教育活动课例评析》①《幼儿园主题教育活动精选》②以及《幼儿园主题教育活动精品案例纪实》③中的优秀教学案例120篇,共计295篇教案。与此同时,笔者就幼儿整合课程情况(访谈提纲在书后附录)对上述六所幼儿园的36名一线教师、18名教研组长以及6名园长进行了访谈,并且访谈了主班语言领域的教师,旁听了这些教师的语言教学活动,最后通过整理分析上述资料得出幼儿园整合课程背景下语言领域的实践现状及

①教育部教育管理信息中心组.全国优秀幼儿语言教育活动课例评析[M].重庆:西南师范大学出版社,2011.
②北京师范大学实验幼儿园.幼儿园主题教育活动精选[M].北京:北京师范大学出版社,2013.
③线亚威.幼儿园主题教育活动精品案例纪实[M].北京:高等教育出版社,2011.

存在的问题。

（二）实践现状及分析

1. 幼儿园一线教师对整合课程理念的理解与运用情况

众所周知，教师对整合课程的正确理解是整合课程教学得以开展的前提，没有对其本质的正确理解，就谈不上正确地实施整合课程，就更谈不上促进幼儿全面发展之目标。

整理分析295篇教学案例得出，幼儿园教师对整合课程理念的理解与运用情况如下表所示：

	案例数（篇）	百分比
教学目标中渗透整合理念	98	33%
教学目标中未渗透整合理念	197	67%

注：教学目标中渗透整合理念即在教学目标的制定中考虑并体现整合理念，此处的整合既包括领域内的整合也包括领域间的整合。也就是说在制定活动目标时，在兼顾本活动的核心目标之余还要考虑本活动与其他领域目标的相互联系和渗透。如中班语言教学活动《分树叶》，其目标制定时一方面要求幼儿能够用语言表述自己的分类标准，另一方面要求幼儿能够进一步体验大小、颜色、形状等标记的意义。通过这样的目标制定既考虑到本语言教学活动的核心目标用语言表述分类标准，又通过分树叶这一活动让幼儿体验大小、颜色、形状等标记的意义。这样的目标充分地体现了整合的理念。反之，则属于教学目标中未充分考虑渗透整合理念。

从表格中的数据可以看出，当前整合课程已经成为幼儿园教师所追求的目标，但并不是所有的幼儿教师都能在自己的实践教学活动中体现整合教育。

如，以下摘自《全国优秀幼儿语言教育活动课例评析》[①]中的两个案例，其教学目标体现了整合的理念。

案例一：小班语言教学活动《小小魔术师》

学情分析：这节活动课主要通过儿歌的形式让幼儿了解色彩斑斓的世界是由不同颜色组成的。为了适应小班幼儿的年龄特点，活动结合幼儿生活中常见的彩笔以变魔术的方式开展。

[①]教育部教育管理信息中心组.全国优秀幼儿语言教育活动课例评析[M].重庆：西南师范大学出版社,2011:26,94.

活动目标：

1.使幼儿了解和掌握诗歌内容。

2.激发幼儿对生活和大自然中的色彩产生兴趣。

案例二：中班语言教学活动《轰隆隆，打雷了》

学情分析：提起夏天，人们常常想到的是炎热的阳光和流不完的汗水，但是夏天还有另一种天气——雷雨天。夏季雷雨形成得快，消散得也快，有时还会边出太阳边下雨，变幻莫测。本活动就是通过形象展示变幻莫测的雷雨天，让幼儿能够清晰地讲述雷雨天的特征，同时获得正确躲避雷雨的知识。

活动目标：

1.引导幼儿大胆讲述雷雨、闪电等天气特征，激发幼儿对自然现象的兴趣。

2.让幼儿尝试运用乐器模拟雷声、雨声，给故事情景配乐。

3.引导幼儿初步了解正确躲避雷雨的方法，克服恐惧心理。

这两个案例在设计目标时，不仅考虑了幼儿的语言发展目标，也考虑了幼儿社会性发展目标，体现了语言领域制定目标时，多领域知识的整合。

但并不是所有的幼儿教师都能将整合的理念体现在教学中。比如，以下摘自《全国优秀幼儿语言教育活动课例评析》①中的两个案例，教学目标中都未能体现整合理念。

案例一：小班语言教学活动《三只小猪上幼儿园》

学情分析：新入园的幼儿很难适应集体生活，如何使这些幼儿尽快消除焦虑和不安，让幼儿愿意并喜欢上幼儿园、教师和同伴，是小班教师上学期工作的重头戏。由此，教师设计了一节"三只小猪上幼儿园"的活动。

活动目标：

1.引导幼儿学习从前往后一页一页翻阅图书的方法，初步理解画面的内容。

2.幼儿能够仔细观察三只小猪的情绪变化，学说礼貌语。

①教育部教育管理信息中心组.全国优秀幼儿语言教育活动课例评析[M].重庆：西南师范大学出版社，2011：35，67.

3.通过活动幼儿能够联系自己的生活经验谈上幼儿园的经历。

案例二：中班语言教学活动《狐狸和坛子》

学情分析：本故事内容寓意深刻，生动有趣，符合中班幼儿的年龄特点，故事中设有悬念，使幼儿得到积极的思考，充分激发了幼儿的兴趣的同时，对幼儿亦有深刻的教育意义。

活动目标：

1.引导幼儿通过看图猜想，理解故事内容，对故事产生兴趣。

2.引导幼儿帮助狐狸想办法，并能清晰地用语言表达。

同时，笔者通过访谈并记录了幼儿园一线教师以及管理者对整合理念的理解情况以及实际操作中的现状：

WL老师，是一位进园不足5年的新教师，她在学校系统地学习了学前教育专业相关的课程，也通过了幼儿园教师资格考试。她对于《纲要》的内容比较熟悉和了解，对整合课程也不陌生。她说："我在上大学的时候在课堂上就听老师讲过整合课程，对于整合的理念不陌生，就是整合各种资源，促进幼儿的发展。但是在幼儿园实际工作中，我却还运用得不是很好呢。"

CY老师，是一位执教15年的经验丰富的老教师。关于整合课程的理念，她强调："整合是一种理念，存在于每个老师的心中。整合并不是牵强地为了整合而整合，应该根据实际情况有计划、有安排地整合。比如刚刚上的特色活动课，其主要目标是让孩子们懂得文明用语，会说文明语。如果说仅仅为了各领域的整合，我生硬的加点画画呀什么的，看起来好像是语言领域和艺术领域放在一起了，但是这其实不是整合，至少不是有机整合。"

WJ老师，是园所的大教研组长。关于整合课程的理念，她说："所谓的整合只是老师心中的一个理念和观念问题，并不是说课堂上要把每个领域都凑在一块，整合理念在实施过程中确实存在一些问题，比如我们现在大部分的课还是偏领域的。"

X园长说："我们的一线教师对于整合的理念已经不陌生，但是由于缺少一些相关的操作手册，以及教师的整合理论素养还不是很高，一线教师在理解整合课程和实施整合课程过程中都会遇到困难，我们还是希望教育部门可以针对整合的理念制订具体可操作性的策略……"

从上述案例和访谈结果可以看到,部分幼儿教师基本能够掌握整合的理念,并能够将整合的理念运用在教学活动的目标制定之中,但是也有部分幼儿教师未能很好地将整合理念体现在自己的教育教学活动中。幼儿园中整合课程已经成为幼儿园教师追求的目标,但并不是所有的幼儿教师都能在自己的实践教学活动中体现整合理念。

2. 整合的内容:大多停留在领域间内容的整合

关于整合课程的内容问题,刘立民在《浅谈幼儿园课程整合理论及应用》中提出,整合课程中内容的整合涉及课程中前后内容之间的联系,即领域内内容的纵向联系和不同的、相关的领域之间内容的联系,即领域间内容的横向联系。巩贤花在《浅谈幼儿园课程整合的策略》中提出,应将幼儿的一日生活看作一个教育整体,让幼儿在生活中学习,在游戏中学习,即幼儿生活的整个活动都是课程需要整合的内容。李霞在《有机联系　相互渗透——浅谈托班一日活动中四大板块的整合》中也提出,托班一日活动中生活、游戏、运动、学习四方面都需要整合。幼儿的一日活动包含游戏活动、生活活动、学习活动和运动活动等一系列活动。在各种各样的活动中,幼儿教师应当努力使学习活动渗透于幼儿的一日活动之中,尤其是整合课程模式下的语言教育更应穿插于幼儿的一日活动中。幼儿语言的教育和发展不能仅局限在课堂上,而应充分利用幼儿的一日生活,尝试将语言课程领域教学目标渗透在幼儿的一日生活之中,争取让幼儿在实际生活中建构经验、迁移经验并提升经验,从而使幼儿在一日生活之中获得身体、认知、情感及社会性的和谐发展。

关于此问题,笔者对收集的295篇案例进行了整理:

	案例数(篇)	百分比
领域内内容的整合	110	37%
领域间内容的整合	165	56%
一日生活中各个活动之间的整合	20	7%

注:领域内内容的整合即课程中前后内容之间是有联系的,实质是对领域内容的整合;领域间内容的整合即不同的、相关的领域之间内容的整合;而一日生活中各个活动之间的整合即幼儿园一日生活中生活、运动、游戏、学习四大板块之间内容的整合。

从表格中的数据可以看出,当前整合的内容主要是领域内容的整合,包括领域内和领域间内容的整合,但关于一日活动中内容的整合还相对较少。教师往往注重课堂的语言教学,从选材、设计、准备到组织都相当细致,对幼儿的语言知识和技能作出了比较规范的要求,也给幼儿创设了一些特殊的语言氛围。但当幼儿一旦离开了这一环境或参与到其他领域活动中时,教师往往不再对幼儿作出正规的语言教学活动的要求,幼儿似乎也用不上或不会用语言教育活动中所学的知识和技能。

学界关于整合的内容众说纷纭,在教学案例中,关于整合的内容也莫衷一是。如:

案例一①

活动名称:小班语言教学活动《妈妈的本领》

活动目标:

1.能理解故事内容,了解妈妈的本领。

2.会用一句完整的话介绍自己的妈妈。

3.感受妈妈的爱并用自己的方式表达对妈妈的爱。

活动准备:绘本《妈妈的本领》;蜡笔;纸

活动过程:

一、阅读绘本

1.出示绘本,引导幼儿先对图书《妈妈的本领》的封面进行阅读。

2.逐页阅读并讲述绘本内容,引导幼儿理解故事内容。

二、自由交谈,说一说

三、分享交流

延伸活动:以"我的妈妈"为主题书写(绘画)有关妈妈的故事。自己的妈妈是什么样的？妈妈有什么本领？妈妈做过什么事情？

案例二②

活动名称:大班语言教学活动《乌鸦喝水》

---

①线亚威.幼儿园主题教育活动精品案例纪实[M].北京:高等教育出版社,2011:9.
②线亚威.幼儿园主题教育活动精品案例纪实[M].北京:高等教育出版社,2011:10.

活动目标：

1.理解《乌鸦喝水》中乌鸦能喝到水的原因。

2.通过亲自实验,进行验证,尝试在新的问题情境中创编故事。

活动准备：

1.每组一个托盘、瓶子数个。

2.大小石子若干、水。

活动过程：

一、故事导入

1.听歌曲《乌鸦喝水》第一段,思考乌鸦怎样才能喝到水,并在歌曲第二段中证实。

2.说一说乌鸦是想了什么办法喝到水的。(乌鸦在瓶子里放入石子,使水面升高。)

二、分组实验

1.第一次实验:水的多少、石子的数量和大小均与故事中的一致。

(1)实验提示:瓶子里有水,幼儿扮作乌鸦,尝试用乌鸦的办法往有水的瓶子里放石子,看水能不能升上来。

(2)分组试验、验证讨论,并加以解释(瓶子里的水都满了上来,大家都喝到了瓶子里的水。用小石子填充的方法真有用。)

2.第二次实验:石子的数量和大小与故事中的一致,但水不一样多。

(1)实验提示:乌鸦用小石子填充的方法每次都能喝到水吗?

(2)幼儿分组试验、验证讨论,并加以解释(如果瓶子中的水太少,石子放进去也没有用,乌鸦还是喝不到水。)

3.第三次实验:水的多少、石子的数量与故事中的一致,但石头分两种大小。

(1)先假设:你们觉得乌鸦这次能喝到水吗? 为什么?

(2)再实验:幼儿分组试验并加以论证。(瓶子里放大石子,乌鸦喝到了水,因为大石子把水的地方占据了,水就满上来了。而小石子小,占的地方少,水没有办法满到上面来,乌鸦就喝不到水。)

4.教师:除了上面几种实验得出结论,还有其他方法吗?

5.幼儿大胆推理想象。例如:把瓶子侧过来。教师鼓励幼儿活动结束后再去验证自己的推理是否正确。

三、创编故事

1.根据不一样的实验条件和实验结果分成四组,幼儿自由选择其中一组。

2.创编部分故事内容。(幼儿按照所选择的实验条件和实验结果,创编故事的局部内容)

3.幼儿分角色,使用道具,合作表演整个故事。(将创编的内容融入其中)

四、活动延伸:

1.对于幼儿实验中有疑惑的问题,教师可创设区域活动环境,提供材料让幼儿再实验。

2.对于幼儿进行推理想象部分所推断的可能性,教师可再次提供幼儿所需的材料,让其再验证。

从上述案例可以看出,教学实践中,课程整合的内容既可以是各领域之间的整合,如案例一中是语言领域与艺术领域整合,案例二中是语言领域与科学领域的整合,也包含幼儿一日生活中各个活动间的有机整合。

教学实践中,课程整合中需要整合什么内容呢?笔者就这一问题访谈了幼儿园中的一线教师及管理者。部分访谈记录整理如下:

W教师:比较前位的理论层次,我可能不是很了解。但是在我们一线教师看来,整合的内容就是领域的整合,即五大领域的整合,就是集体教学活动中的整合,比如说艺术领域里有语言,各个领域里都会有语言,而且语言是最基础的必备技能。

Y老师:根据幼儿园《纲要》精神,幼儿园一日活动的各个方面都应该为幼儿所用,一日活动的内容都应该以幼儿为中心,围绕幼儿展开。所以,我认为整合应该是一日活动的各个内容都相互联系和补充。

H幼儿园园长:我们一般是在集体活动中运用整合课程的理念,也就是五大领域之间的整合,而在一日活动中我们是不进行整合的。因为在一日活动中将四大板块进行整合是很难实施操作的……

综上所述,幼儿园中课程整合的内容有领域内内容的纵向整合和不同的、相关的领域之间内容的横向整合以及一日活动中各个活动之间内容的整合。但是在教学实践中,一日活动中各个活动间内容的整合还运用得较少。

　　3.整合的组织形式:教师主导的共同性活动为主,较少考虑选择性活动

　　教师在开展教育活动时,在课程设计的过程中不仅要考虑教育要素的有机整合,还要考虑教育方式的整合。侯莉敏指出,为使整合活动过程顺利开展,可采用两种活动组织形式,即共同性活动和选择性活动[①]。其中共同性活动是根据学习内容的领域特点和幼儿学习中的特点进行选择和编排,一般以全班或小组的形式出现;共同性活动是相对稳定的、集中的、以教师为主导的教育组织形式,是幼儿情感态度和知识技能的培养和习得过程。选择性活动一般以小组形式进行,它是以幼儿活动为中心的知识和技能的运用过程,注重幼儿的自主设计、自主探究、自主决策、自主交往,它与共同性活动互为补充。

　　关于此问题,笔者对收集的295例案例进行了整理:

	案例数（篇）	百分比
教师主导的共同性活动	157	53%
幼儿自主探究的选择性活动	65	22%
共同性活动与选择性活动相结合	73	25%

　　从表格中的数据可以看出,幼儿园课程整合的组织形式大多以教师主导的共同性活动为主。从尊重幼儿的个性化发展的目标要求以及整合理念的时代要求出发,整合的组织形式应该是共同性活动与选择性活动有机结合,相互补充,共同实现促进幼儿的全面和谐发展之目标。

　　此外,笔者从上海市徐汇区、黄浦区、闵行区的6所幼儿园进行的为期两个月的实践跟班观察和访谈分析中发现,幼儿园课程整合的组织形式大多以共同性活动为主,即以教师为主导来组织全班或小组的活动,而幼儿自主探究的选择性活动较少。

　　笔者在幼儿园跟班过程中收集到的一线教师教学活动案例中有关共同性课程和选择性课程的相关案例举例如下:

――――――――――

　　①侯莉敏.幼儿园整合课程的思考与构建[J].早期教育,2002(8):22.

案例一

一、活动名称:大班语言教学活动《曹冲称象》

二、活动目标:

1. 能较合理地想象,分析故事情节,进一步理解故事内容。

2. 积极发问与解答问题。

三、活动准备:《曹冲称象》的图片。

四、活动过程:

1. 谈话导入。出示人物画面,告诉幼儿这个孩子名叫曹冲,是古代一个非常聪明的孩子。为什么说他聪明,大家听了故事就知道了。

2. 讲述故事,幼儿边听边猜边议曹冲称象的办法。

(1)讲故事,从头至"你有办法,快说出来让大家听听……"

(2)教师继续讲故事至"孩子在玩什么把戏呀……同时,按故事情节分别展示画面。

(3)教师继续讲故事至"曹冲看见船帮上的记号齐了水面,就叫人把石头一担一担的挑下船来……"同时,随着故事情节分别出示画面。

(4)教师讲故事至结尾。

(5)讨论:为什么说曹冲是个聪明的孩子?

(6)给故事拟题目。

3. 完整欣赏故事,进一步理解故事的内容。

4. 鼓励幼儿质问并讨论……

案例二

一、活动名称:中班语言教学活动《两只羊》

二、活动目标:

1. 操作简易材料,积累粗浅的实验经验,能在实验中想象情节,表达想法。

2. 动手操作实验中探究各种不同的过桥方法,并大胆表达。

3. 懂得在日常生活中要礼貌相待、互相谦让。

三、活动准备:各种积木、尺、山羊的面具

四、活动过程:

(一)探索游戏:幼儿自主设计利用积木和尺玩一玩山羊过河的游戏。请小朋友边演示边讲述你是怎么玩的。

(二)观察分析:大部分的小朋友在山羊过河的游戏中玩得很开心,可是老师看到有一只大山羊和一只小山羊在过河的时候掉进了河里。

教师提问:1.这两只山羊为什么会掉进河里呢?

2.你是从哪里看出来的? 可以用材料演示一下吗?

3.你是怎么设计桥,以及两只山羊怎么过桥保证不会掉进河里的?

五、延伸活动:操作游戏……

案例三

一、活动名称:中班语言教学活动《好玩的筷子》

二、活动目标:

1.引导幼儿了解筷子的产生及用途,明白筷子是中国的独特发明。

2.通过多种游戏活动,开发幼儿的创造潜能,探索筷子的多种用途,体验活动的快乐。

3.通过活动,幼儿学会运用量词"根""双"。

4.锻炼幼儿手部肌肉的灵活性及手指配合的协调性。

三、活动准备:

1.材料准备:活动前让幼儿收集各种材质、色彩的筷子。

2.碟子若干,食物若干。

3.课件"筷子的由来"。

四、活动过程:

1.导入活动:猜谜语——姐妹双双一样长,一起工作一起忙,冷冷热热都经过,酸甜苦辣一起尝。猜一样日常生活用品。

2.播放课件视频:运用直观的多媒体课件,引起幼儿的兴趣。

3.让幼儿自由看、摸筷子并与同伴比较筷子。

4.游戏实践活动:筷子游戏,让孩子们知道筷子的其他用途。如筷子当鼓棒、当积木、用筷子做风车等。

五、活动延伸:在欢快的音乐声中,老师带领幼儿到户外操场上用筷子玩搭建游戏……

上述教学活动中,案例一是以教师主导的共同性活动为主;案例二是以幼儿自主探究的选择性活动为主;案例三是以教师主导的共同性活动为主,幼儿自主探究的选择性活动为辅,实现了共同性活动与选择性活动有机结合,相互补充。

针对整合的组织形式问题,笔者通过访谈记录了部分一线幼儿园教师对此问题的看法:

Y老师:现在班里有30个孩子,1个老师,说实话,看着孩子不让他们出现安全问题,我都力不从心,更不要说组织幼儿的自主选择性活动了。有时班上的孩子实在太吵,出于安全考虑,我也只能让他们规规矩矩地按照我的要求乖乖行事。

H老师:根据情况而定,如果时间充裕,我会让孩子自由活动一下,但是如果时间比较紧张,一般也就不让他们自由探索了。

J老师:集体教学活动之后,我会根据本次活动的内容,布置教室的环境,在区角里设置跟本活动相关的情境,让孩子们可以把集体活动中的内容进一步消化、提升。

WJ教研组长:我们会利用区角活动,把个别化活动与集体教学活动整合。

X园长:幼儿园整合性课程的建构是一项复杂和系统的工程,关于整合课程的组织形式问题,主要包括教师主导和幼儿自主选择两种。出于整合理念的时代要求,在教学活动中,我们尽量要求教师做到共同性活动与幼儿自主的选择性活动相结合。

从访谈结果可以看出,幼儿园教师基本上能把握整合课程的含义,但当被问到如何才能充分发挥整合课程的作用以及如何让幼儿更好地学习时,多数教师只是泛泛而谈,不能明确提出具体有效的措施。这说明多数教师并未能完全领会整合课程的真谛,受传统教学理念的影响,在理解和实施整合课程中出现了各种偏差。另外,多数教师意识到自身在实施整合课程中,能力有限,对如何开发和整合课程资源充满困惑。这就需要幼儿教师在加强理论素养的同时,将理论与实践结合起来,更好地指导教学实践活动。

总之,幼儿园的教师对整合的理念已经不再陌生,也接受和理解了这一理念。但是在具体的实施过程中,教师还需要对整合什么,如何整合等问题进行深入探讨。

(三)整合课程背景下的幼儿园语言教育活动存在的问题

当前,整合课程背景下的领域教育存在两种偏向,一种是套用"整合"的帽子将各个领域的教育活动组织在一起,这是借整合之名行分科之实的课程现象;另一种是一谈"整合"便将"领域"忘之脑后,给人们带来了整合课程不注重领域教育的错觉。整合课程背景下,幼儿园语言领域教育也存在这样的问题。

在分析幼儿园整合课程实践现状的295篇案例基础上,笔者又查阅了学前教育网、中国知网、幼儿园教师网等相关网站并从中搜集了相关优秀案例75篇,共计370篇案例。通过对这些案例的分析,笔者发现整合课程背景下,幼儿园语言教学活动的实践现状存在以下问题:

1. 整合课程背景下语言领域教育目标的呈现方式存在争议

周兢在《幼儿园整合课程状态下的语言教育》中指出,过去进行语言教育时强调倾听、表述、文学欣赏和早期阅读等四个方面的目标,并且每一方面的目标都有独立的从小班、中班到大班的发展线索,并有不断延伸的发展要求。而二期课改之后,整合课程理念下教师在实施整合课程时存在以下困惑:过去的语言教育目标是不是没有了? 此外,在做整合课程活动规划时,教师觉得这些语言教育目标也无法用现在的语言教育方式来呈现。通过案例分析和实践调研,笔者也发现二期课改之后,教师不知如何制定教学目标,更不知如何用现在的语言教育方式来呈现过去所强调的语言教育目标。

关于过去强调的倾听、表述、文学欣赏和早期阅读方面的语言教学目标现在是否存在这一问题,笔者根据收集到的资料对当前幼儿园语言教学目标的制定情况进行了整理:

	案例数(篇)	百分比
目标制定以既定好的固定要求的方式呈现	245	66%
目标制定以围绕主题用符合课程单元内容的方式呈现	125	34%

注:所谓目标制定以既定好的固定要求的方式呈现即语言目标的呈现方式强调倾听、表述、文学欣赏和早期阅读四个方面,而未全面考虑目标的制定是否围绕本主题,是否用符合本课程单元的方式来呈现;反之,在目标的呈现方式上充分符合本主题本单元内容。如:在某幼儿园中班"给你一封信"的主题

活动中,语言教育目标不再像过去那样分成四个方面,而是围绕主题用符合课程单元内容的方式呈现:要求幼儿认识生活中常见的符号;欣赏文字和其他符号、标志;提高语言表达能力;知道写信需要的工具;尝试用图画、文字记录参观所见;逐步了解写信的方式;尝试运用现代工具传递信息;理解、体验故事中人物的特点、情感,学习用绘画方式"写"信等。这是用一种不同于过去的方式在表述这个主题中儿童语言学习的要求,事实上其中已包含倾听、表述、文学欣赏和早期阅读的要求。

从表格中的数据可以看出,教师习惯于按照从小班、中班到大班的发展线索和固定要求来制定强调倾听、表述、文学欣赏和早期阅读等四个方面的语言教育目标,而不擅长于围绕主题用符合课程单元内容的方式来呈现倾听、表述、文学欣赏和早期阅读等四个方面的语言教育目标。

为了说明此问题,笔者从上海市徐汇区、黄浦区、闵行区的一级和二级园调研搜集到的120篇教案中选取一些具有代表性的案例:

案例一:小班语言教学活动《唱歌比赛》

学情分析:刚进入幼儿园小班的孩子有一个明显的特点,即"胆量不够",不爱在别人面前表现自我,所以只能通过给予鼓励,让他们尝试着去表达自己的想法,养成多说、爱说、勇于参与各种活动的好习惯。为此,H教师设计了本次活动,利用学习故事中小动物的唱歌方法来引导幼儿在日常生活中自然、大胆地表现自己。

活动名称:小班故事活动《唱歌比赛》

活动目标:

1.通过活动让幼儿理解故事的主要内容,并能够模仿几种动物的典型叫声。

2.通过活动让幼儿理解故事中的词汇:轻、响、快、慢;感受到"不轻也不响,不快也不慢"的声音才是最好的声音。

活动准备:

材料准备:小鸭、小鸡、小狗、小羊、小猫、小白兔手偶各一个;PPT视频

活动过程:(略)

本案例是典型的小班语言教学活动,活动以一个简单的小故事为切入点,以幼儿感兴趣的小动物吸引幼儿的注意力。但是笔者认为,本语言教学活动目

标的制定过于遵循固定要求,而没有考虑幼儿不同年龄阶段的不同身心发展规律及特点用符合单元内容的方式来呈现目标。

案例二:大班语言教学活动《假如我有翅膀》

学情分析:随着大班孩子生活经验的积累,其想象力、创造力、发散思维能力也有了很大的提升。在跟孩子们谈话的过程中,经常会听到一些我们成人想不出来的貌似不着边际的想法,这只是孩子想象力的瞬间显现,并没有具体指向。假如我们能细心捕捉孩子这些瞬间绽放的想象和创造的火花,适时进行指导,一定可以让它们绽放得更加绚丽多彩。本次活动以"假如我有翅膀"为载体,给予幼儿一双可以载着思想飞翔的翅膀,向神奇的世界拓展,充分激发孩子的想象力和创造力,使他们浮想联翩,各自讲出自己美好的心愿。

活动名称:大班语言教学活动《假如我有翅膀》

活动目标:

1.发展幼儿的语言表达能力,能完整地用语言表达自己的想法。

2.感受、理解诗歌中优美的意境,学会朗诵诗歌。

3.引导幼儿大胆展开想象,尝试创造性地创编诗歌。

活动准备:课件;音乐

活动过程:(略)

本案例是一个大班的语言教学活动,活动以诗歌的形式来使幼儿感受诗歌中的优美意境,并发展幼儿的语言表达能力,大胆地展开想象,尝试以创编的形式来激发幼儿的语言创造力。此案例教学目标的表述中虽然没有直接表述倾听、表述、文学欣赏和早期阅读,但是其中已包含倾听、表述、文学欣赏和早期阅读方面的要求了。所以,在整合课程背景下,语言领域的教育目标不是没有了,只是语言领域教育目标的呈现方式不同了。

2.整合课程背景下语言教学活动目标中对早期书写的意义理解有失偏颇

幼儿园语言教育的目标,主要是培养幼儿的听、说能力和良好的听、说习惯,同时使他们获得早期的读、写技能,为他们进入小学进行正规的读、写训练作前期准备。但是,笔者在整理有关幼儿园语言教育活动方面的丛书时发现,整合课程背景下的语言教学活动目标中涉及"写"这一目标维度的很少,也发现对早期书写的实质意义理解有不妥之处。有的教材要么避而不谈早期书写,即使有的谈到早期书写,也偏离了"写"的实质,大多把它与单纯的写字挂钩。如本书第六章所述,幼儿园的早期书写实质上是指学龄儿童通过图画和涂写,运用图画、图形、文字及其符号,表达信息、传递信息,与周围的同伴和成人分享、交流思想、情感和经验的游戏和学习活动。也指幼儿在表达和传递信息的过程中,所渐渐习得的写字和涂涂画画的技能。理论上说,幼儿的早期书写活动应和早期阅读等活动整合在一起。如下例:

中班语言教学活动《是谁害了小鲤鱼》①

一、活动目标:

1.理解故事《是谁害了小鲤鱼》的内容,了解水污染的一些现象。

2.知道保护水资源的重要性并想办法提醒人们节约用水。

二、活动准备:

1.师生共同收集关于水污染的图片。

2.各种色纸、水彩笔、胶水等。

三、活动过程:

(一)看图片,说说水污染的现象。

1.介绍各自搜集到的关于水污染的图片。

2.讨论:是什么东西污染了水?水变成什么颜色?会产生怎样的后果,是谁在污染水?

小结:人们污染了原本清澈的水,使我们地球上可利用的水资源越来越少。人类污染了水资源,最后伤害的是人类自己。

(二)听故事《是谁害了小鲤鱼》

1.听教师讲故事《是谁害了小鲤鱼》。

2.讨论:是谁害了小鲤?黑熊为大家办化工厂的同时排放了很多污水,它到底做得对不对?应该怎么做才对呢?除了工业污水,还有哪些污水?(医药污水、生活污水等。)

---

① 线亚威.幼儿园主题教育活动精品案例纪实[M].北京:高等教育出版社,2011:10.

（三）想一想，做一做

1.想想保护水资源的好办法，如：不在河道里扔垃圾，污水经过处理再排放等。

2.讨论我们应该怎样节约用水，如：洗手后关紧水龙头、水的再利用等。

3.用不同的材料与方法制作各种宣传材料，如：做不乱倒污水的环保小标志、张贴节约用水的宣传画等。

在这一案例中，孩子们利用不同的材料和方法制作了各种宣传画，虽然孩子们的语言表达能力有限、书写能力有限，但是这毫不影响孩子们的表达。他们通过绘画的形式表达自己的想法，一点也不比成人的文字逊色。

笔者就幼儿园语言教学活动的目标问题对幼儿园教师进行了访谈，整理如下：

WF老师，刚入职2年的教师。"在设计语言教学活动目标时，我一般都是参考《纲要》中提到的语言领域目标，在结合本班幼儿实际需要来制定教学目标的。对于听、说、读、写这四个维度，我一般是参考《指南》中的一些目标。特别关于'写'这一目标，我觉得就是让幼儿写写、画画吧。但这在美术活动上体现得比较多，在语言教学活动中体现得不多。"

JLH老师，入职10年的教师，是幼儿园中的主班老师，主要带班里的语言教学活动和艺术活动。"新课改之后，对幼儿情感态度目标非常重视了，我们教师在写教学目标时都会特别考虑情感态度目标，但是语言教学活动中的听、说、读、写四方面，'写'谈得比较少，可能是因为现在'写'这一话题是比较敏感的。因为一谈到'写'似乎就让人有应试教育的嫌疑呀，而且也会认为你没有很好领会教育精神。所以'写'的方面我们涉及得比较少了。"

S老师："'早期读写'这个问题，你不问的话，也许我们都不太会谈到这个问题，你这么一问，我似乎意识到，我们一线教师对这个方面的考虑不太多。想到'写'更多的是指汉字的书写。但是仔细想想，'写'的内涵还是很深的，并不仅仅局限于汉字的书写上呢。"

由此可见，在教学实践中，教师较少强调"写"这一维度的教学目标。但是整合课程背景下的语言教学活动需要强调幼儿语言教学目标的完整性,其中要特别关注幼儿语言教学目标中"写"这一维度;需要教师正确理解早期书写的目的与意义,做好整合课程背景下语言教学活动目标的整合。

3.整合课程背景下的语言教育内容互不相关

在整合课程背景下,语言教育应在横向上与其他领域内容相互联系,然而在教学过程中逐渐暴露出分科语言教育的问题。比如,某幼儿园开展的"给你一封信"的主题活动中,教师在阅读了故事《点点和多咪的信》后感觉语言教育的成分还不够,便增加一些与主题不相关的散文朗读和儿歌演唱。部分教师在实施整合活动时仍然按照分科教学的理念选择课程内容,以兼顾各领域学习内容的平衡问题。这样的做法从本质上说仍然是分科教学,并不是真正意义上的整合。而当前关于整合课程背景下的语言教学活动则是要更加关注语言领域与其他领域间内容的关联性。

对于此问题,笔者在线查阅了学前教育网、幼儿园教师网等相关网站并从中搜集了幼儿园主题活动优秀案例85篇;从校图书馆借阅的有关幼儿园主题活动方面的书籍如《幼儿园主题教育活动精选》《幼儿园主题教育活动精品案例纪实》等中搜集了幼儿园主题活动的优秀案例130篇;笔者在实践调研上海市徐汇区、黄浦区、闵行区的6所幼儿园时所搜集到的主题活动案例120篇,共计335篇案例。笔者对这些主题活动案例进行了整理:

	案例数(篇)	百分比
语言领域教学活动内容与其他领域教学活动内容相关	107	32%
语言领域教学活动内容与其他领域教学活动内容不相关	228	68%

注:语言领域教学活动内容与其他领域教学活动内容相关即语言教学活动的内容与其他领域内容之间存在相关性和联系性;反之则为语言教学活动内容与其他领域教学活动内容不相关。

从表格中的数据可以看出,整合课程背景下语言教学活动与其他领域教学活动的内容之间缺乏相关性。

在整合课程背景下,当前幼儿园大多采用主题活动的形式开展整合课程。通过对大量相关主题活动的案例分析发现,当前整合课程下的主题活动内容之间缺乏内在联系性,下面以笔者实际跟班的X幼儿园大班的主题活动"我们的城市"为例。

X幼儿园根据主题活动目标的需要编写了活动一:"平改坡,活动二:楼房与号码,活动三:逛逛新上海,活动四:老房子与新建筑,活动五:奇特的房子"这五个集体教学活动。

活动一:平改坡

一、小区的变化

1.观察图片:这段时间一些小区正在改造,发现这些小区有什么变化吗?

2.什么叫平改坡?(出示小模型)

3.在平改坡之前,很多小区房屋的屋顶是怎样的?

4.出示照片:比较尖顶的房子与平顶的房子。

(1)脚手架:脚手架是用什么材料搭建的? 为什么要搭建脚手架?

(2)标志:这些是什么意思? 为什么要有这些标志?

(3)竹子天桥。

(4)脚手架上的升降电梯。

5.既然平改坡给我们的小区带来了一些不安全因素,还把小区弄得乱乱的、脏脏的,那么为什么小区里的居民还那么欢迎平改坡呢?

二、平改坡的作用

出示3张图片,幼儿自由表达自己的看法。

(1)第一张图片:平改坡前的冬天,屋顶上积满了雪花,人们在屋子里很冷;平改坡后的冬天,人们不再感觉那么冷了。

(2)第二张图片:平改坡前,夏天的太阳照射在屋顶上,人们热得汗流浃背;平改坡后,太阳光照在斜斜的屋顶上,热气被挡在了外面,屋子里的人们不再觉得那么热了。

(3)第三张图片:平改坡前,下雨天屋顶会漏雨;平改坡后,屋顶不再漏雨了。 现在我们的小区更漂亮了,我们的生活也更舒适了。

活动二:楼房与号码

一、引起兴趣

1.上海真是个美丽的城市,大街上都是高楼大厦,住宅小区也建设得特别漂亮。今天我们要去参观一个漂亮的住宅小区——幸福小区。(PPT播放)

2.这栋楼是这个小区的1号楼,我们来数数有几层? 这是一楼,这是什么呢?(101)你知道它对面的一间门牌号是多少吗?

二、尝试操作——梳理幼儿对门牌知识的理解

1.这栋楼里住了很多人,工人叔叔一时来不及为他们制作门牌号,请你们来给他们装上门牌号。

2.说说你是怎么来编号的?

3.门牌号上的各个数字有什么意义呢?

小结:我们把最底下的层叫第一层,把最左边的间叫第一间,所以一般来说我们编门牌的方法是:从下往上,从左往右,第一个数字表示层,最后一个数字表示间,中间用0隔开,楼房的门牌号就是101、102、201、202等。

4.检查一下你的门牌编对了吗?

三、探究学习——认识住宅地址

1.探究楼号。这个小区里有几栋楼房呢? 请你来编号。

2.探究栋、层、间的关系。现在琳琳要住进这个幸福小区了,她拿到了她家的钥匙,钥匙上有她家的地址。(出示钥匙、地址卡片2-301),你知道她家是在哪里吗?

3.如果请你也来这个小区住,你希望住在哪里呢? 请在新家的阳台上插一枝花,并告诉大家你的新家住在第几栋的几零几?(请幼儿指出具体住处并完整表述地址,并说"我的新家在××小区×栋×室,欢迎大家到我的新家来玩"。)

活动三:逛逛新上海

一、复习歌曲《上海城真正美》

1.说说这首歌与一般的歌曲有什么不同。(有唱有说)

小结:这种有唱有说的演唱方式就叫"说唱"。

2.共同商议采用不同的说唱方式唱这首歌。(语言的不同:普通话或方言;乐器的不同……)

二、创编歌词

1.观察图片,说说上海的新面貌。

2.摘句改词:尝试选择一个内容,调换"你看那东方明珠电视塔、高耸入云多雄伟"一句,并试唱。

3.用新词说唱歌曲。

三、选图轮唱

1.分组任选一张图片进行改词并试唱。

2.采用集体齐唱、改词处轮唱的方式演唱。

3.在"上海上海天天变"的说词处加入按节奏击掌,增加说唱气氛。

活动四:老房子与新建筑

一、观察照片

1.看看老式建筑比较集中的地方:城隍庙、石库门等。

2.说说老式建筑与现代房屋的不同点。

小结:老式的建筑有用瓦片搭的屋顶,四边向上翘起;大门上有铁环;窗上有窗格等。

二、老建筑

1.进一步比较:老建筑有什么相同点?

如:有用砖搭建的墙壁、有厚重的木头大门等。

2.观察老式房子的雕梁画栋,体会中西合璧的美感。

如:尖尖的顶端、高而直立的建筑。

三、学折纸房子

1.以亭子为基本折叠方式。

2.注意要点:

(1)边与边对整齐,折痕清晰。

(2)都会折双三角形。

(3)细心,能把正反面都折好。

3.通过对亭子的粘贴、剪、画或大小组合等方式构成各种"老房子"。

4.分享你的房子有哪些特点。

活动五:奇特的房子

一、自由介绍,经验分享

看各种各样房子的图片,说说你喜欢哪幢房子。

小结:这里的房子真多呀,有新房子和老房子,有中国的房子和外国的房子,这些房子的形状不一样,造房子的材料也不同,它们给我们的生活带来了许多方便之处。

二、看课件,了解各种奇特的房子

1.风帆式建筑。例,澳大利亚悉尼歌剧院。

师:它的形状像什么? 它有什么用?

小结:远远望去,既像竖立着的贝壳,又像两艘巨型白色帆船,飘扬在蔚蓝色的海面上,也有"船帆屋顶剧院"之称,非常美观,里面可以观看歌剧表演。

2.球形建筑。例,日本绿化馆。

师:这个大足球里面会放些什么? 我们上海有没有这样的球形建筑?

小结:有三个呼吸孔,透明的夹层里可以将吸收的太阳能转化成绿色的能源,十分环保。

3.会变色的房子。随着天气的变化而改变颜色。

师:它有什么特别的本领?

4.悬浮房子。空中住宅,使城市绿化面积增加。

提问:为什么要这样造? 留出下面的地方做什么?

小结:可以留出更多的地方种植绿化。

三、看录像,了解充气房子的优点

1.播放幼儿在儿童乐园里玩充气房子的录像。

2.你们喜欢充气房子吗? 为什么? 说说喜欢的理由。

3.如果利用充气材料来造高楼行不行? 可能会出现什么问题? 谈论对策。

小结:充气材料造的高楼没有砖块造的房子牢固,它很容易倒塌,非常不安全。所以房子要先造牢固,再设计它的功能。

四、大胆想象,设计房子

1.说说自己想象中的房子。

2.设计未来的房子。

　　我们给这个主题活动绘制了主题网络图，从主题网络图可以发现这个主题活动涉及了各个领域的内容，但是并没有关注各领域内容之间的关联性。每一个教学活动都很有创意，但是活动与活动之间并未考虑到知识的联系性，前一活动没有为后一活动的开展做铺垫，后一活动也未承接前一活动的相关内容。每个活动的内容相对独立，没有关联性。因而，幼儿在进行活动时不能将前后活动的经验进行有效连接，其获得的是相对零碎的知识点，这不利于幼儿对知识的理解与掌握。

　　整合课程旨在为幼儿的全面发展提供融合的、多元的、开放的学习环境。整合课程中的语言教学活动必须脱离原有的独立状态，与课程单元整体内容互相支撑而形成情境性的连接，以利于幼儿在延续性的学习过程中建立具有关联意义的经验。例如，在大班"我是中国人"主题单元活动里，教师选择童话故事《月亮船》和儿歌《我的祖国真大》作为语言学习的部分内容，再组织与语言学习内容有关的其他领域内容的活动。这样，每一课程单元的语言教育内容成为整合课程内容的有机组成部分，同时也是与这个课程单元大情景有机连接的小情景。那么，幼儿在学习其他领域的内容时，教师不必专门组织活动来帮助他们理解活动期间出现的难点，因为他们在这个单元学习过程中积累的各个方面的经验是相关联的，已经为他们提供了相应的支持。也就是说，幼儿在学习语言活动过程中获得的认识，有助于他们学习整合课程的其他领域内容。

　　关于整合课程背景下语言教学活动内容与其他领域活动内容之间的相关性问题，笔者对幼儿教师进行了访谈，整理如下：

　　WJ教师，刚入职2年的教师。"在主题网络图的次概念下会围绕主题目标找寻与主题相关的教学活动，也考虑过各个领域活动之间内容的相关性。但是仅仅考虑与主题相关，然后设计五大领域的集体教学活动。一般都会兼顾五大领域，但是设计的五大领域集体教学活动之间内容没有考虑那么多。"

　　L教师："整合课程下，我们一般还是遵守领域，也就是说在进行活动教学时一般不会考虑到领域之间内容的相关性，只是在主题下安排五大领域的相关活动时并没有考虑到领域之间的内容要相关。"

　　M教师，从教10年的教师。"二期课改之后，关于课程方面有很大的改变，现在主要是开展主题课程。我们一般按照上海教育出版社出版的《学前教育教师参考用书》来选择主题,主题确定后,设计主题网络图,然后分别围绕主题设计每个领域的集体教学活动。对于各个领域之间的相互衔接,我们有时会考虑,主要是因为它与主题有关。如果这一主题比较好设计的话,我们也会考虑到各领域之间的联系和衔接,但是大部分情况下,我们做还是比较少的。"

幼儿教育的整体观是我们对于幼儿教育整体性、系统性的基本看法。《纲要》中明确指出,幼儿教育活动的组织应注重综合性、趣味性和活动性。但是整体观的思想并不只是形式上的整合,还要注重各领域内容之间的整合和联系性。幼儿园课程内容的整合是指各领域之间纵横双向的联系,其中纵向联系是指某领域内容之间的前后联系,横向联系是指不同领域内容之间的联系。

4.整合课程背景下的语言教学活动为了整合而整合,缺乏语言领域核心目标

当前幼儿园教育活动大多以主题活动的形式来体现"整合"的理念。在围绕某一主题确定具体的教学活动内容时,少数教师习惯于将所有与主题有关的活动都"拼盘"放到一起,看似动静交替、操作性与非操作性活动搭配开展活动。但是从整合课程的角度看,主题活动中的每一个活动之间缺乏连续性和整合性,活动从幼儿的已有经验、情感角度出发来创设,且都在教师的安排和引导下有序进行。这样的整合并不是真正意义的整合,而是为整合而整合的"学科拼盘式"的课程。整合的关键在于学科内容的实质是否发生了变化,而不是不同学科内容是否被放在一起。这种"学科拼盘式"的课程整合,只是各科知识的堆砌,难以有效提升幼儿语言发展的核心能力。热热闹闹的背后,幼儿的语言学习是零散的,教师往往只考虑与幼儿生活经验相关的语言内容,而忽视幼儿语言发展的内在发展逻辑,这最终将无法提升幼儿的语言运用能力。

在设计整合课程背景下的主题活动时,因为考虑到语言教育的成分不够多或者需要加强语言教育内容,部分教师会找一些与主题相关性不强的儿歌、散文或故事来开展主题活动,或者把后面的语言教学活动放在前面的主题中进行。因为他们认为主题活动中各领域的知识和经验应该平衡,否则会导致某些领域知识和经验的缺失。事实上,这是部分教师在实施整合活动时,按照分科教学的理念选择课程内容,以兼顾各领域学习内容的平衡问题。这种做法从本质上来说仍是分科教学,并不是真正意义的整合。各个学科的大杂烩,为了整合而整合,缺乏领域核心目标,那么领域活动的意义就不复存在了。

针对整合课程背景下幼儿园语言教学活动的为了整合而整合,缺乏语言领域核心目标的现象,笔者将在幼儿园实地跟班的过程中收集到的120篇教学案例进行了整理:

	案例数(篇)	百分比
语言教学活动的实施过程体现语言领域教学目标	43	36%
语言教学活动的实施过程未体现语言领域教学目标	77	64%

注:语言教学活动实施过程中体现语言领域教学目标,即教师在实施语言教学活动时,活动过程围绕语言领域活动目标而展开,活动过程也是为实现活动目标而设,教师在整个教育教学过程中不忘目标。反之,语言教学活动的实施过程未体现语言领域目标。

表格中的数据可以看出,整合课程背景下,很多幼儿教师过多关注整合,而忘记了语言领域的核心目标,弃目标于不顾,就是弃幼儿的发展于不顾。

关于此种问题,笔者对幼儿园的一线教师进行了访谈,整理如下:

S教师:现在一谈到整合,我们就会想到各个领域的整合。一节语言教学活动,如果只是单纯的关于语言,那就不被认为是整合课程。因此,现在我们时常生硬地在语言教学活动中加一些科学呀、艺术之类的,以此满足整合的要求。

H教师:语言领域的整合,我觉得应该包括语言内容内的整合即语言目标的整合、语言内容的整合,以及语言与其他领域活动内容间的整合。

W教师:语言教学活动的整合,我一般是参考上海市学前教育的教材。我会选择语言和其他一种领域相结合,如果每个领域都要整合进来的话,我觉得有些多余并且不好实施。

CY园长:一堂语言教学活动的好与坏,关键是看你的活动目标是否完全实现。所以语言教学活动的整合,并不能忘记领域目标的实现,不能为了整合而忘记领域。

笔者在实践研究中收集到的关于语言领域的教学活动案例很多,如:

案例一:中班语言教学活动《甜甜的河水》

过程一:引入活动,引起幼儿的兴趣。

师:出示棒棒糖。棒棒糖吃起来大概是什么水果味道?

幼:苹果的,橘子的,橙子的,葡萄味的,因为有紫颜色……

小结:这一根五颜六色的棒棒糖,大概有各种各样的味道吧,引出小熊也有一根五颜六色的棒棒糖。

过程二:活动继续进展。

师:小熊自己一个人坐在河边想好好地吃棒棒糖,小鱼游来了,小螃蟹游来了,小乌龟游来了,问小熊在干嘛。小熊回答说:"没干嘛,没干嘛。"小熊拿起棒棒糖吃起来,可是周围一个人也没有,它觉得很孤单,它想要是河里的朋友和它一起吃棒棒糖,因为这样一定很热闹。于是便在岸边叫小鱼、小螃蟹、小乌龟,但是河里的朋友一个也没有来。小熊很沮丧,有什么办法可以让河里的朋友尝到棒棒糖的甜味呢? 小朋友,你们能想出什么办法让河里的朋友也能尝到棒棒糖的甜味呢?

幼:飞起来,小熊跳到河里去,用绳子把棒棒糖放进河里,把棒棒糖放进水里……

小结:哦,把棒棒糖放到水里去,水就变成甜味了,朋友们就可以尝到棒棒糖的甜味了。

师:棒棒糖放到水里就会融化吗? 怎么让棒棒糖融化呢?

幼:转一转,像游泳一样……

师:棒棒糖很快乐地在水里动来动去,很像在边唱歌边跳舞。你听:棒棒糖在唱什么歌?(我是一根棒棒糖,咿呀咿呀哟,会跳舞的棒棒糖,咿呀咿呀哟)棒棒糖在里面一边唱歌一边跳舞,我们可以教棒棒糖一个舞蹈动作。孩子们,你们还可以教它一个什么动作,让它融化得更快?

幼:……

小结:教棒棒糖动作,让它融化得更快。

过程三:尝一尝,分别让幼儿尝,比较不同程度的甜味。

师:棒棒糖融化了吗? 水有什么变化吗? 你们想不想尝一尝呀? 有多甜

呀?……

　　这一活动是语言教学活动中多领域间简单地拼接和相加,没有考虑到内容的适宜性,也缺乏语言领域核心目标,呈现出大杂烩现象。在语言教学活动中,教师应紧抓语言教学活动的目标,再与其他领域有机结合,这才是整合理念下的各领域有机整合、相互渗透的实质,而不是为了整合而整合,将不相关的内容进行简单拼凑和相加。整个教学活动表面看起来是语言教学活动,实质却早已远离语言教学活动的目标了。热热闹闹的背后,幼儿的语言学习是零散的。

　　案例二:中班语言教学活动《一根羽毛也不能动》
　　一、活动目标:
　　1.理解绘本内容,感受鸭子和鹅的坚持不懈。
　　2.积极参加讨论,表达自己的想法,发展语言表达能力。
　　3.懂得坚持不懈很重要但懂得适时放弃,保护自己更重要。
　　二、活动准备:绘本PPT;游戏"木头人"
　　三、活动过程:
　　(一)导入PPT1:今天老师带来了一本书,这本书的名字叫《一根羽毛也不能动》。猜猜这本书里讲的是谁的故事,看看他们俩在干什么。
　　师:对,他们俩确实在吵架,鸭子说自己是最棒的,鹅也说自己是最棒的!于是他们就想用比赛来证明自己是最棒的。
　　(二)初步感受鸭子和鹅的坚持不懈
　　1.PPT2:(1)瞧:他们进行了什么比赛? 谁赢了? 你觉得他们的比赛公平吗? 为什么?
　　(2)师:对,他们比的都是自己的强项,不公平? 现在比赛是1:1,那要比什么才公平?
　　(3)师:你们玩过木头人游戏吗? 游戏是怎么玩的? 要怎样玩游戏才会赢?
　　2.PPT3:师:鸭子和鹅也玩起了木头人游戏,鸭子说:我们来玩木头人游戏,不许讲话不许动,就连一根羽毛都不能动一下,谁赢了谁就是冠军。于是鸭子说:预备不动。鹅就一动不动站着,鸭子也一动不动站着。
　　3.PPT4:这时候蜜蜂、兔子、乌鸦来了。他们在干什么? 他们是怎样捣乱

的?(幼儿相互交流说)

(三)师幼玩木头人游戏,再次感受鸭子和鹅的坚持不懈

1.幼儿集体玩游戏一次,教师做"捣蛋鬼"。

2.采访坚持到底的成功木头人,提问:你有什么好办法保持不动?

3.教师小结:是啊,只要心里想着这件事,这件事就会成功。

4.再次玩游戏一次,邀请几名幼儿来做捣蛋鬼。提出要求:怎样让自己成为高手,高手会对自己说什么?

(四)继续阅读绘本

1.PPT5继续讲故事:这时候突然天空吹起了大风,树叶摇晃,叶子到处飞呀飞,教师指图:看鸭子和鹅怎么啦? 他们动了吗?

2.PPT6:(1)发生了什么事?(2)鸭子和鹅还在想什么?

3.PPT7:(1)狐狸在干什么?(2)如果你是鸭子和鹅,你会不会动?

4.PPT8:(1)狐狸把他们带到了哪里?(2)狐狸想干什么?(3)鸭子和鹅又是怎么样的?(4)如果你是鸭子和鹅会干什么?

5.PPT9:(1)狐狸在干什么?(2)这时候谁应该动了? 为什么?

6.PPT10:(1)鸭子做了什么事情?(2)教师小结:对呀,在发生危险的时候,不能放弃朋友,比赛虽然重要但是生命最重要。

7.PPT11:问:鸭子救了鹅,现在比赛结束了吗? 你认为谁赢了? 为什么?

8.PPT12:教师小结:其实他们俩都赢了,鹅赢在坚持到底,而鸭子赢在很勇敢。

四、交流延伸活动……

这节语言教学活动案例中,我们看到活动的目标中体现了语言领域的核心目标。但是,在实际的课堂教学中,教师采用了"木头人"的游戏来使幼儿体会故事中鸭子和鹅一动也不能动的感受,幼儿沉浸在游戏的欢乐之中,教师似乎忘记了自己最初制定的活动目标,并未将语言领域的核心目标贯彻在具体的教学实践中。由此例可以看出,一些幼儿教师在活动目标制定中会考虑语言的整合以及语言领域的核心目标,但是在实际的教学过程中,常常容易考虑了整合而又忘了领域。

在当前整合课程的大趋势下,幼儿园的语言教学活动存在为了整合而整合

的现象,甚至在制定语言教学计划时,为了考虑整合,将各个领域内容加以拼凑,以至于教学活动"四不像",缺乏语言领域的核心目标,失去了语言教学活动的意义。

（四）幼儿园语言教育活动中出现问题的原因

1.政策实施缺乏力度,未制定与整合课程相关的操作手册

笔者在对幼儿园整合课程实施现状进行调研过程中发现,大部分一线教师对整合课程既熟悉又陌生,熟悉于整合这一理念,但又陌生于整合的实施方法。教育部门应该走进幼儿教育,真正体会和领悟幼儿园课程整合带给孩子的意义和价值,研究园内、外教育资源的开发与整合,构建具有启蒙性、整合性、开放性的课程模式,制定与整合课程相关的校本教材及操作手册,将课程整合撒播在每一个孩子身上。

2.实施整合课程的过程中幼儿园内部教师之间缺乏沟通

现实生活中,幼儿园主要由主班教师和配班教师轮流带班,两位教师在进行分工教学时,往往缺乏沟通。如某一主题活动中主班教师负责语言、艺术、科学领域的活动内容,而配班教师准备健康、社会领域的相关活动内容。在双方准备教学活动时仅仅考虑到平衡五大领域的内容,却未能充分考虑五大领域内容之间的联系性,有时为了某个领域的需求,而加入一些与本活动目标无关的活动内容。

因此,幼儿园内部教师在进行整合课程时需要相互沟通协商,使主题活动既关注各领域的平衡又关注各领域内容之间的联系。

3.幼儿园管理者缺乏科学的认识,难以引领实践的方向

幼儿园的管理主要采取园长负责制,园长的教育理念对幼儿园的发展至关重要。只有园长重视课程理念的意义和价值,才能带动幼儿园课程整合研究的氛围。园长对课程整合的理解和认识程度在很大程度上决定整个幼儿园对整合课程的开展力度。从与园长的交谈中发现,大部分园长对整合课程在学习活动中的运用持肯定态度,但是也有一些园长没有重视整合课程在幼儿园教育教学中的重要性和必要性,对如何更加有效地整合,往往也缺乏科学的认识。

三、整合课程背景下开发幼儿语言运用能力的方案设想

(一)相关问题的思考

1.是否需要将所有领域都包含在同一个整合性主题中

整合性课程的实施应从现行课程领域中找出"自然连结"的地方,并非将所有的学科领域都包含在一个整合性主题中。强行纳入各个学科领域的活动,势必成为一个"人为化的活动集锦"。课程整合本身不是一个"目的",它是达成基本教育目标的一个"方法",运用这个方法,使幼儿的学习有意义,并提高他们探索问题和解决问题的能力,以达到培养完整幼儿的重大教育目标。反之,如果把课程整合当成是一个最终目的,想方设法将各不同学科勉强地混合在一起,势必造成虚浮表面式的学习,而与所探索的主题概念甚少相关。所以在设计整合性课程时,教师应考虑教学活动是否能促进幼儿对主题概念的理解,应寻求符合主题概念的学科领域间的自然连结处,无须勉强整合所有学科领域。

2.整合性课程是否等同于抛弃所有的学科知识

实施整合性课程并不是抛弃所有的学科知识,完全不去理会学科知识;相反地,教师更要洞悉各学科领域知识内容,辨别其异同关系,方才具有整合不同学科的能力。在幼儿教育中,我们常常发现教师对学科知识内容未能充分重视,所设计的课程虽或多或少涉及一些学科领域,如艺术、语言等,但往往只是一些虚浮表面的活动呈现,与主题概念很少直接相关。因此,如果没有学科基础,幼儿整合性课程可能很快就会退化为只是好玩却无意义的活动,或是微不足道的追求。总之,学科知识绝非整合性课程的敌人,它反而是真心相助的亲密战友。教师在与幼儿共同探索主题的过程中,应该和幼儿一同学习并运用与主题相关的知识,以促进自身专业成长。

3.整合性课程是否等同于多学科课程

整合性课程与多学科课程是截然不同的。就课程整合而言,课程设计开始于一个中心主题,然后向外确立与主题相关的"大概念"及用来探索主题与概念的"活动",这样的设计并未特意考虑各个学科,因为主要的目的是探索主题自

身。而多学科课程的课程设计,开始于确认各个"科目"以及各学科中应被熟练掌握的重要内容与技能;当一个主题被确定后,教师就以"每个科目可以对主题贡献什么"的问题来设计主题课程。在这种情况下,各独立分科的身份仍被保留在教材内容中,幼儿仍须轮转于各学科间;虽然各科目与主题相关,但主要目的仍然是熟练掌握其所涉及的内容与技能,因此,主题的探索还是次要的目的。换言之,多学科课程是学科内容、技能作为课程的开始与结束的,而整合性课程却是以幼儿感兴趣的问题、主题作为课程的开始与结束的,对主题概念展开充分探讨,并用概念来整合各个领域知识。

4.五大领域的整合应该如何组织

对于一个主题活动,在进行教学活动时应先开展哪一个领域的活动? 这是笔者在实际调查以及整理资料时思考的问题。笔者认为每一领域在做到完成本领域目标的同时应与其他各领域有机结合,相互渗透,形成整体的教育活动,这样有利于幼儿的综合发展。在教学实践中,这主要取决于本班幼儿的兴趣需求和本主题活动的整合情况,教师也可根据主题网络图以及各领域内容之间的联系性,综合分析该主题活动的各领域之间的开展顺序。

5.一日活动间的内容是否需要整合

目前,幼儿园的五大领域课程主要通过集体教学活动来实施,而幼儿园集体教学活动在一日活动中占有较大的比重。笔者在调研时发现,有的幼儿园在一日活动中的生活、运动、游戏环节却未考虑与学习活动之间的关联性。大多数幼儿园的主题活动主要运用在幼儿园一日活动中的学习活动环节,与一日活动的生活、运动、游戏环节缺乏相关性。学习活动中,教师根据主题的需要创设环境、设计区角、组织实施相关领域活动。似乎这所有的准备只为学习活动所用,一日生活皆学习。教师在整合课程的理念下设计组织学习活动时,应该关注与一日活动中的其他活动之间的关联性。当前大多数的幼儿园没有做到一日活动间内容的整合。如一日活动中的生活、运动、游戏、学习各自进行,很少考虑到彼此之间的联系。幼儿园一日活动间内容的整合,既能使幼儿在学习、生活、运动、游戏的过程中获得发展,也能促进教师的专业成长。

6.整合课程背景下主题与主题之间是否需要相互衔接

课程整合的层次性不仅指同一年龄班课程目标、课程内容的递进,也指幼儿园三个年龄班之间课程目标和内容的递进。在为不同年龄班设计的主题中,有相同或相近的内容出现在教学用书中。例如,大、中、小班都有以季节为核心的主题出现,但在不同年龄班,这个主题有不同目标和不同内容。小班强调对季节的体验,中班强调对周围事物的观察,大班则强调事物随季节发生变化的内在规律。在教学用书的编写过程中,要注意不同年龄班的侧重点和课程目标的确定,掌握内容衔接的"度",三个年龄班内容既不能重叠也不能脱节。

(二)整合课程实施的设想方案

如何才能更好地实施整合课程呢? 笔者将通过案例的形式具体地探讨整合课程实施的基本要求以及实施的基本原则,并试图提出自己的设想方案以抛砖引玉。

1.整合课程实施的基本要求

(1)游戏的乐趣

罗素曾说过:"热爱游戏是幼小动物——不论是人类还是其他动物——最显著的、易于识别的特证。对于儿童来说,这种爱好是与通过装扮而带来的无穷的乐趣形影相随的。游戏与装扮在儿童时期乃是生命攸关的需要,若要孩子幸福、健康,就必须为他提供玩耍和装扮的机会。"[1]的确,游戏是儿童自发自主的活动,也是儿童最喜爱的活动。在游戏中,幼儿是积极的、愉快的;教师与儿童是平等的;各种知识之间是有机联系的、整合的;教学与生活也是 相互融合的。另外,游戏在追求其本体价值——愉悦与享乐功能的同时也能自发地促进幼儿身体、认知、情感与社会性的发展。因此,无论课程是以主题、领域还是方案的形式切入,都要考虑到幼儿的兴趣和需要,使课程活动充满游戏的乐趣,使幼儿在活动中能够沉浸在欢乐、愉悦与兴奋之中。

(2)情感的体验

传统的教育和课程实践往往忽视幼儿的体验,因而幼儿在课程活动中不是一个真真切切的体验者,正如后现代文化所言:"狭隘的教育目标只关心统治知识和有用知识,将人们文化生活中的再体验、经历与自我创造的过程排除出去。"[2]事实上,对于幼儿来说,体验就是他们本真的存在方式,因而有体验的知识才是真知识,融情境的活动才是真正能够打动幼儿心灵的活动。为此,整合

---

① 伯特兰·罗素.教育与美好生活[M].杨汉麟,译.石家庄:河北人民出版社,1999:79.
② 彼得·科斯洛夫斯基.后现代文化:技术发展的社会文化后果[M].毛怡红,译.北京:中央编译出版社,1999:40.

课程的实施应关注和强调幼儿内在的、个人化的、真实情感的体验。教育不是为生活做准备,教育就是生活本身,体验生活的真情实感是教育应有的特点,这既是新的课程观的发展走向,也是我们目前正着力建设的整合课程的要求。

(3)对话的激发

对话属于语言学范畴,教育中的"对话"实际上是指一种隐喻的对话,是一种对话的意识或精神。它包括人与人的对话、人与自然的对话、人与文本的对话、人与自我的对话以及文本与文本的对话等。整合课程的实施也强调对话的激发。因为"真正的对话,是那种建立在平等关系基础之上的自由交流,是扫除了一切正规性和严肃性之后的随意性的和不拘一格的交谈。"[①]教学活动是在师生之间展开的一种对话活动,它不是教师一人的独白,而是教师与幼儿、幼儿与幼儿、幼儿与文本之间的对话交流活动,也只有在对话的激发和交流过程中,幼儿才能与幼儿、与教师、与文本不断地"相遇",不断地"碰撞",从而产生新的火花,新的思想,并使课程活动摆脱眼前的、功利性目标的左右,不断生成新的契机,使课程成为一种永远具有不断生成、不断更新的精神活动。这样的整合课程才能真正成为一种动态的、开放的课程,成为促进幼儿成长的"通道"。

2.整合课程实施的基本原则

整合课程背景下的幼儿学习活动与一般意义上的幼儿学习活动之间差异较大。教师需要了解整合课程背景下实施教学活动应遵守的基本原则。

(1)坚持语言领域的核心目标

幼儿园教学活动目标是幼儿园一切教学活动的依据,是幼儿园课程内容的选择与实施的前提,也是评价教学活动的首要标准。评价整合课程是否有效的基本原则是看其是否围绕教学目标展开,是否为本领域教学目标服务。

在上海市课程教材改革第二期工程的推动下,上海市学前教育教师参考用书(试验本)经数年试用后进行了修订,并以"试用本"版别重新出版。本文以上海教育出版社出版的《学前教育教师参考用书:学习活动(5~6岁)》(试用本)中的第一个单元"我是中国人"为例来分析幼儿园整合课程的实施原则。根据"我是中国人"主题活动网络图衍生出"我们的祖国真大"主题活动。

例如,某幼儿园大班"我是中国人"的主题活动:

---

①滕守尧.文化的边缘[M].南京:南京出版社,2006:160.

（1）主题课程说明

在金秋十月,人们迎来了最为盛大、喜庆的节日——国庆节。大街上、商场里、公园里到处都是一派喜庆、热闹的节日景象。大班孩子已经对国庆节等一系列活动有了基本经验,为了使孩子对祖国有更进一步的了解,根据幼儿的兴趣需求以及对祖国河山的好奇心和探索欲,设计"我的祖国真大"这一主题活动。

（2）主题目标

①了解我国南北地理风貌,知道我国是一个地大物博的国家。

②尝试在地图上识别一些自己熟悉的地名并能分辨地图上的地理位置,交流旅行的经验和感受。

③了解我国各地的不同民间风俗,萌发对祖国的热爱之情。

④欣赏少数民族音乐和舞蹈,了解歌曲与舞蹈中所体现的少数民族风俗和文化。

（3）教学活动设计

活动名称:大班诗歌听赏活动《我们的祖国真大》

活动目标:

①理解诗歌内容,了解我国有地域广阔,南北方差异很大的特点。②有表情地朗诵诗歌,感受做一个中国人的自豪。

③以自己的方式表达表现诗歌,感受语言艺术的美。

活动准备:课件(内容为:中国地图、有的滑雪、有的春游、有的游泳、有的围着火炉吃西瓜)以及抒情的背景音乐。

活动过程:

①活动导入:让幼儿介绍自己去过或者知道的地方,并介绍该地方的景色、气候特点、饮食习惯等。

②利用课件,让幼儿观看中国地图后欣赏我国的地域风情,感受祖国的美、祖国山河的壮丽。让孩子了解我国地域广阔、美丽富饶、地大物博、资源丰富的特点。引出课题《我们的祖国真大》。

③放录音。幼儿欣赏诗歌《我们的祖国真大》,感受祖国风光的美。

提问:诗歌里说了些什么?为什么说我们的祖国真大?

"什么地方十月下起大雪?""什么地方一年四季盛开鲜花?""同样的时间里

小朋友分别做什么事情?"(幼儿回答)

教师小结:我国地域广阔,南北气候相差较大,北方的冬天来得早些,并且比较冷,南方一年四季都是比较温暖湿润的。

④教师再次引导幼儿观看大屏幕,同时朗诵诗歌《我们的祖国真大》,让孩子们进一步了解人们在同一时间里的不同活动,进一步了解我国地域广阔、南北差异很大的特点。

⑤引导幼儿观察图片内容,学习有表情地朗诵诗歌《我们的祖国真大》。

我们的祖国真大! 北方,有冬爷爷的家,十月就飘大雪花。

我们的祖国真大! 南方,有春姑娘的家,一年四季盛开鲜花。

啊!伟大的祖国是妈妈。东西南北中的孩子,在同一个时候,

有的滑雪,有的游泳,有的围着火炉吃西瓜。

活动延伸:根据图片内容让幼儿分组分角色进行诗歌朗诵表演,幼儿可以选择以自己喜欢的方式进行表达表现,感受语言艺术的魅力。

在设计活动时,教师根据诗歌内容,利用课件让孩子通过欣赏美丽的祖国风光,了解我们祖国的地大物博,资源丰富,让孩子知道我们的祖国有南方和北方之分,了解南北方不同的气候差异;让孩子再通过朗诵儿歌的诗句,感受祖国真大、真美,表达对祖国的热爱和作为中国人的自豪感,同时在延伸活动中让幼儿分组分角色进行诗歌朗诵表演,感受语言艺术之美。

本语言教学活动秉承整合课程的理念,将语言与艺术活动有机地结合起来,同时摒弃了各领域间毫无内在联系的简单拼凑,坚持整合课程的目标性原则,活动以多种方式进行,但是时刻不忘语言教学活动的核心目标。

(2)坚持语言教育内容的相关性

幼儿园主题活动下的各集体教学活动内部以及各集体教学活动之间的内容要有关联性。课程内容之间的联系本质不在内容本身,而在于通过内容的整合,促进幼儿的整体性发展、和谐发展。

传统的分科课程,科目分化繁多,知识过于零散,科目之间缺乏横向衔接和纵向连贯,造成脱节和重复的现象,而且无法符合幼儿的实际生活、顺应社会的快速发展。近年来由于教育学者不断反省现行课程的缺失,未来学者对于终身学习和全人教育的呼吁,课程整合已成为目前课程设计的重要课题。

整合的语言教育观，意味着把幼儿语言学习看成一个有机整体，将幼儿语言发展和其他领域的发展整合为一体。语言学习的成功离不开其他各方面的发展，其他领域的进步也能促进语言学习发展，在开展幼儿语言教育时，要加强幼儿语言教育与其他方面教育之间的联系。幼儿身心发展的特点和学习特点决定了幼儿童语言教育必须是整体性的教育，需要高度的整合。

3.整合课程背景下语言教育活动实施的设想方案

根据实施整合课程的基本原则可以组织如下的学习活动：

活动一：围绕"我们的祖国真大"这一主题，根据幼儿的实际情况，了解幼儿的实际生活经验。比如，提问幼儿中国的哪些城市属于南方，哪些城市属于北方；南方和北方有什么不同的生活习性，南方和北方各有什么特点等。在了解幼儿基本生活经验的基础上开展有趣的科学活动，旨在让幼儿了解我国是一个地大物博的国家。

活动二：在活动一的基础上开展语言教学活动。笔者计划的语言教学活动：朗诵、表演诗歌《我们的祖国真大》。幼儿在看看、听听、说说的过程中理解诗歌，学习朗诵诗歌，感受祖国的伟大和作为中国人的自豪感。

活动三：根据语言教学活动中的相关内容，设计小游戏，让幼儿进一步了解祖国各地不同的生活风俗习惯和地理特征，从而学会尊重和认同不同地域的文化。

活动四：组织与主题相关的语言区角活动，如"小导游"活动，将上述活动中的有关内容放入区角中，激发孩子们的爱国情怀。

综上所述，教师们往往注重课堂的语言教学，从选材、设计、准备到组织都考虑周全，对幼儿的语言知识和技能作出规范的要求，也给幼儿创设一些特殊的语言氛围。但当孩子们一旦离开了这一环境或参与到其他领域活动中时，教师往往不再对孩子们作出正规的语言教学活动的要求，孩子们似乎也用不上或不会用语言教育活动中所学的技能、知识。因此，整合课程背景下的幼儿园语言教学活动不仅要关注领域的整合，而且要关注一日活动的整合。树立语言教育与一日活动整合的教育观，巧妙地利用生活各个环节的时间，将幼儿在正式活动中学到的语言在生活中加以理解、巩固和运用，在一日活动的各环节中体现语言教育的目标。

附　　录

1.关于倾听的绘本推荐书目

①蒂波拉·安德伍德,雷娜塔·丽斯卡.好安静的书[M].林良,译.济南:明天出版社,2012.

②蒂波拉·安德伍德,雷娜塔·丽斯卡.好大声的书[M].李紫蓉,译.济南:明天出版社,2012.

③喜多村惠.不会唱歌的小鸟[M]柳漾,译.北京:北京联合出版社,2013.

④吉尔·墨菲.让我安静五分钟[M].柳漾,译.石家庄:河北教育出版社,2009.

⑤尤塔·保尔.大嗓门妈妈[M].王星,译.天津:新蕾出版社,2016.

⑥大卫·麦克费尔.鼹鼠的音乐[M].宗玉印,译.石家庄:河北教育出版社,2009.

⑦阿丽奇.我会沟通[M].陈惠慧,译.石家庄:河北教育出版社,2014.

⑧谢利·梅纳斯,梅瑞狄斯·约翰逊.倾听和学习[M].王伟男,译.西安:未来出版社,2011.

⑨海兹·雅尼什,西尔珂·萝芙妮.大熊有一个小麻烦[M].2版.漪然,译.长沙:湖南少年儿童出版社,2014.

2.《青蛙,你在哪里?》编码

情节线索	编码A
故事开始时的问题:青蛙离开了瓶子	A1
发现青蛙不见了/搜寻的目的	A2
在屋里面找	A3
去屋外面找	A4
结果:找到了青蛙或带走了青蛙	A5
找到的是原来的那只青蛙还是又找了另一只青蛙	A6

主题事件	编码B
小男孩往靴子里看	B1
小狗往瓶子里看	B2
小男孩向窗外叫喊	B3
小男孩去屋外叫喊	B4
小男孩往黄鼠洞中叫喊	B5
小男孩往树洞里喊	B6
小男孩站在岩石后面喊	B7
小男孩和小狗趴在池塘里的圆木上往下看	B8
任何与找青蛙有关的其他主题	B9

人物遭遇	编码C
小男孩受伤了,他感到很惊讶,和/或从黄鼠洞中闻到了难闻的味道	C1
小男孩从树上摔了下来,他被猫头鹰吓跑了,和/或他惊扰了猫头鹰	C2 / C3
小男孩被鹿掳走了,他受到了惊吓,和/或被鹿猛地甩了出去	C4
小狗摔到了窗外,打碎了瓶子,和/或小男孩被小狗气疯了	C5
小狗被一大群蜜蜂蛰痛了,和/或小狗被一大群蜜蜂吓到了	C6
小狗摔到了水里。	

词汇运用水平	编码D
语气词的使用	D1
附加语的使用	D2
形容词的使用	D3
象声词的使用	D4

3.幼儿早期阅读兴趣行为表现教师评定问卷

以下每题只选一个您认为最佳的答案,根据题目中提到的情况,在您赞同的数字上打"√"。

问卷内容	最不符合	较不符合	基本符合	比较符合	完全符合
1.对故事书的内容感兴趣	1	2	3	4	5
2.喜欢看各种内容的故事书(如故事类、科普类及识字类)	1	2	3	4	5
3.老师让他讲故事时,他能讲得绘声绘色	1	2	3	4	5
4.能够自己看图画书,并把故事主要情节讲出来	1	2	3	4	5
5.不听老师讲故事,自己玩自己的	1	2	3	4	5
6.思路紧跟着老师讲的故事情节走	1	2	3	4	5
7.对老师讲的故事内容感兴趣	1	2	3	4	5
8.对故事书中的图画感兴趣	1	2	3	4	5
9.对于各种图画和文字不同比例的书(如字多图少、字图各半及字少图多等)都喜欢看	1	2	3	4	5
10.经常在图画书上乱涂乱画,不爱护书籍	1	2	3	4	5
11.老师讲故事的时候,坐在椅子上乱动	1	2	3	4	5
12.老师讲故事的时候,听到高兴的地方会鼓掌、欢呼	1	2	3	4	5
13.对老师讲故事时的语气感兴趣	1	2	3	4	5
14.对书中的文字和图画都感兴趣	1	2	3	4	5
15.阅读区活动时间,能够安静地坐在那看书	1	2	3	4	5
16.听故事时经常溜号	1	2	3	4	5
17.看书的时候不按顺序看,乱翻书	1	2	3	4	5
18老师讲故事的时候,幼儿行为跟着老师的表情和动作而变化	1	2	3	4	5
19.对老师讲故事时的表情感兴趣	1	2	3	4	5
20.对于老师讲故事和自己看书都喜欢	1	2	3	4	5
21.看书的时候聚精会神,听不见老师和小朋友说的话	1	2	3	4	5
22.复述故事时表现出较好的想象力	1	2	3	4	5
23.自由阅读时,喜欢与小朋友讨论故事书的内容	1	2	3	4	5

4.幼儿园整合课程活动情况访谈提纲

教师职称：

教师教龄：

访谈日期：

访谈地点：

所带班级：

访谈教师带班情况：

1.您如何理解整合课程？

2.请问您所在的幼儿园有整合课程吗？

3.您曾进行过整合课程吗？如果有能不能详细介绍一下？如果没有可不可以谈一下为什么没有呢？有什么困难？

4.您认为在整合课程背景下五大领域之间的关系是怎样的？

5.您认为整合课程背景下语言领域该如何整合？

6.园领导及教研组长对语言领域整合的看法是什么？

7.影响幼儿园整合课程实施的因素有哪些？

8.您学校为教师提供了哪些有关整合课程的培训？

9.您还有什么需要补充的吗？

主要参考文献

[1]阿瑟·阿萨·伯格.通俗文化、媒介和日常生活中的叙事[M].姚媛,译.南京:南京大学出版社,2006.

[2]安德鲁·D.沃尔文,卡罗琳·格温·科克利.倾听的艺术[M].吴红雨,译.上海:复旦大学出版社,2010.

[3]保罗·哈里斯.想象的世界[M].王宇琛,刘晓玲,译.上海:华东师范大学,2014.

[4]布鲁克斯·迈克雷纳,吉列·多利·迈克纳米.早期文字教育[M].贾立双,译.沈阳:辽海出版社,2000.

[5]蔡丽芹.如何在幼儿课堂中开展倾听能力训练[J].新课程学习,2012(4):92-94.

[6]陈向明.质的研究方法与社会科学研究[M].北京:教育科学出版社,2000.

[7]池瑾,冉亮.学前儿童发展[M].北京:中国社会科学出版社,2007.

[8]崔同花.幼儿全语言教学理论与实践[M].北京:科学出版社,2002.

[9]戴莲花.论幼儿语言教育实施的重要性及途径[J].学周刊,2013(13):192.

[10]冯李琳.低段小学生语文课堂倾听能力的培养[D].成都:四川师范大学,2013.

[11]冯婉桢.学前儿童语言教育[M].郑州:郑州大学出版社,2013.

[12]贺红,蒋蕙.多元化早期阅读材料的研究[J].学前教育研究,2005(2):33-35.

[13]黑贝尔斯,威沃尔.有效沟通[M].李业昆,译.北京:华夏出版社,2005.

[14]黄瑞琴.幼儿读写萌发课程[M].上海:华东师范大学出版社,2018.

[15]Jeanne M. Machado.幼儿语言教育[M].7版.王懿颖,等译.北京:北京师范大学,2012.

[16]吉姆·崔利斯.朗读手册[M].沙永玲,麦奇美,麦倩宜,译.海口:南海出版社,2009.

[17]康长运.幼儿图画故事书阅读过程研究[M].北京:教育科学出版社,2007.

[18]蓝曦.在小学语文教学中培养学生倾听能力的研究[D].武汉:华中师范大学,2014.

[19]罗泽林.幼儿园语言课程实施的个案研究——以重庆市A幼儿园为例[D].重庆:西南大学,2010.

[20]孟祥芝,周晓林,曾飚,等.动态视觉加工与儿童汉字阅读[J].心理学报,2002(1):16-22.

[21]彭懿.世界图画书阅读与经典[M].南宁:接力出版社,2011.

[22]秦丽萍.南京市A幼儿园5～6岁幼儿故事创编特点研究[D].南京:南京师范大学,2007.

[23]史金榜.教学倾听艺术[D].曲阜:曲阜师范大学,2008.

[24]宋晓敏.对话式阅读对低收入家庭儿童叙事能力的影响[D].北京:首都师范大学,2011.

[25]孙莉莉.早期阅读与幼儿教育[M].合肥:安徽少年儿童出版社,2011.

[26]田婷婷.幼儿园听说游戏选材与运用研究[D].重庆:重庆师范大学,2015.

[27]王成刚.当前幼儿园主题教学活动组织的偏差与反思[J].学前教育研究,2008(9):17-20.

[28]王翠霞.幼儿辩论活动的价值与组织策略[J].学前教育研究,2014(5):70-72.

[29]王海澜.学前儿童语言教育研究[M].上海:交通大学出版社,2017.

[30]王海澜.幼儿的叙事及叙事能力发展特征分析[J].教育导刊,2011(7月·下半月):25-28.

[31]王海澜.怎样对待幼儿的故事"诠释"[J].上海教育科研,2008(1):92-95.

[32]王清华.提高中班幼儿倾听能力的班级管理策略研究——以沧州市×幼儿园为例[D].保定:河北大学,2014.

[33]王纬虹,申毅,庞青.幼儿前书写活动的研究与实践[J].学前教育研究,2004(5):40-42.

[34]徐艳贞.早期阅读背景下幼儿前书写教育活动研究[D].桂林:广西师范大学,2007.

[35]阎兰斌.3~6岁儿童故事图式建构特征的发展研究[D].上海:华东师范大学,2007.

[36]杨莉君.幼儿园教育目标的新取向———种整合的教育目标观[J].学前教育研究,2003(4):14-16.

[37]杨宁.叙事:幼儿教育的基本途径[J].学前教育研究,2006(7-8):14-17.

[38]余光武.论汉语语用能力的构成与评估[J].语言科学,2014(1):49-54.

[39]张加蓉,卢伟.学前儿童语言教育活动指导[M].上海:复旦大学出版社,2006.

[40]张莉.5~6岁幼儿故事思维研究[D].西安:陕西师范大学,2008.

[41]张晶.美国各州早期学习标准的内容分析及启示[D].上海:华东师范大学,2011.

[42]张仁斐.农村小学三年级英语常态课堂倾听低效现象对策研究——以温岭市松门二小为例[D].武汉:华中师范大学,2014.

[43]赵寄石,楼必生.学前儿童语言教育[M].2版.北京:人民教育出版社,2003.

[44]周兢.早期阅读发展与教育研究[M].北京:教育科学出版社,2007.

[45]周兢.重视儿童语言运用能力的发展——汉语儿童语用发展研究给早期语言教育带来的信息[J].学前教育研究,2002(3):8-10.

[46]周兢,余珍有,温碧珠,等.幼儿园整合课程状态下的语言教育——关于目前我国幼儿园语言教育问题的讨论[J].幼儿教育,2006(23):4-8.

[47]周兢,余珍有.幼儿园语言教育[M].北京:人民教育出版社,2004.

[48]周淑惠.幼儿教材教法:整合性课程取向[M].南京:南京师范大学出版社,2006.

[49]朱家雄.幼儿园课程[M].上海:华东师范大学出版社,2003.

[50]COWEN J E. Balanced approach to beginning reading instruction [M]. Newark:International Reading Association,2003.

[51]ILGAZ H, AKSU-KOC A. Episodic development in preschool children's play-prompted and direct-elicited narratives [J].Cognitive Development, 2005 (20):526-544.

[52]JUSTICE L M, VUKELICH C. Achieving excellence in preschool literacy instruction[M]. New York: The Guilford Press, 2008.

[53]SARACHO O N, SPODEK B. Contemporary perspectives on language policy and literary instruction in early childhood education [M]. Greenwich: Information Age Publishing,2004.

[54]SIPE L R. Storytime: young children's literary understanding in the classroom [M]. New York: Teachers College, 2007.

[55]TAGUCHI H L. Going beyond the theory/ practice divide in early childhood education - introducing an interactive pedagogy [M]. New York: Routledge, 2010.